Ulrich Luz

Das Neue Testament – »Wer, Was, Wo« für Einsteiger

Unter Mitarbeit von
Nicht-Theologinnen und Nicht-Theologen

Christoph Edelmann, Ursula Escher, Konrad Gerster,
Bernhard Höhmann, Marlis Kocher, Salome Luz,
Dylan Mogl, Stefan Mogl, Hannedori Nicolet,
Laurel Niesen Mogl und Regina Rüttner

Patmos Verlag / TVZ Theologischer Verlag Zürich

VERLAGSGRUPPE PATMOS

PATMOS
ESCHBACH
GRÜNEWALD
THORBECKE
SCHWABEN
VER SACRUM

Die Verlagsgruppe
mit Sinn für das Leben

Der Autor:
Ulrich Luz, Dr. theol. (1938–2019), war von 1980 bis zu seiner Emeritierung 2003 Professor für Neues Testament an der Evangelisch-Theologischen Fakultät der Universität Bern.

Die Verlagsgruppe Patmos ist sich ihrer Verantwortung gegenüber unserer Umwelt bewusst. Wir folgen dem Prinzip der Nachhaltigkeit und streben den Einklang von wirtschaftlicher Entwicklung, sozialer Sicherheit und Erhaltung unserer natürlichen Lebensgrundlagen an. Näheres zur Nachhaltigkeitsstrategie der Verlagsgruppe Patmos auf unserer Website www.verlagsgruppe-patmos.de/nachhaltig-gut-leben

Bibliografische Information der Deutschen Nationalbibliothek
Die Deutsche Nationalbibliothek verzeichnet diese Publikation in der Deutschen Nationalbibliografie; detaillierte bibliografische Daten sind im Internet über http://dnb.d-nb.de abrufbar.

3. Auflage 2024

Verlagsgruppe Patmos in der Schwabenverlag AG, Ostfildern
www.verlagsgruppe-patmos.de
in Kooperation mit
TVZ Theologischer Verlag Zürich AG
www.tvz-verlag.ch

Umschlaggestaltung: Finken & Bumiller, Stuttgart
Gestaltung, Satz und Repro: Schwabenverlag AG, Ostfildern
Druck: CPI books GmbH, Leck
Hergestellt in Deutschland
ISBN Patmos 978-3-8436-1095-7
ISBN TVZ 978-3-290-18185-7

Das Neue Testament
»Wer, Was, Wo« für Einsteiger

Vorwort

Schon lange habe ich bedauert, dass es keine Einführung in das Neue Testament für Nicht-Theologinnen und Nicht-Theologen gibt. Was akademische Theologen schreiben, geht normalerweise über die Köpfe interessierter Nicht-Theologen hinweg. So entstand die Idee, dieses Büchlein zu schreiben. Es hat eine ganz besondere Entstehungsgeschichte.

Am Anfang stand ein Inserat in der Lokalzeitung, in dem ich Mitarbeiterinnen und Mitarbeiter für mein Projekt suchte. Es haben sich daraufhin erstaunlich viele Interessierte, zu Beginn mehr als zwanzig Personen, gemeldet. Einige mussten sich leider während der Arbeit – meist aus persönlichen Gründen – zurückziehen. Wir haben uns dann während zehn Monaten in Kleingruppen zu Arbeitssitzungen getroffen. Dabei haben wir das Buchkonzept, die einzelnen Textentwürfe und am Schluss das Endergebnis eingehend diskutiert. Viele Textentwürfe, die ich vorgelegt hatte, wurden so hart kritisiert, dass die Texte, welche jetzt vorliegen, ganz anders aussehen als am Anfang. Für uns alle war das ein sehr guter Prozess. Unter den auf dem Titelblatt genannten Mitgliedern der Arbeitsgruppe, die bis zum Schluss dabeibleiben konnten, sind fünf Katholiken und sechs Protestanten. Das jüngste Mitglied der Arbeitsgruppe war 19 Jahre alt; trotzdem war die ältere Generation unter den Mitarbeiter/innen überdurchschnittlich vertreten. Ihnen allen danke ich herzlich. Ohne sie gäbe es dieses Büchlein nicht. Ein besonderer Dank gilt Ursula Escher: Sie hat die Erstfassung der Texte sorgfältig redigiert, Fremdwörter ausgemerzt, meinen Stil verbessert und so die Grundlage für die Zweitfassungen gelegt. Am Schluss hat sie das ganze Buch sorgfältig durchgelesen.

An welche Leserinnen und Leser haben wir gedacht? Die Zusammensetzung unserer Arbeitsgruppe mag darauf einen Hinweis geben: Unter ihren Mitgliedern – sechs Frauen und fünf Männer – sind zwei Pflegefachfrauen, ein Chemiker, ein Kinderarzt, eine Gemeinwesenarbeiterin, eine Kinderphysiotherapeutin, ein Tierarzt, eine Religionspädagogin i. A., eine Logopädin, ein Betriebsökonom und ein Student. Wir wenden uns also an nicht theologisch gebildete Leserinnen und Leser, welche ein Interesse am Neuen Testament haben und es besser verstehen möchten.

Als Konzept des Büchleins hat sich Folgendes ergeben: Die einzelnen Themen oder neutestamentlichen Texte werden auf einer Doppelseite besprochen, sodass das Ganze auf einen Blick sichtbar ist. Nur für längere neutestamentliche Texte benötigten wir zwei Doppelseiten. Man kann also das Büchlein gut »punktuell« lesen, d. h. nur die Seiten zu einzelnen Texten oder Themen. Wir hoffen aber, dass eine punktuelle Lektüre bei unseren Leserinnen und Lesern die Lust auf mehr weckt. Flüssig lesen kann man die Texte nicht; dafür sind sie zu konzentriert. Das Büchlein soll ein Arbeitsbuch, nicht ein Lesebuch sein. – In den meisten Texten werden Bibeltexte genannt. Sie sind selten ausführlich zitiert. Meistens ergibt sich ihr Inhalt aber aus dem Textzusammenhang. Unsere Leserinnen und Leser können sie nachschlagen oder nicht – je nach Lust und Laune. Fast auf jeder Seite gibt es auch Verweise auf andere Kapitel, in denen ein Sachverhalt eingehender besprochen ist, gelegentlich auch auf Karten oder Abbildungen. Sie sind mit »→ Nr. ...« eingeführt. Bei den Verweisen raten wir unsern Leser/innen, sie nur dann nachzuschlagen, wenn sie für das Verständnis der Texte wirklich nötig sind. Literaturhinweise gibt es keine. Namen von Gelehrten, auf die ich mich beziehe, konnte ich nur in Ausnahmefällen nennen. Ein Glossar gibt es nicht; unverständliche Ausdrücke kann man in einer Suchmaschine leicht finden. Am Schluss steht ein Abkürzungsverzeichnis der biblischen Bücher; manche Abkürzungen alttestamentlicher Bücher und der sog. Apokryphen werden den Leser/innen nicht vertraut sein.

Der begrenzte Umfang des Büchleins zwang natürlich zu einer radikalen Einschränkung in der Auswahl des Stoffes. Jede Auswahl ist subjektiv – das ist nicht zu vermeiden. Nicht zu vermeiden war auch, dass ich an manchen Stellen meine eigene Sicht der Probleme in den Vordergrund rückte. Ich hoffe aber, dass wichtige anderslautende Meinungen auch gebührend zu Worte kamen. Völlig »objektive« Bücher gibt es in geisteswissenschaftlichen Disziplinen ohnehin nie.

Es erfüllt mich mit Dankbarkeit, dass dieses Buch zugleich im deutschen Patmos-Verlag, in dem u. a. der »Evangelisch-Katholische Kommentar« publiziert wird, und im »Theologischen Verlag Zürich« erscheint. Claudia Lueg und Volker Sühs, Programmleiterin und Lektor des Patmos-Verlags, und Lisa Briner, Leiterin des TVZ-Verlags, und darüber hinaus allen Mitarbeiter/innen der Verlage möchten wir sehr herzlich danken.

Danken möchte ich auch Anita Imwinkelried, der Pfarreileiterin der katholischen Kirchgemeinde Bösingen, und Konrad Bühler, dem reformierten Laupner Pfarrer. Beide haben vor allem in der Anfangsphase des Projekts viel geholfen. Ein großer Dank gilt auch Emmanuel Schweizer in Bern, der meine Landkarten formatiert hat.

Vor allem aber sind wir alle dankbar für die Erfahrung, dass das Neue Testament sich als ein so spannendes Buch erwiesen hat, dass wir immer mit Lust bei der Sache blieben. Eine ähnliche Erfahrung wünschen wir auch unseren Leserinnen und Lesern.

Laupen, im November 2017 *Ulrich Luz*

Inhaltsverzeichnis

1. Kapitel: Das Römische Reich und die Juden 11
1. Die Großmacht Rom 12
2. Das Land Israel unter römischer Herrschaft 14
   Karte 1: Das Land Israel zur Zeit Jesu 16
   Zeittabelle 17
   Abb. 1 und 2: Der Tempel von Jerusalem 18
3. Das frühe Judentum: Eine Vielfalt von Gruppen und religiösen Richtungen 20
4. Die Juden in der Diaspora 22
5. Die jüdischen Kriege: Eine tragische Geschichte 24

2. Kapitel: Jesus von Nazaret 27
6. In der Geschichtsforschung gibt es nur Interpretationen – auch bei Jesus 28
7. Die Quellen I: Die Evangelien 30
8. Die Quellen II: Römische und jüdische Zeugnisse 32
9. Geburt und Jugend Jesu 34
10. Jesu Wirken in Galiläa 36
11. »Echte« und »unechte« Jesusworte 38
12. Jesu Verkündigung vom Gottesreich 40
13. Für wen hielt Jesus sich selbst? 42
14. Jesus als Jude 44
15. Warum zog Jesus nach Jerusalem? 46
16. Wer war schuld an Jesu Tod? 48
17. Die Passion 50
18. Was geschah nach Jesu Tod? 52
19. Jesu Auferstehung 54

3. Kapitel: Die Evangelien 57
20. Was heißt »Evangelium«? 58
21. Am Anfang war die mündliche Überlieferung 60
22. Wie sahen neutestamentliche Handschriften aus und wie wurden sie gelesen? 62
    Abb. 3 und 4: Handschriften des Neuen Testaments 64
23. Was ist die »synoptische Frage«? 66
24. Das Markusevangelium I: Aufbau, Autor, Abfassungszeit, Abfassungsort 68
25. Das Markusevangelium II: Deutungshorizonte der Jesuserzählung 70
26. Das Matthäusevangelium I: Aufbau, Autor, Abfassungszeit, Abfassungsort 72

27. Das Matthäusevangelium II: Die Erzählung 74
28. Lukanische Fragen 76
29. Das Lukasevangelium 78
30. Die johanneische Frage 80
31. Das Johannesevangelium I: Jesus als Gott auf Erden 82
32. Das Johannesevangelium II: Die Missverständnisse der Jünger und der Juden 84
33. Spruchevangelien. Das Thomasevangelium 86
34. Kindheitsevangelien 88

4. Kapitel: Die Anfänge des Christentums 91
35. Der zweite Band des Lukas: Die Apostelgeschichte 92
36. Blicke hinter das lukanische Idealbild I: Der urchristliche Kommunismus 94
37. Blicke hinter das lukanische Idealbild II: Stephanus und die Hellenisten 96
38. Was wir über die Anfänge des Christentums nicht wissen 98

5. Kapitel: Paulus und seine Briefe 101
39. Paulus: Ein ganz großer und zugleich umstrittener Apostel 102
40. Die Biografie des Paulus I: Bis zur »ersten Missionsreise« 104
41. Die Biografie des Paulus II: Vom Apostelkonzil nach Griechenland 106
42. Die Biografie des Paulus III: Jerusalem, Rom und das Ende 108
43. Die paulinischen Briefe 110
44. Der erste Thessalonicherbrief 112
45. Der erste Korintherbrief: Blicke auf eine ganz junge Gemeinde I 114
46. Der erste Korintherbrief: Blicke auf eine ganz junge Gemeinde II 116
47. Der zweite Korintherbrief I. Überblick 118
48. Der zweite Korintherbrief II. Hypothesen und Einzeltexte 120
49. Der Galaterbrief 122
Karte 2: Römische Provinzen in Kleinasien und Griechenland 124
Abb. 5: Römerstrasse bei Antiochia 126
50. Der Römerbrief I: Abfassungssituation, Aufbau und Grundaussagen 128
51. Der Römerbrief II: Die gegenüber dem Galaterbrief neuen Akzente 130
52. Der Philipperbrief 132
53. Der Philemon- und der Kolosserbrief 134
54. Der Epheserbrief 136
55. Der zweite Thessalonicherbrief 138
56. Die sog. »Pastoralbriefe« (1/2 Timotheusbrief; Titusbrief) 140
57. Grundaussagen des paulinischen Evangeliums 142
58. Epilog: Bilanz und selbstkritischer Rückblick 144
Tabelle: Historische und literarische Probleme der paulinischen Briefe 146

6. Kapitel: Die übrigen Briefe 149
59. Der Hebräerbrief 150
60. Der Jakobusbrief. 152
61. Der erste Petrusbrief 154
62. Der Judasbrief und der zweite Petrusbrief 156
63. Die Johannesbriefe 158
64. Rückblick: Die »katholischen« Briefe und Paulus 160
Tabelle: Historische und literarische Probleme der »übrigen Briefe« .. 161
Abb. 6: Der vergöttlichte Kaiser Domitian 163

7. Kapitel: Die Offenbarung 165
65. Jüdische Apokalypsen und die Offenbarung des Johannes 166
66. Die Johannesoffenbarung I: Verfasser, Abfassungszeit, Situation der Gemeinden 168
67. Die Johannesoffenbarung II: Die Schrecken der Endzeit und die neue Erde 170

8. Kapitel: Entstehung und Bedeutung des Kanons 173
68. Der Kanon: Begriff, Umfang und Autorität 174
69. Der neutestamentliche Kanon I: Die ökumenischen Anfänge 176
70. Der neutestamentliche Kanon II: Die Zeit der Abgrenzungen 178
71. Das Alte Testament als Teil des christlichen Kanons 180
72. Soll man den Kanon verändern? 182
73. Persönlicher Epilog: Die Bibel als Gotteswort und Menschenwort ... 184

Abkürzungen biblischer Bücher 186

1. Kapitel: Das Römische Reich und die Juden

Eine Warnung an unsere Leserinnen und Leser:
In diesem Kapitel steht viel historischer Stoff über die Umwelt Jesu und des Urchristentums. Für manche Leserinnen und Leser mag das erschlagend wirken. Einer meiner Mitarbeiter gestand mir, dass er nach der Lektüre des ersten Kapitels das ganze Büchlein am liebsten in eine Ecke geworfen hätte, ohne weiter zu lesen. Denjenigen, die fürchten, es könnte ihnen ebenso gehen, rate ich, mit der Lektüre des zweiten Kapitels über Jesus anzufangen. Auf das erste Kapitel kann man jederzeit zurückgreifen, wenn man für dieses oder jenes mehr historisches Wissen braucht.

1. Die Großmacht Rom

Zur Zeit Jesu und des frühen Christentums beherrschte die Großmacht Rom das gesamte Mittelmeergebiet und ganz Westeuropa. Zeitweise gehörten auch ein großer Teil Englands, Ungarn, Rumänien, die Osttürkei und Ostsyrien zum römischen Reich. Die wichtigste Sprache im römischen Reich war nicht Latein, sondern Griechisch. Griechisch hatte im römischen Reich fast dieselbe Bedeutung wie heute die Weltsprache Englisch. Latein wurde nur im Westen des Reichs und in großen Gebieten Nordafrikas gesprochen; ausserdem war Latein die Sprache des Militärs. Die griechische Kultur bestimmte seit Alexander dem Großen (336–323 v. Chr.) den ganzen östlichen Mittelmeerraum: Sie prägte die Stadtbilder, die Tempel und öffentlichen Bauten, die Wissenschaft und die Philosophie. Darum spricht man von »hellenistischer Kultur«, resp. vom »Hellenismus«. Zur hellenistischen Kultur gehörte auch eine Art religiöse Globalisierung: Die meisten Staats- oder Stadtgötter im römischen Reich konnten miteinander identifiziert werden; nur für wenige Kulte war das schwierig. Ganz und gar unmöglich war das für Jahwe, den Gott Israels.

Im 1. Jh. v.Chr. war Rom noch eine Republik. Damals eroberten die Römer Kleinasien und Syrien und besiegten die Nachfolgestaaten des Reichs von Alexander dem Großen. Im Jahr 63 v. Chr. zog der römische Feldherr Pompeius in Jerusalem ein. Das bedeutete das Ende des bisher selbständigen jüdischen Staats, einer Monarchie unter der Familie der Makkabäer. Wenige Jahrzehnte später wurde auch Ägypten ein Teil des römischen Reichs.

Die Zeit nach der Ermordung von Julius Caesar (44 v. Chr.) war im römischen Reich eine Zeit der Bürgerkriege. Sie endeten, als Octavian, ein Großneffe Caesars, 31 v. Chr. seine Gegner besiegte. Ihm wurde nun der Titel »Augustus« (= der Erhabene) verliehen. Faktisch war er der erste römische Kaiser. Er behielt aber die republikanischen Institutionen bei, z. B. den Senat, und regierte das Reich als »Erster (d. h. oberster) Bürger«. Nach seinem Tod im Jahre 14 n. Chr. blieb die Herrschaft in seiner Familie: Tiberius (14–37 n. Chr.), Caligula (37–41), Claudius (41–54) und Nero (54–68) folgten ihm. Im Reich herrschte nun Friede, allerdings ein Friede von Roms Gnaden.

Nach einem kurzen Intermezzo im sog. »Dreikaiserjahr« (68 n. Chr.), in dem die Legionen in verschiedenen Provinzen ihre Kommandanten zum Kaiser zu erheben versuchten, setzte sich Vespasian durch, der Kommandant der Legionen in Syrien. Auf Vespasian (69–79) folgten seine beiden Söhne Titus (79–81) und Domitian (81–96). Titus hatte 70 n. Chr. Jerusalem von den aufständischen Juden zurückerobert (→ Nr. 5); Stadt und Tempel gingen dabei in Flammen auf. Nach ihnen wurde der kinderlose römische Adlige Nerva Kaiser (96–98).

Das 2. Jh. n.Chr. war die Glanzzeit Roms. Die Kaiser dieser Zeit setzten nicht leibliche Söhne als Nachfolger ein, sondern adoptierten fähige jüngere Leute, die dann ihre Nachfolger wurden. Das war die Zeit der sog. »Adoptivkaiser«. Unter Trajan (98–117) erreichte das Reich seine grösste Ausdehnung. Seine Nachfolger Hadrian (117–138) und Antoninus Pius (138–161) verfolgten eine defensive Politik und sicherten die Grenzen durch Wälle und Grenzbefestigungen. Der letzte Adoptivkaiser, der Philosophenkaiser Mark Aurel (161–180), musste sich bereits gegen Germaneneinfälle wehren. Sein Nachfolger war sein leiblicher Sohn Commodus. Mit ihm begann der Verfall des römischen Reichs.

Unter der Oberfläche des »Friedens von Roms Gnaden« gab es Spannungen und Gegensätze. Groß waren die sozialen Spannungen: Ein großer Teil des Landes war in der Hand von städtischen – zum Teil ausländischen – Großgrundbesitzern. Die von ihnen abhängigen Pächter und Taglöhner fristeten ein elendes Leben. Sklaven hatten es relativ gut, sofern sie zur städtischen *familia* eines reichen Bürgers gehörten. Ein schreckliches Leben hatten dagegen die Sklaven, die auf den großen Landgütern oder in den Bergwerken arbeiten mussten.

Das ganze Reich war in Provinzen eingeteilt, die von Statthaltern regiert wurden. Nur die »schwierigen« Grenzprovinzen standen unter direkter kaiserlicher Verwaltung, und nur in ihnen waren Legionen stationiert. Die übrigen Provinzen wurden vom Senat verwaltet, dessen Mitglieder aus den Familien des römischen Stadt-Adels kamen. Zur Aufrechterhaltung der Ordnung in den Provinzen benutzten die Römer die lokalen städtischen Eliten. In deren Kompetenz lag auch die Rechtsprechung. Einzig ein Todesurteil konnte nur der römische Statthalter fällen.

Die Domäne der Frauen war wie in jeder patriarchalen Gesellschaft das Haus. Das galt am wenigsten für die Frauen der allerobersten Schichten. Sie genossen große Freiheiten. Vereinzelt spielten sie auch in der Politik eine Rolle. Jüdinnen hatten es noch schwerer als nichtjüdische Frauen. Durch Menstruation und Geburten waren sie aufgrund der biblischen Reinheitsvorschriften häufig unrein und dadurch von fast allen Kontakten ausgeschlossen.

2. Das Land Israel unter römischer Herrschaft

Nach der Eroberung von Israel durch die Römer und nach langen inneren Wirren bemächtigte sich ein »war-lord«, der Idumäer Herodes, der Herrschaft in Israel. Idumäa war ein südlich von Judäa im heutigen Negev gelegenes Gebiet. Herodes galt als Halbjude und wurde deshalb von den meisten Juden verachtet. Er verstand es, sich in den römischen Bürgerkriegen zur richtigen Zeit auf die richtige Seite zu schlagen und gewann so auch das Vertrauen Octavians, der ihn zum von Rom abhängigen König von Israel einsetzte. Er regierte Israel von 37–4 v. Chr. Seine Vorliebe für die hellenistische Kultur (→ Nr. 1) trug er offen zur Schau. Das ganze Land verschönerte er mit seinen Prachtbauten. In Jerusalem baute er den »dritten« Tempel in den riesigen Ausmaßen des heutigen Tempelplatzes. Nur das Hauptgebäude des Tempels ließ er in traditionellem Stil erbauen. Die ihn umgebenden Höfe und Säulenhallen waren in hellenischem Stil gebaut (vgl. → Abb. 1). Die Hohepriester setzte er nach Belieben ein und ab. Er duldete niemanden neben sich, der ihm die Macht hätte streitig machen können. Sein Misstrauen gegen mögliche Rivalen und seine Grausamkeit waren groß; nicht einmal seine eigene Familie blieb davor verschont. In der Geschichte von der Tötung aller unter zwei Jahre alten Knaben in Betlehem (Mt 2,16–18) spiegelt sich der Charakter des Herodes.

Nach seinem Tod wurde Judäa, der südliche Teil seines Reichs mit der Hauptstadt Jerusalem, zunächst von einem seiner Söhne regiert. Wegen Unfähigkeit und Grausamkeit wurde dieser auf Bitten der Juden von Augustus abgesetzt. Seit 6 n. Chr. stand Judäa unter direkter römischer Verwaltung. Die Macht lag nun in den Händen römischer Statthalter. Die meisten von ihnen hatten wenig Verständnis für die Besonderheit ihrer Provinz. Sie regierten oft nur kurze Zeit; die Statthalterschaft des Pontius Pilatus (18–36 n. Chr.) war eine der längsten.

Der Norden Israels, Galiläa, das Ostjordanland und das Gebiet im Nordosten, also etwa der heutige Golan, wurden von andern Söhnen des Herodes regiert (→ Karte 1). Sie waren von Rom abhängige Fürsten, nicht Könige. Jesu Landesfürst war Herodes Antipas. Er herrschte nicht nur über Galiläa, sondern auch über das südliche Ostjordanland. Er war für den Tod Johannes des Täufers verantwortlich. Im Markusevangelium steht darüber ein ausführlicher Bericht (Mk 6,14–29). Der Tanz der Salome, auf deren Bitte Johannes enthauptet wurde, hat immer wieder Maler, Schriftsteller und Komponisten inspiriert.

Wie im ganzen römischen Reich, so waren auch in Judäa die lokalen Eliten für die Aufrechterhaltung der öffentlichen Ordnung verantwortlich. In Jerusalem war dies der »Hohe Rat«. Ihm gehörten Angehörige der hohepriesterlichen Familien und des Jerusalemer Stadtadels (im NT: »Älteste«) an. Für das Verständnis des Prozesses Jesu ist das wichtig: Ganz unabhängig davon, wie einzelne Ratsmitglieder zu Jesus standen, war die Aufrechterhaltung von Ruhe und Ordnung ihre

Pflicht. Vermutlich hatten sie gar keine andere Wahl, als Jesus als Unruhestifter zu verhaften und an den Statthalter zu überweisen.

Die spätere Geschichte des Landes Israel unter römischer Herrschaft ist durch die tragische Geschichte der jüdischen Kriege bestimmt. Nach dem Bar-Kochba-Krieg (132–135 n. Chr.) (→ Nr. 5) ließ Kaiser Hadrian an der Stelle des Tempels einen Tempel des römischen Staatsgottes *Jupiter Capitolinus* bauen. Auch die Stadt Jerusalem wurde in hellenistischem Stil neu aufgebaut, von Nicht-Juden besiedelt und in »*Aelia Capitolina*« umbenannt (→ Nr. 5). Auch die Provinz Judäa erhielt nun einen neuen Namen, der nicht mehr an die Juden erinnerte, nämlich »*Palaestina*«.

Karte 1: Das Land Israel zur Zeit Jesu (Parker)

Zeittabelle

Römisches Reich		**Israel**	
ZEIT DER REPUBLIK		63 v. Chr.	Pompeius erobert Jerusalem
44 v. Chr. 44–31 v. Chr.	Ermordung Caesars Bürgerkriege		
31 v. Chr.		37–4 v. Chr.	Herodes d. Gr. ist Vasallenkönig über ganz Israel
KAISERZEIT			
Julisch-claudische Kaiser			
31 v. Chr. – 14 n. Chr. 14–37 n. Chr. 37–41 n. Chr. 41–54 n. Chr. 54–68 n. Chr. 68 n. Chr.	Octavian = Augustus Tiberius Caligula Claudius Nero »Dreikaiserjahr«	4 v. Chr. 4 v. Chr.–39 n. Chr. 6–66 n. Chr. 66–70 n. Chr.	Aufteilung Israels unter die Söhne des Herodes Herodes Antipas ist Fürst von Galiläa und des Ostjordanlands Judäa ist römische Provinz Erster jüdischer Krieg
Flavische Kaiser			
69–79 n. Chr. 79–81 n. Chr. 81–96 n. Chr.	Vespasian Titus Domitian	70 n.Chr,	Eroberung und Zerstörung Jerusalems
Adoptivkaiser			
96–98 n. Chr. 98–117 n. Chr. 117–138 n. Chr. 138–161 n.Chr 161–180 n. Chr.	Nerva Trajan Hadrian Antoninus Pius Mark Aurel	 115–117 n. Chr. 132–135 n. Chr.	 Zweiter jüdischer Krieg (nicht im Land Israel!) Dritter jüdischer Krieg (Bar Kochba)

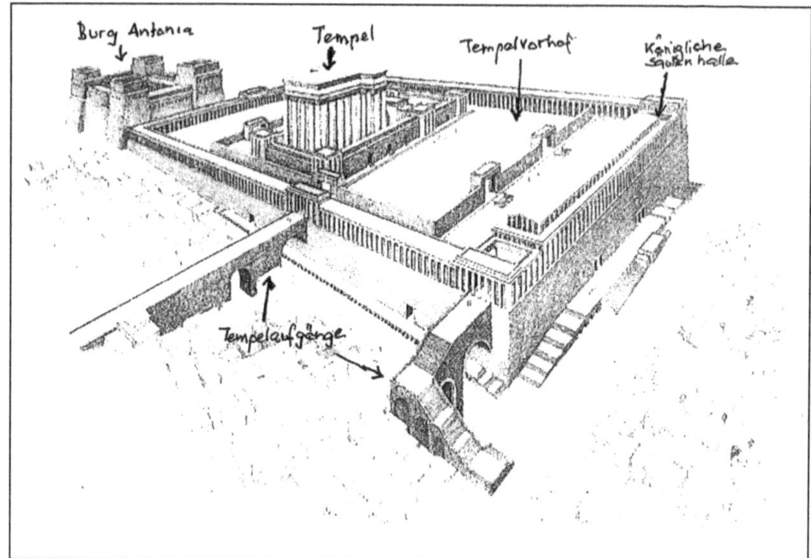

Abb. 1: Rekonstruktion von Tempel, Vorhöfen und Tempelzugängen. Ansicht von Westen (die rechte Hälfte der Westmauer ist die heutige Klage-Mauer)

Abb. 2: Der Tempelplatz heute, vom Ölberg aus gesehen (Der Felsendom [linke Mitte] steht an der Stelle des Tempels; rechts ist die Al-Aqsa-Moschee)

3. Das frühe Judentum: Eine Vielfalt von Gruppen und religiösen Richtungen

Das Frühjudentum bot – im Gegensatz zu der mehr und mehr von den Rabbinen bestimmten Zeit nach den jüdischen Kriegen – das Bild einer großen Vielfalt. Der jüdische Geschichtsschreiber Josephus (vgl. → Nr. 5) berichtet im 2. Buch seiner »Geschichte des jüdischen Krieges« von vier jüdischen Gruppen, die er für seine hellenistischen Leser als »Philosophenschulen« bezeichnet: Pharisäer, Sadduzäer, Essener und Zeloten (bell 2,119–166). Im NT kommen Pharisäer, Sadduzäer, Zeloten und »Herodianer« (= Anhänger der Herodesfamilie) vor – von den Essenern ist nicht die Rede. Neben ihnen stand das gruppenungebundene »Volk des Landes«, aus dem wohl Jesus und die Mehrzahl seiner Anhänger hervorgingen (→ Nr. 14). Die *Sadduzäer* sind keine Gruppe, der man durch eigene Wahl beitreten konnte, sondern sie repräsentieren die Oberschicht der Jerusalemer Priester und des Stadtadels. In ihren Ansichten galten sie als konservativ, in ihrer Gerichtspraxis als streng. Das Neue Testament berichtet, dass sie die Hoffnung auf eine Auferstehung der Toten ablehnten (Mk 12,18–27) und sich allein auf die Tora (= das jüdische Gesetz) stützten. Den pharisäischen Grundgedanken einer Anpassung der Tora an die Gegenwart lehnten sie ab. Ihr wichtigstes Anliegen war die Aufrechterhaltung des Tempelkults – auch um den Preis der Kollaboration mit ihren Feinden, z. B. den Pharisäern und den Römern. Mit der Zerstörung des Tempels 70 n. Chr. verschwanden sie von der Bildfläche.

Über die *Pharisäer* Gültiges zu sagen, ist schwierig, weil die verschiedenen Quellen, nämlich Josephus, das NT, rabbinische Quellen und die am Toten Meer gefundenen Qumrantexte, sehr unterschiedliche Pharisäerbilder zeichnen. Ihr Name – *p^e^ruschim* = die Abgesonderten – ist wohl eine Fremdbezeichnung; sie selber nannten sich *chasidim* (= Fromme) oder *chab^e^rim* (= Genossen). Sie bildeten eine Art Laienbruderschaft mit gemeinsamen Mahlzeiten. Ihr Grundanliegen war es, gesetzestreu zu leben und die Tora, insbesondere die priesterlichen Reinheitsvorschriften, praktikabel zu gestalten und auf den Alltag zu übertragen. Nach dem NT waren ihnen Reinheits- und Zehntenvorschriften wichtig (z. B. Mt 23,23). Nach Mk 7,2 schätzten sie die »Überlieferung der Alten« hoch. Spätere sprachen von der »mündlichen Tora«, mit deren Hilfe sie die Tora an die Gegenwart anpassten. Wie Jesus, so ging es auch ihnen um das *ganze* Volk Israel, nicht nur um eine Elite oder einen heiligen Rest. Sie unterschieden sich aber von Jesus, da sie keinen Unterschied machten zwischen dem »Gewichtigen in der Tora«, nämlich Recht und Barmherzigkeit, und Kleinigkeiten, wie Reinheits- und Zehntenvorschriften (Mt 23,23). Für sie waren *alle* Gebote der Tora wichtig. Zudem grenzten sie sich als »Genossen« gegenüber dem »Volk des Landes« (→ Nr. 14) ab. Das NT erzählt von freundschaftlichen Begegnungen von Pharisäern mit Jesus (z. B. Lk 7,36; 13,31, 14,1), aber auch von Auseinandersetzungen mit ihnen, vor allem über Fragen der Sabbatauslegung oder über Reinheitsfragen. Das älteste Evangelium, das Markusevangelium, weiß nichts von einer Beteiligung der Pharisäer an der Hinrichtung Jesu. Erst bei Matthäus und Johannes spielen sie eine Hauptrolle. Das hängt wohl damit zusammen, dass die Pharisäer nach der Katastrophe des Jahres 70 (→ Nr. 5) großen Rückhalt im Volk hatten: Sie überlebten die Zerstörung des Tempels am leichtesten, da das Zentrum ihrer Frömmigkeit der Alltag und nicht der Tempel war. So wurden sie nach 70 zur führenden Kraft der Juden Israels und zur Keimzelle des späteren Rabbinats. Damit wurden sie auch zu den Hauptgegnern der Jesusanhänger in der Zeit nach 70. Die schroffe Polemik im Matthäusevangelium gegen die »Schriftgelehrten und Pharisäer, die Heuchler« (Mt 23) ist auf diesem Hintergrund zu verstehen: Sie ist eine böswillige polemische Karikatur und als Quelle für das Verständnis der wirklichen Pharisäer unbrauchbar.

Die *Essener* waren eine im Kern wohl priesterliche Gruppe, die sich im 2. Jh. v.Chr. dagegen wehrte, dass die herrschenden Makkabäerkönige auch das Hohepriesteramt an sich rissen. Unter der Führung einer großen Lehrergestalt, des »Lehrers der Gerechtigkeit«, zogen sie sich aus Israel in die Wüste zurück. Eine Gruppe lebte in einer geschlossenen Niederlassung in Qumran am Toten Meer mit strengen Ordensregeln, einer extrem strengen Gesetzesauslegung, ehelos und in Gütergemeinschaft. In Höhlen nahe dieser Niederlassung wurden viele Handschriften gefunden. Andere Essener waren verheiratet und lebten in geschlossenen Gemeinschaften im Land Israel.

Über die vierte von Josephus genannte »Philosophenschule«, die *Zeloten*, berichtet das übernächste Kapitel.

4. Die Juden in der Diaspora

Die Mehrheit der Juden lebte nicht im Mutterland Israel, sondern in der Diaspora (= Zerstreuung) im römischen Reich und in Babylonien. Man schätzt, dass im Land Israel etwa 1 Million Juden lebten, im ganzen römischen Reich 4–6 Millionen. Das entspricht etwa einem Zehntel der Einwohner des Reichs. Wie kam es zu dieser großen Verbreitung der Juden? Das Land Israel war ein armes, aber bevölkerungsreiches Land; viele Juden wanderten aus wirtschaftlichen Gründen aus. Ein anderer Grund war der Kinderreichtum der Juden: Sie zogen ihre Kinder auf, während man in andern Ländern oft Kinder aussetzte oder um des eigenen Wohlstandes willen auf Kinder verzichtete. So gab es schon seit Jahrhunderten eine jüdische Diaspora in griechisch-sprachigen Ländern. Am grössten war sie im ägyptischen Alexandria, wo die Juden zwei von fünf Stadtteilen besiedelten. Auch in Syrien, in Teilen Kleinasiens und in der libyschen Cyrenaika war der jüdische Bevölkerungsanteil groß. Hinzu kam, dass in jener Zeit das monotheistische Judentum als philosophische Religion galt und für viele attraktiv war. Viele Nicht-Juden verstanden sich als unbeschnittene »Gottesfürchtige« und besuchten die jüdischen Gebetshäuser. Andere traten zum Judentum über und ließen sich beschneiden. Sie bezeichnet man als Proselyten (= wörtlich: »Hinzugekommene«).

Die Bedeutung des Diasporajudentums für das entstehende Christentum ist kaum zu überschätzen. Sie liegt einerseits darin, dass die griechisch-sprachigen Juden ihre eigene griechische Bibel hatten, nämlich eine frühe Fassung der in Alexandria seit dem 3. Jh. v.Chr. entstandenen sog. »*Septuaginta*«. Die Tora soll von siebzig Übersetzern übersetzt worden sein – daher kommt ihr Name (lat. *septuaginta* = 70) und die für sie übliche Abkürzung »LXX« (= 70 in römischen Ziffern). Die heutige Septuaginta hat aber erst im Christentum ihre Gestalt gewonnen. Sie enthält auch die seit der Reformation so genannten »Apokryphen«: Das sind meist griechischsprachige »späte« Schriften, die erst nach 200 v. Chr. entstanden sind und in der hebräischen Bibel fehlen. Zu ihnen gehören z. B. das erste und das zweite Makkabäerbuch, das Buch Tobit, die Weisheit Salomos oder das Buch Sirach (→ Abkürzungsverzeichnis biblischer Bücher). Sie stehen in der LXX an jeweils inhaltlich passenden Stellen. In protestantischen Bibelausgaben, die vom hebräischen Bibeltext ausgehen, stehen sie nur als Anhang oder kommen gar nicht vor. – In der christlichen Septuaginta stehen die Propheten am Schluss, nach den sog. »Schriften«. Das ist in allen christlichen Bibeln so geblieben. Sie entsprechen darin der Septuaginta, nicht dem hebräischen Text (→ Nr. 68).

Der zweite Grund für die große Bedeutung des griechisch-sprachigen Diasporajudentums liegt darin, dass es eine Literatur hervorbrachte, welche für das frühe Christentum wichtig wurde. Am wichtigsten war *Philo von Alexandrien*, ein vornehmer Jude, welcher die Bibel bildlich auslegte und damit mindestens indirekt zum Vorläufer der Kirchenväter wurde. Er lebte ungefähr gleichzeitig mit Jesus und Paulus (ca 25 v. Chr.–50 n. Chr.) und hinterließ ein umfangreiches Werk, das uns zum grössten Teil erhalten ist. Auch andere griechisch-sprachige jüdische Schriftsteller sind wichtig. Sie schrieben nicht nur Bibelauslegungen, sondern z. B. auch Tragödien und Epen. Das zeigt, wie sehr sich viele Juden der hellenistischen Kultur angepasst hatten.

Die Anpassung gelang aber nicht überall. In der antiken Gesellschaft gab es einen weit verbreiteten Antisemitismus. Sein Kern war der Vorwurf, dass die Juden sich absonderten und sich nicht mit anderen Völkern vermischten. Steine des Anstoßes waren auch der bildlose Kult, der zum Gerücht führte, die Juden verehrten einen Eselskopf, sowie der Sabbat. Letzterer wurde als Zeichen von Faulheit interpretiert, weil die Griechen und Römer keine regelmässigen Ruhetage kannten. Der römische Historiker Tacitus fasste seine Abneigung gegen die Juden folgendermaßen zusammen: »Unheilig ist dort alles, was uns heilig ist; wiederum ist bei ihnen erlaubt, was uns ein Gräuel ist« (Historien 5,4). Immer wieder kam es zu Judenhetzen, z. B. in Alexandria.

Besonders der zweite jüdische Krieg, der Aufstand der Diasporajuden unter Kaiser Trajan, führte mittelfristig zum Ende der griechisch-sprachigen Diaspora. Die Juden – zahlenmässig dezimiert, in Zypern ganz ausgelöscht (→ Nr. 5) und vieler Rechte beraubt – zogen sich mehr und mehr auf sich selbst zurück. Sie galten nicht mehr als ein angesehenes und respektiertes Volk, und ihre Religion wurde verabscheut. Die Beschneidung und damit der Übertritt zum Judentum waren zeitweise verboten. An die Stelle der Tempelsteuer war seit 70 eine demütigende, an den kaiserlichen Fiskus abzuliefernde Judensteuer getreten. Für die Juden selbst war Griechisch nicht mehr die Sprache der Welt; dafür galt Hebräisch als Sprache der Engel. Später, in der nachkonstantinischen Zeit seit dem 4. Jh. n.Chr., trug auch das siegreiche Christentum seinen Teil zur Ghettoisierung und zum Untergang des Diasporajudentums bei.

5. Die jüdischen Kriege: eine tragische Geschichte

Als Judäa 6 n. Chr. in eine römische Provinz umgewandelt wurde und es zur ersten Steuereinschätzung kam, regte sich Widerstand. Josephus (→ Nr. 3), dem wir als Zeitzeugen eine genaue Kenntnis des ersten jüdischen Krieges verdanken, berichtet in seiner »Geschichte des jüdischen Krieges«, damals hätten sich unter Judas dem Galiläer und dem Pharisäer Zadok die *Zeloten* von den Pharisäern abgespalten. Sie hätten als Herrn des Landes allein Gott anerkannt. »Zeloten«, d. h. Eiferer (für Gott), war die Selbstbezeichnung dieser Gruppe. Ihre Feinde sprachen abschätzig von »Räubern«, d. h. in heutiger Sprache von »Terroristen«. So werden auch die beiden Mitgekreuzigten Jesu genannt (Mk 15,27). Mit der Zeit wurde das Land immer unsicherer. Unsensible und oft grausame Statthalter, denen es vor allem um das Eintreiben der Steuern ging, provozierten Widerstand. Es entstand eine Stadtguerilla; »Sikarier« (Dolchmänner) nannte man diese Leute. Messiasanwärter stifteten Unruhe. Einer von ihnen war der in Apg 5,36 erwähnte Theudas, der unter großem Zulauf des Volkes die Wasser des Jordans teilen und den Durchzug durch das Schilfmeer wiederholen wollte. Beschlagnahmungen von Königsland vermehrten den Großgrundbesitz und trieben Bauern ins Elend. Nachdem sich die Zeloten in Jerusalem hatten durchsetzen können, war eine ihrer ersten Aktionen die Vernichtung der Archive, d. h. de facto eine Schuldenstreichung. Das zeigt, dass der erste jüdische Krieg auch eine starke soziale Komponente hatte. Sie wird auch daran sichtbar, dass in manchen Städten Palästinas die vornehmen Bürger eher proromisch, die armen Leute dagegen entschieden antirömisch waren.

Zum Ausbruch des Krieges kam es, als man im Frühling 66 im Tempel mit dem täglichen Opfer für das Wohl des Kaisers aufhörte. Die römischen Truppen in Jerusalem wurden niedergemetzelt und die Truppen der 12. Legion in einer symbolisch wichtigen Schlacht geschlagen. Die Führung des Aufstandes lag zunächst in den Händen der gemässigten priesterlichen Aristokratie. Der Priester Joseph wurde Kommandant Galiläas. Er wurde vom römischen Feldherrn Vespasian in der Festung Jotapata belagert und ergab sich. Von nun an nannte er sich Flavius Josephus, beobachtete den Krieg auf römischer Seite und schrieb als Zeitzeuge seine »Geschichte des Jüdischen Krieges«. Mit diesem Werk wollte er um Verständnis für die Juden werben, die zumeist nicht für den Ausbruch des Kriegs verantwortlich waren, aber dessen Folgen zu tragen hatten. In Jerusalem übernahmen bald extreme Zeloten die Macht. Einer von ihnen war Menachem, der Sohn des Galiläers Judas und Onkel von El'azar, dem Kommandanten der Festung Massada. Er war aber nicht allein: Am Schluss standen sich in Jerusalem mindestens drei rivalisierende Zelotengruppen gegenüber. Jerusalem wurde im Sommer des Jahres 70 von Titus, dem Sohn Vespasians, erobert. Der Tempel ging dabei – vermutlich gegen die Absicht des Titus – in Flammen auf. Die Festung Massada hielt sich noch bis 73.

Über den *zweiten Jüdischen Krieg* (115–117) wissen wir sehr wenig. An diesem Aufstand beteiligten sich Juden in der Cyrenaika (Libyen), in Ägypten, in Babylonien, wo Kaiser Trajan gerade gegen die Parther Krieg führte, und auf Zypern. Anscheinend kam es mancherorts zu Massakern an der nicht-jüdischen Bevölkerung durch Juden. Sie müssen in Zypern besonders schlimm gewesen sein, sodass nach der Niederschlagung dieses Aufstandes kein Jude mehr Zypern betreten durfte. In Ägypten und in der Cyrenaika führte der Aufstand zu einer erheblichen Dezimierung und Schlechterstellung der jüdischen Bevölkerung. In Israel blieb es ruhig, wohl weil Trajan eine zusätzliche Legion in Judäa stationiert hatte.

Auch über den *dritten jüdischen Krieg* unter Kaiser Hadrian (132–135) wissen wir wenig. Der wichtigste Grund für diesen Krieg lag in der Absicht Hadrians, auf den Ruinen von Jerusalem eine neue Stadt zu gründen, die nach ihm (= *Aelius* Hadrianus) und dem römischen Stadtgott Jupiter *Capitolinus* den Namen *Aelia Capitolina* tragen sollte. Der Führer des Aufstandes war ein Jude namens Simon *bar Kosiba* (= Sohn des Kosiba), der sich den Titel *nasi* (= Fürst) zulegte und damit messianische Ansprüche verband. Von seinen Anhängern wurde sein Vatername als *bar kokeba* (= Sternensohn) gelesen; deshalb spricht man vom Bar-Kochba-Krieg. Seine Feinde deuteten seinen Vaternamen allerdings anders, nämlich als *bar koziba* (= Lügensohn). Während dreier Jahre scheint der Aufstand erfolgreich gewesen zu sein, wie die von Bar Kochba geprägten Münzen zeigen. Wahrscheinlich haben die Aufständischen Jerusalem erobert und vielleicht sogar mit dem Wiederaufbau des Tempels begonnen. Mehrere Legionen waren nötig, um den Aufstand niederzuschlagen. Er endete mit dem Tod oder der Deportation von wahrscheinlich Hunderttausenden von Juden. An der Stelle Jerusalems wurde die heidnische Stadt *Aelia Capitolina* gebaut. Juden durften sie nicht betreten; darauf stand Todesstrafe. Ob es in Judäa überhaupt noch Juden gab, ist eine offene Frage.

2. Kapitel: Jesus von Nazaret

6. In der Geschichtsforschung gibt es nur Interpretationen – auch bei Jesus

Wenn es um Personen und Ereignisse der Vergangenheit geht, fragen heute viele Leute: »Wie war es *wirklich*?« Sie fragen z. B.: Wer war Buddha Shakyamuni »wirklich«? Wie war es »wirklich« mit Wilhelm Tell? Wie war es »wirklich« mit dem plötzlichen Tod von Papst Johannes Paul I, der 1978 nach nur 33 Tagen im päpstlichen Amt starb? Und so fragen auch viele Leute: Wer war Jesus von Nazaret »wirklich«? War er wirklich Gottes Sohn? Wurde er wirklich von einer Jungfrau geboren? War er wirklich tot und wurde wieder lebendig? Meine Antwort auf solche Fragen wird viele enttäuschen. Sie lautet: Wir können es nur vermuten. Denn in der Geschichtsforschung gibt es nur wenige »Tatsachen«, und diese sind immer verbunden mit Interpretationen. Es gibt fast nur Wahrscheinlichkeiten – allerdings grössere und kleinere. Dieses Eingeständnis bringt viele in Verlegenheit, zumal wenn es um Jesus geht.

Ich beginne mit einem Beispiel aus dem Alltag: Es handelt von einer Familie mit vier Kindern. Vater und Mutter sind vor längerer Zeit verstorben. Über beide gibt es natürlich »Tatsachen«. Dazu gehören Geburts- und Todesdatum, Körpergrösse, Bildungsgang und Beruf, Wohnorte der Familie und vielleicht die Todesursache. Wenn sich die vier Geschwister treffen, reden sie aber kaum über solche »Tatsachen«. Sie reden in anderer Weise über ihre Eltern. Sie fragen einander, was ihr Vater und ihre Mutter für sie *bedeutet*. Sie tauschen Erinnerungen aus. Sie entdecken dabei, dass das Bild ihrer Eltern, das jedes von ihnen hat, nicht unbedingt das gleiche ist. Möglicherweise haben die Geschwister ihren Vater und ihre Mutter ganz unterschiedlich erlebt. Sie tauschen dann ihre Erinnerungen aus. Was für sie wirklich wichtig ist, sind also nicht »Tatsachen«, sondern das *Bild* ihrer Eltern, das sie in ihren Herzen tragen. Die »Tatsachen«, die es über sie gibt, sind nur die Voraussetzung für ihr persönliches Mutter- oder Vaterbild. Dieses Bild kann bei verschiedenen Geschwistern sehr unterschiedlich sein.

Ähnlich und doch wieder anders ist es bei Jesus. Es ist anders, weil Jesus ein Mensch war, der vor etwa 2000 Jahren gelebt hat. Er hat selber nichts geschrieben. »Tatsachen«, wie sein Geburtsjahr oder wer seine Eltern waren etc., gibt es bei ihm nicht. Die Quellen, die wir von ihm besitzen, sind ausnahmslos Interpretationen: Die Evangelien überliefern uns ihr positives Jesus*bild*. Sie erzählen, was ihnen an Jesus wichtig und kostbar war. Die römischen und jüdischen Quellen überliefern uns dagegen ihr meist von Abneigung getragenes negatives Jesus*bild*. Alle diese Bilder sind Interpretationen, die Jesus in unterschiedlichem Masse überfärben. Sie sind keine »Tatsachen«.

Genügt es nicht, ein eigenes, persönliches Jesusbild zu haben? Dann hätte jeder fromme Mensch seinen eigenen Jesus. So scheint es in unserer heutigen Gesellschaft zu sein: Für viele Menschen, weit über den Kreis der Kirchenmitglieder hinaus, ist »Jesus« eine Projektionsfläche für eigene Wunschbilder. »Jesus als Freund der Armen und Frauen«, »Jesus als Revolutionär«, »Jesus als Psychotherapeut« – alles das sind Jesus*bilder*, vielleicht Wunschbilder. »Jesus als Herr und Heiland« oder »Jesus als Stifter der christlichen Religion« könnte auch ein – christliches – Wunschbild sein.

In der Gemeinschaft einer Kirche aber, deren Mitglieder sich alle auf den gleichen Jesus berufen, genügen Wunschbilder nicht. Über Jesusbilder muss man sich verständigen können. Eigene Wunschbilder muss man als solche erkennen können und sie selbstkritisch hinterfragen, auch wenn man sich wohl nie ganz von ihnen distanzieren kann. Dabei lässt sich die neuzeitliche Frage, wer Jesus denn »wirklich« gewesen sei, nicht unterdrücken.

Die Quellenlage für Jesus ist gut. Unter allen großen Gestalten der Religion oder der Philosophie in der Antike, die selber nichts geschrieben haben, wissen wir nur über einen Einzigen ebenso gut Bescheid wie über Jesus, nämlich über Sokrates. Die historische Frage nach Jesus ist also nicht aussichtslos. *Allerdings sind auch moderne Rekonstruktionen des sogenannten »historischen Jesus« hypothetische Interpretationen, die von den eigenen Weltbildern und Prämissen der Jesusforscherinnen und -forscher (und vielleicht auch von ihren Wunschbildern!) gefärbt sind.* Auch die folgenden Kapitel versuchen eine solche Rekonstruktion. Mehr als ein Versuch sind sie nicht. Wenn jedoch dieser Versuch dazu hilft, eigene Wunschbilder von Jesus und traditionelle kirchliche Jesusbilder zu hinterfragen, hat er seinen Zweck erfüllt.

7. Die Quellen I: Die Evangelien

Unsere wichtigsten Quellen für Jesus sind die Evangelien. Dabei denken wir – mit Recht – zunächst an die sog. »synoptischen« Evangelien, d.h. das Markus-, das Matthäus- und das Lukasevangelium. »Synoptisch« nennt man sie nach dem griechischen Wort für »zusammenschauen«: Diese drei Evangelien sind eng miteinander verwandt (weitere Informationen → Nr. 23). Allerdings enthält das älteste Evangelium, das Markusevangelium, nur wenige Lehren Jesu; für die Verkündigung Jesu sind das längere Matthäus- und besonders das Lukasevangelium, das längste der drei, viel ergiebiger. Das Markusevangelium enthält auch keine Kindheitsgeschichten und bricht mit der Geschichte vom leeren Grab ab. Bei den Erscheinungsberichten und den Kindheitsgeschichten, die das Matthäus- und das Lukasevangelium darüber hinaus erzählen, kann man nicht mehr »zusammenschauen« – sie sind total verschieden. Die Verkündigung Jesu ist im Matthäusevangelium vor allem in seinen fünf großen Reden gesammelt (→ Nr. 26), im Lukasevangelium in zwei großen, in die Jesusgeschichte des Markus eingeschobenen Blöcken (→ Nr. 29). Zwischen dem Matthäus- und Lukasevangelium gibt es so viele Ähnlichkeiten, dass man mit guten Gründen vermuten darf, die beiden hätten eine gemeinsame weitere Quelle benutzt, die Spruchquelle Q (→ Nr. 23). Wir können sie mit einiger Wahrscheinlichkeit rekonstruieren. Ausserdem enthalten beide Großevangelien, vor allem aber das Lukasevangelium, sehr viel Stoffe, die nur in einem von ihnen überliefert sind, das sog. »Sondergut«.

Sicher sind die »synoptischen« Evangelien zusammen mit Q die wichtigste Quelle für Jesus. Jedoch sind sie keine historischen Berichte – sie überliefern ihr eigenes Jesusbild und erzählen das, was ihnen an Jesus wichtig ist.

Aber sie sind nicht die einzige wertvolle Quelle. Als nächste möchte ich das Johannesevangelium nennen. Den Leserinnen und Lesern des Johannesevangeliums fällt auf, dass Jesus hier ganz anders handelt und spricht als in den synoptischen Evangelien. Es erzählt nur eine Auswahl von Wundergeschichten. Im Anschluss an sie hält Jesus oft lange Reden, die geheimnisvoll klingen und manchmal jeder nachvollziehbaren Logik entbehren. Und vor allem: Im Johannesevangelium scheint Jesus ein himmlisches Wesen zu sein; er wird am Anfang und am Ende, also an Schlüsselstellen »Gott« genannt (Joh 1,1.18 [= V 1 und V 18]); 20,28). Deshalb hat die Forschung lange gemeint, es sei als Quelle wertlos und ausschließlich als »geistliches Evangelium« anzusehen. Das war aber voreilig. Das Johannesevangelium enthält manche wertvollen Einzelinformationen. Es kennt Namen von Jüngern, von denen die Synoptiker nichts wissen, z.B. Thomas oder Natanael. Im Unterschied zu den Synoptikern ist es aus einer Jerusalemer Perspektive geschrieben. Viele Einzelinformationen aus dem Johannesevangelium konnten durch archäologische Forschungen bestätigt werden. Nach Johannes scheint Jesus mehrere Jahre öffentlich zu wirken. Er kommt mehrmals nach Jerusalem, bei den Synoptikern nur einmal, nämlich zu seinem Sterben. Auch die Chronologie der Passion ist eine andere: Jesus stirbt nach Johannes am Vorabend des Passahfests. Nach den Synoptikern dagegen feiert er mit seinen Jüngern das Passahfest. Es ist durchaus möglich, dass die johanneische Chronologie zuverlässige Informationen wiedergibt. Das Johannesevangelium fällt also als Geschichtsquelle nicht völlig weg.

Es gibt noch andere Evangelien, die teilweise als Quellen über Jesus wichtig sind. Das Thomasevangelium (→ Nr. 33) erzählt keine Jesusgeschichte, sondern es ist eine Sammlung von »geheimen Worten« des »lebendigen Jesus« (so der Titel). Es wurde von vielen, vor allem von Amerikanern, als Quelle so hochgeschätzt, dass manche von »The Five Gospels« sprachen. Es enthält alte Traditionen von Jesusworten, die zum grösseren Teil ihre Parallelen in den synoptischen Evangelien haben. Manche sind auch in andern Papyrusfragmenten überliefert. Unter ihnen können durchaus einige authentische Jesusworte (vgl. → Nr. 11) sein. Dasselbe gilt für viele Papyrusfetzen, die Fragmente von nicht erhaltenen Evangelien enthalten.

Als Quelle für Jesus nicht in Betracht kommen dagegen die Kindheitsevangelien (→ Nr. 34) und das nur fragmentarisch erhaltene Petrusevangelium. Von ihm sind nur einige Abschnitte der Passions- und Ostergeschichte erhalten. Es stammt vermutlich aus der ersten Hälfte des 2. Jh. und ist darum interessant, weil es zum ersten und für Jahrhunderte einzigen Mal die Auferstehung Jesu als kosmisches Ereignis beschreibt. Vermutlich setzt es alle drei Synoptiker voraus.

8. Die Quellen II: Römische und jüdische Zeugnisse

Die *römischen Zeugnisse* über Jesus sind spärlich. Das wichtigste stammt vom Historiker Tacitus, der in seinen um 110 geschriebenen Annalen schreibt:

> Dieser Name (= der Christen) stammt von Christus, der unter Tiberius vom Prokurator Pontius Pilatus hingerichtet worden war. Dieser verderbliche Aberglaube war für den Augenblick unterdrückt worden, trat aber später wieder hervor und verbreitete sich nicht nur in Judäa ..., sondern auch in Rom, wo alle Gräuel und Abscheulichkeiten der ganzen Welt zusammenströmen ... (Ann XV 44,3)

Dies ist ein typisches Zeugnis für die negative Bewertung des christlichen »Aberglaubens« durch einen gebildeten Römer. – Für die Geschichte der römischen Gemeinde ist auch das Zeugnis des Kaiserbiographen Sueton von Bedeutung. Er schreibt um 120 in seiner Claudiusbiografie über die Juden in Rom:

> Die Juden, die, von Chrestus aufgehetzt, fortwährend Unruhe stifteten, vertrieb er (= Claudius) aus Rom (Claud 25).

Chrestus ist fast sicher Christus – die beiden Buchstaben wurden im damaligen Griechisch gleich ausgesprochen. Die Episode fällt vielleicht ins Jahr 49.

Eine positive Wertung Jesu aus früher Zeit (vielleicht sogar vor 100 n. Chr.?) findet sich dagegen in einem Brief des syrischen Philosophen Mara bar Sarapion an seinen Sohn. Er stellt Jesus neben Sokrates und Pythagoras und bezeichnet ihn als »weisen König«:

> Was hatten die Athener für einen Nutzen davon, dass sie Sokrates töteten ... oder die Samier von der Verbrennung des Pythagoras ... oder die Juden von der Hinrichtung ihres weisen Königs ... ? Denn gerechterweise nahm Gott Rache für jene drei Weisen ... Die Juden (wurden) umgebracht, aus ihrem Reiche vertrieben und leben allenthalben in der Zerstreuung. Sokrates ist nicht tot – wegen Platon, noch Pythagoras – wegen der Hera-Statue, noch der weise König – wegen der neuen Gesetze, die er gegeben hat.

Dieser interessante Text bezeugt, dass das frühe Christentum für heidnische Philosophen attraktiv sein konnte.

Auch die *jüdischen Quellen* über Jesus sind spärlich. Im babylonischen Talmud steht eine Überlieferung, die vermutlich noch auf das 2. Jh. zurückgeht:

> Am Vorabend des Pesachfestes hängte man Jeschu. Vierzig Tage zuvor hatte der Herold ausgerufen: Er wird zur Steinigung hinausgeführt, weil er Zauberei getrieben und Isra-

> el verführt und abtrünnig gemacht hat ... Da nichts zu seiner Verteidigung vorgebracht wurde, hängte man ihn am Vorabend des Pesachfestes ...(bSanh 43a).

Der Vorwurf der Zauberei ist sehr alt. Er wurde oft mit der Geschichte von der Flucht der Familie Jesu nach Ägypten verbunden (Mt 2). Nach dem Christenfeind Kelsos (um 200 n.Chr.) hat Jesus als Taglöhner in Ägypten gearbeitet und sich dort magische Kräfte angeeignet (Origenes, Gegen Kelsos I 38). Ein anderer Vorwurf, der gegen Jesus in rabbinischen Quellen erhoben wurde, betrifft seine Abstammung: Jesus sei nicht Jungfrauensohn, sondern Sohn der Maria, einer Prostituierten, die von einem Freier namens Stada oder Pandera geschwängert worden sei (z.B. bSchab 104b). Auch diese Überlieferung ist in weniger anstössiger Form schon Kelsos bekannt (Origenes, Gegen Kelsos I 28.32).

Ein hochinteressantes positives, aber in jeder Hinsicht umstrittenes Zeugnis über Jesus steht im 18. Buch der »Jüdischen Altertümer« (Buch 18, Abschnitt 63f), dem zweiten Hauptwerk des jüdischen Historikers Josephus (→ Nr. 3; → Nr. 5) aus dem Jahre 93. Umstritten ist, ob der Text als ganzer ein christlicher Einschub ist oder ob er wenigstens teilweise auf Josephus, der übrigens auch Johannes den Täufer und den Herrenbruder Jakobus positiv beurteilte, zurückgeht. Der ursprüngliche Text könnte nach der Rekonstruktion des amerikanischen Jesusforschers John P. Meier folgendermaßen gelautet haben:

> In jener Zeit trat Jesus auf, ein weiser Mann. Er vollbrachte Wunder und war ein Lehrer von Menschen, welche die Wahrheit mit Freude annahmen. Und er gewann viele Anhänger unter Juden und unter gebürtigen Griechen. Aufgrund einer Anzeige unserer führenden Leute verurteilte ihn Pilatus zum Kreuzestod. Diejenigen, die ihn von Anfang an geliebt hatten, hörten aber damit nicht auf. Bis heute ist der Stamm der nach ihm genannten Christen nicht ausgestorben.

Was kann man aus diesen heidnischen und jüdischen Zeugnissen lernen? Ganz sicher dies: Jesus ist kein Mythos. Dass er gelebt hat und in Jerusalem gekreuzigt wurde, als Pontius Pilatus römischer Statthalter in Judäa und Samaria war, ist eine historische Tatsache. Am meisten über ihn erfahren wir aus den synoptischen Evangelien. Sicher ist ebenfalls, dass es keine neutralen Zeugnisse über Jesus gibt, die frei sind von positiven oder negativen Wertungen.

9. Geburt und Jugend Jesu

Über die Geburt und die Jugend Jesu wissen wir fast nichts. Das älteste Evangelium, das Markusevangelium, enthält keine Geburtsgeschichten. Es beginnt mit Johannes dem Täufer und dem öffentlichen Wirken Jesu. Erst das spätere Matthäusevangelium (Mt 1–2) und das Lukasevangelium (Lk 1–2) erzählen von der Geburt Jesu. Beide Geburtsgeschichten sind unabhängig voneinander entstanden. Sie ergänzen sich nicht. Nochmals später, nämlich erst in der christlichen Volksfrömmigkeit, hat man beide Geburtsgeschichten zusammengefügt. So ist die Weihnachtsgeschichte gewachsen, wie sie uns vertraut ist. Sie beginnt mit Jesu Geburt in einer Krippe bei Betlehem und dem Besuch der Hirten nach Lk 2,1–20. Dann folgt die Anbetung des Jesuskindes durch die drei Weisen aus dem Osten, welche den neugeborenen König der Juden verehren wollen und auf ihrem Weg zuerst zum König Herodes nach Jerusalem kommen. Diese Geschichte steht nur bei Matthäus (Mt 2,1–12). Dann geht die uns vertraute Weihnachtsgeschichte weiter mit der Beschneidung Jesu im Tempel und der Begegnung der Familie Jesu mit dem frommen Simeon und der Prophetin Hanna, die beide das Jesuskind als Erlöser Israels preisen (Lk 2,21–40). Nach einiger Zeit folgt die Flucht der Familie Jesu nach Ägypten. Sie muss vor König Herodes fliehen, denn die drei Weisen waren aufgrund eines Traums nicht mehr zu ihm zurückgekehrt, um ihn über das neugeborene Königskind zu informieren. Herodes lässt deshalb in Betlehem alle kleinen, noch nicht zweijährigen Knaben umbringen (Mt 2,13–21). Das etwa ist die Weihnachtsgeschichte, wie wir sie aus der kirchlichen Tradition kennen – eine Collage aus dem Matthäus- und dem Lukasevangelium.

In Lk 1–2 stehen noch andere Geschichten, welche nicht direkt zur Weihnachtsgeschichte gehören: Lk 1 erzählt die Ankündigung der Geburt von Johannes dem Täufer an seinen Vater Zacharias und diejenige der Geburt Jesu an Maria durch den Engel Gabriel, dann den Besuch Marias bei Elisabet, und schließlich, wie der stumm gewordene Zacharias seine Sprache wiedergewinnt. Als Abschluss seiner Geburtsgeschichten erzählt Lukas die Geschichte vom zwölfjährigen Jesus im Tempel (Lk 2,41–52).

Die beiden Geburtsgeschichten lassen sich nicht harmonisieren. Nicht einmal über das Geburtsjahr Jesu sind sie sich einig: Nach Mt 2 fällt es in die Regierungszeit von König Herodes, der 4 v. Chr. verstorben ist. Nach Lk 2 wurde Jesus geboren, als unter Quirinius, dem Statthalter Syriens, die erste römische Steuereinschätzung in Judäa durchgeführt wurde. Dies geschah im Jahre 6 n. Chr. Allerdings weiß auch Lukas indirekt von einer Geburt Jesu unter Herodes (vgl. Lk 1,5). Darüber hinaus stimmen nur wenige Angaben in beiden Evangelien miteinander überein: Nach beiden wurde Jesus in Betlehem geboren. Aber nach Matthäus war Betlehem der Wohnort der Familie Jesu, die dort vielleicht ein Haus besass; nach Lukas war die Familie Jesu nur vorübergehend dort. Nach beiden ist Josef ein

Nachkomme Davids (was historisch stimmen könnte). Beide kennen die Jungfrauengeburt als Wirkung des Heiligen Geistes (Mt 1,18–25; Lk 1,26–38). Nach beiden ist Maria mit Josef nur verlobt (Mt 1,18; Lk 1,27; 2,5). Das ist wenig an Gemeinsamkeiten.

Abgesehen von Lk 1f und Mt 1 ist die *Jungfrauengeburt* Jesu nirgendwo im Neuen Testament bekannt. Dagegen kennt man Jungfrauengeburten im griechischen Kulturbereich: Sowohl beim »göttlichen« Philosophen Platon als auch bei Alexander dem Großen dachte man, sie seien von Göttern gezeugte Jungfrauensöhne. Im Judentum sind solche Überlieferungen selten, denn sexuelle Abenteuer passen nicht zum Gott Israels. Immerhin gibt es eine Überlieferung, dass der geheimnisumwobene himmlische Priester Melchisedek (→ Nr. 59) Sohn einer Jungfrau sei (slavHen 71). Zu dieser jüdischen Zurückhaltung passt auch gut, dass in den Evangelien der Heilige Geist und nicht Gott die Schwangerschaft Marias verursacht hat (Mt 1,20; Lk 1,35).

Auffällig und erklärungsbedürftig bleibt die Tatsache, dass beide Evangelien Maria als *Verlobte* des Josef bezeichnen; die beiden waren also (noch) nicht verheiratet. An diesem Punkt haben sich, wie wir sahen (→ Nr. 7), die Christenpolemik des Kelsos und die spätere jüdische Polemik gegen Jesus festgebissen. Ihre Informationen sind aber nicht alt, sondern Reaktionen auf die Erzählungen der Evangelien. Trotzdem bleibt es merkwürdig, dass Maria mit Josef nur verlobt war. Hier gibt es nur Vermutungen und Spekulationen.

Als *Fazit* bleibt: Über Geburt und Herkunft Jesu wissen wir fast nichts. Alles, was die späteren Kindheitsevangelien darüber berichten (→ Nr. 34), gehört in den Bereich der Legende.

Auch über seine Jugend wissen wir kaum etwas. Indirekt können wir aus manchen Bibelstellen schließen, dass Jesus lesen und schreiben konnte. Wahrscheinlich hat er das in der Synagoge im heimischen Nazaret gelernt. Durch den Synagogenbesuch am Sabbat, wo die Tora und Prophetentexte gelesen wurden, eignete er sich auch biblische Grundkenntnisse an.

10. Jesu Wirken in Galiläa

Fast sicher ist Jesus ein Schüler Johannes des Täufers geworden und ließ sich von ihm taufen (vgl. Mt 3,13–17; Lk 3,21f; Mk 1,9–11). Seine öffentliche Wirksamkeit begann nach den Evangelien, als er aus der Wüste ins heimatliche Galiläa zurückkehrte und dort als Wanderprediger umherzog, um das nahe Gottesreich zu verkünden, Dämonen auszutreiben und Kranke zu heilen. Das bedeutete auch eine Abkehr von Johannes und seiner asketischen Lebensweise. Jesus selbst sagt: »Johannes kam, ass nicht und trank nicht, und man sagt: ›Er hat einen Dämon‹. Der Menschsohn kam, ass und trank, und man sagt: ›Schaut, ein Fresser und Weintrinker, Freund von Zöllnern und Sündern‹« (Mt 11,18f). Seiner Familie passte Jesu Wanderleben nicht. Markus überliefert folgende Episode: »Seine Angehörigen kamen, um ihn zu ergreifen. Sie sagten: ›Er ist verrückt!‹« (Mk 3,21). Was Jesus von seinen Jüngern forderte, nämlich einen Bruch mit der eigenen Familie (vgl. Mt 10,34–37), entspricht wohl seiner eigenen Biografie.

Jesus zog also als Wanderprediger, Dämonenaustreiber und Wunderheiler durch Galiläa. Er rief Jünger zu sich, die seine Lebensweise teilten. Er war »ein Freund von Zöllnern und Sündern«: Er hatte keine Berührungsängste mit Leuten, die in Israel von den Frommen gemieden und verachtet wurden, weil sie mit der Besatzungsmacht kollaborierten oder weil sie rituell unrein waren. Auch Frauen, die aus sexuellen Gründen (Menstruation, Geburten) oft rituell unrein waren, ging er nie aus dem Wege. Darum hatte er unter Frauen viele Anhängerinnen. Dass auch Frauen als Nachfolgerinnen mit ihm durch das Land zogen, ist wahrscheinlich. Jesus und seine Jünger waren also Aussteiger aus religiösen Gründen. Sie lebten von der Hand in den Mund, von nichts, von stehen gebliebenen Ähren und Früchten, von Spenden; oder sie ließen sich einladen. Das taten manchmal auch Pharisäer. Dass bei dieser Lebensweise die rituellen Reinheitsgesetze keine Rolle spielen konnten, ist nicht verwunderlich.

Über den Verlauf des öffentlichen Wirkens Jesu in Galiläa wissen wir kaum Sicheres. Das Markusevangelium rechnet mit einem einjährigen Wirken vor der Reise nach Jerusalem, das Johannesevangelium dagegen mit einem mehrjährigen Wirken und mehreren Pilgerreisen nach Jerusalem. Nach Markus hatte Jesus großen Zulauf von den Volksmassen, war aber schon sehr früh mit der Feindschaft der Pharisäer konfrontiert. Er musste eine Zeitlang ins nördlich gelegene Phönizien (heute: Libanon) und ins Ostjordanland ausweichen. Am Schluss zog er von Caesarea Philippi – im Norden nahe bei den Jordanquellen gelegen – nach Jerusalem. In gewisser Weise wird dieser Befund von Jesusworten bestätigt, welche die Quelle Q (→ Nr. 23) überliefert. Worte wie Lk (= Q) 12,4–7 oder Mt (= Q) 10,39 rechnen mit Lebensgefahr für die Jünger. Leider können wir nicht sagen, wann und wo Jesus diese Worte gesprochen hat. Es waren nicht nur viele Pharisäer, Hohepriester und Jerusalemer Aristokraten, welche Jesus ablehnten. Die Wehe-Rufe gegen Betsaida, Chorazin und Kapernaum zeigen, dass Jesus an manchen Orten in Galiläa mit seinen Wundern erfolglos blieb (vgl. Lk 10,13–15). Das Markusevangelium berichtet von der Ablehnung Jesu in seiner Heimatstadt Nazaret (Mk 6,1–6).

Das wiederum wird durch die zahlreichen Gerichtsankündigungen bestätigt, welche von Jesus überliefert sind. Eine der härtesten überliefert Mt (= Q) 8,11f.: Jesus kündigt hier an, dass viele (Heiden) von Osten und Westen kommen würden und mit Abraham, Isaak und Jakob zu Tische liegen; die Söhne des Reichs, d.h. die Israeliten, aber würden draußen bleiben. Dieses Wort scheint keine Möglichkeit der Umkehr für Israel mehr offen zu lassen. Es zeigt ausserdem, dass Jesus gegenüber Nichtjuden offen war und mit einer endzeitlichen Wallfahrt heidnischer Völker nach Jerusalem rechnete (vgl. Jes 2,2–4). Obwohl die Evangelisten dieses Gerichtswort in Galiläa lokalisieren, wissen wir nicht, ob Jesus es dort gesprochen hat.

Nicht ohne Grund sprach die ältere Forschung von einem »galiläischen Frühling«, in dem Jesu Verkündigung ein positives Echo fand, und einer zweiten Periode, in der er zunehmend auf Widerstand stiess. In diese Periode gehören wohl viele seiner Gerichtsworte. Wir wüssten gern, was diesen Widerstand auslöste. War es der sehr lockere Umgang Jesu mit den rituellen Reinheitsvorschriften der Tora? Oder war es der steile Selbstanspruch Jesu, der das Ja zu ihm mit dem Weltgericht verband? Er sagte: »Wer diese meine Worte hört und sie tut, gleicht einem verständigen Mann, der sein Haus auf Fels gebaut hat« (Mt 7,24): Nur das Haus eines solchen verständigen Mannes wird stehen bleiben, wenn die Regenflüsse und die Sturmwinde – hier dachten Jesu Hörer/innen an das Jüngste Gericht – über sein Haus hereinbrechen werden. Er verband also mit seinen Worten einen sehr hohen Anspruch. Stiess Jesus deshalb bei vielen Juden auf Ablehnung?

Beantworten können wir diese Frage nicht. Unterschiedliche Leute und Gruppen werden für die Ablehnung Jesu verschiedene Gründe gehabt haben.

11. »Echte« und »unechte« Jesusworte

Vor etwa sechzig Jahren wurde die Frage, welche Jesusworte »echt« seien, ziemlich klar beantwortet: Die grösste Wahrscheinlichkeit, dass ein Jesuswort authentisch war, bestand für frühere Forscher dann, wenn es sich von Überlieferungen des frühen Judentums in charakteristischer Weise unterschied. Diese Antwort ist einseitig und falsch, weil wir heute ernst nehmen, dass Jesus selbst ein Jude war, der sich zum Volk Israel gesandt wusste. Der heimliche Wunsch, dass Jesus, die Grundgestalt des Christentums, sich von anderen Juden grundlegend unterscheiden möge, stand hinter diesem »Echtheitskriterium« der älteren Forschung. Können wir heute überhaupt noch zwischen mutmaßlich »echten« und eher »unechten« Worten Jesu unterscheiden? Der Grundsatz der Wahrscheinlichkeit (→ Nr. 6) gilt hier in ganz besonderem Masse. Alle Kriterien, die wir haben, sind unsicher und nur, wenn wir sie miteinander kombinieren können, kann man ein Urteil fällen. Einige wichtige »Echtheitsmerkmale« seien genannt:

1. Überlieferungen, die mehrfach und in voneinander unabhängigen Quellen überliefert sind, also z. B. im Markusevangelium *und* in der Quelle Q (→ Nr. 23), oder in der Quelle Q *und* im Johannes- oder im Thomasevangelium (→ Nr. 33), gehen wahrscheinlich auf Jesus zurück. – Einwand: Leider ist die Annahme, dass diese Quellen unabhängig voneinander sind, auch nur eine Hypothese. Am sichersten sind wir dort, wo Worte Jesu durch sein Verhalten bestätigt werden, also z. B. das Wort Lk 11,20 (→ Nr. 12) durch Jesu Dämonenaustreibungen oder Jesu Forderung der Gewaltlosigkeit (Mt 5,39–41) durch sein Verhalten in der Passion.
2. Auf Jesus zurückgehen können nur Überlieferungen, die aufgrund von zeitgenössischen jüdischen Texten verständlich sind oder die zu den damaligen ökonomischen und sozialen Verhältnissen im Land Israel passen. – Auch das ist richtig. Aber – und das ist ein wichtiger Einwand – es berücksichtigt nicht, dass Jesus ein ganz *besonderer* Jude war. Gerade deshalb stiess er bei vielen anderen Juden auf Ablehnung. Manche Überlieferungen über ihn passen deshalb nicht ganz ins zeitgenössische Judentum.
3. Auf Jesus zurückgehen am ehesten Überlieferungen, welche von der nachösterlichen Jesusbewegung aufgenommen wurden. – Allerdings ist auch denkbar, dass Jesusüberlieferungen *nicht* aufgenommen wurden, z. B. weil sie später unverständlich waren. Das gilt z. B. für den Ausdruck «Menschensohn», den Jesus sicher gebraucht hat. (→ Nr. 13).
4. Auf Jesus zurückgehen am ehesten Worte, die nachweislich ursprünglich auf Aramäisch, d. h. in Jesu Muttersprache, formuliert waren. – Leider kann man das aber nur in seltenen Fällen wirklich *nachweisen*.
5. Auf Jesus zurückgehen dürften Worte, die zu anderen vermutlich authentischen Jesusworten passen. – Aber das setzt voraus, dass ein Forscher be-

reits ein vorläufiges Jesusbild hat. Die Gefahr eines Zirkelschlusses ist hier groß.

6. Auf Jesus zurückgehen vermutlich Worte, die Merkmale charakteristischer Jesussprache zeigen. Dazu gehören z. B. vorangestelltes »Amen« (»Amen, ich sage euch«). Dasselbe gilt für Gattungen, die für Jesus charakteristisch sind, z. B. Gleichnisse. – Auch dagegen gibt es einen Einwand: Wir können nicht ausschließen, dass nachösterliche Propheten oder Lehrer, die im Namen Jesu sprachen, solche Sprachmerkmale auch benutzten.

Negativ geht ein Wort dann nicht auf Jesus zurück, wenn es Situationen spiegelt, die erst nach Ostern eingetreten sind. Das gilt vermutlich für die letzte Seligpreisung Mt 5,11f, wo von Verfolgungen und Ausgrenzungen der Jünger »um meinetwillen« die Rede ist. Das zeigt sich z. B. auch in der matthäischen Fassung der Parabel vom großen Gastmahl, der Geschichte vom Hochzeitsmahl des Königsohns (Mt 22,1–14). Sie setzt wohl die Zerstörung Jerusalems im Jahr 70 (Mt 22,7) und die Heidenmission (Mt 22,8–10) voraus.

Ein Problem besteht auch darin, dass *ein Jesuswort oft in ganz verschiedenen Textfassungen überliefert wird* und wir nicht sicher sagen können, welche die ursprünglichste ist. Aber in manchen Fällen gibt es gar keine »ursprünglichste Fassung«, denn Jesus kann ja dasselbe Wort bei verschiedenen Gelegenheiten etwas anders formuliert haben.

Ganz sichere Kriterien für die Echtheit von Jesusworten gibt es also nicht. Dennoch ergänzen sich Echtheitsmerkmale in vielen Fällen, sodass wir oft gut begründete Urteile fällen können. Ich denke, dass ein großer Teil der Gleichnisse und Parabeln und viele der Worte mit Merkmalen der Jesussprache auf Jesus zurückgehen. Auf ihn zurückgehen wohl auch weisheitlich klingende Worte, welche an die »Evidenz der Sehnsucht« (→ Nr. 12) appellieren.

Zum Schluss noch eine Erinnerung: Jesus war für seine nachösterlichen Jünger nicht tot, sondern ihr erhöhter Herr, der seine Gemeinde »bis zum Ende der Welt« begleitete (Mt 28,20). Darum sind auch vermutlich »unechte« Jesusworte wichtig, die z. B. Propheten oder Lehrer in seinem Namen sprachen. Die Tatsache, dass es sie gibt, ist ein Hinweis auf den »lebendigen Jesus«.

12. Jesu Verkündigung vom Gottesreich

»Tut Buße! Das Reich Gottes ist nahe herbeigekommen!« So oder ähnlich fassen die Evangelisten Jesu Verkündigung zusammen. Jesus selbst spitzt noch deutlicher zu: »Wenn ich mit dem Finger Gottes Dämonen austreibe, so ist das Gottesreich zu euch gekommen!« (Lk 11,20). Umso auffälliger ist, dass Jesus kaum direkt über das Gottesreich spricht, sondern von der Welt und vom Menschen. Er spricht wie ein jüdischer Weisheitslehrer in kurzen, markanten Sprüchen und in Gleichnissen. In ihnen ist vom Gottesreich meist gar nicht die Rede. Er spricht in solchen Worten von der Liebe – der grenzenlosen Feindesliebe (Lk 6,27f). Er spricht von der Gewaltlosigkeit – von der maßlosen Gewaltlosigkeit, die einem Schläger die andere Backe hinhält (Lk 6,29). Er spricht vom grenzenlosen Vergeben, siebenmal siebzigmal (Mt 18,22). Weisheitslehrer appellieren an die Evidenz. Sind Jesu Forderungen evident? Mancher Pädagoge oder Richter würde über Jesu Forderung nach grenzenlosem Vergeben den Kopf schütteln: Ohne Strafen kann man keine Schule halten! Aber Jesus sagt: »Richtet nicht, damit ihr nicht gerichtet werdet!« (Mt 7,1). Wer Erfahrungen mit Prügeleien hat, weiß, dass provokative Gewaltlosigkeit einen Schläger nur reizt, nochmals zuzuschlagen. Auch Friedensforscher würden sagen: Manchmal *muss* man dem Bösen Widerstand leisten; mit Feindesliebe allein kann man keine Politik machen. Jesu Forderungen sind zu extravagant, um evident zu sein.

Und doch sind sie in einem tieferen Sinne wahr. Ich möchte von einer »*Evidenz der Sehnsucht*« sprechen. Wenn man sie hört, so denkt man unmittelbar: »So müsste eigentlich der Mensch sein!« Diese »Evidenz der Sehnsucht« hat etwas mit dem Kommen des Gottesreichs zu tun: Wenn man vor und während eines Sonnenaufgangs auf einem Berge steht, beginnt sich nicht nur der Himmel zu verfärben. Auch die Landschaft wird in ein neues Licht getaucht. Sie erscheint in intensiveren Farben und deutlicheren Konturen, weil sie in ein wunderbares Licht getaucht ist. Damit möchte ich die Sprüche und Gleichnisse Jesu vergleichen: Jesus skizziert die *Welt* im Lichte des anbrechenden Reiches Gottes. Er starrt nicht in den Himmel, sondern er blickt auf die Welt, die sich im Lichte seines Anbruchs verändert. Jesus gibt in seinen Sprüchen und Bildern den Menschen Impulse, wie ein neues Verhalten aussehen könnte. Er appelliert an ihre kreative Phantasie. Er vergleicht beispielsweise den Menschen, der seine Worte hört *und tut*, mit einem Mann, der sein Haus auf felsigen Boden baut (Lk 6,47–49). Aber er gibt keine Anweisungen, was er genau tun muss.

Etwas Ähnliches geschieht in manchen Gleichnissen. Jesus erzählt Geschichten. Matthäus bezeichnet sie fast immer, Lukas fast nie als Gottesreichgleichnisse. Vom Gottesreich sprechen sie relativ selten direkt. Jesus erzählt z. B. die Geschichte von einem Gutsbesitzer, der Taglöhner anstellt und sie dann nicht nach Arbeitszeit zum abgemachten Tarif entlohnt, sondern nach ihren Bedürfnissen (Mt 20,1–

15). Oder er erzählt von einem Vater, der für seinen in der Welt gescheiterten Sohn ein Kalb schlachtet, als er reumütig nach Hause zurückkehrt. Das ärgert seinen Bruder, der brav zu Hause geblieben ist (Lk 15,11–32). Oder er erzählt von einem Gastgeber, der anstelle seiner Gäste, die allesamt in letzter Minute absagen, die armen Schlucker und Bettler von der Strasse einlädt (Lk 14,16–24). Das sind *extravagante* Geschichten, welche die »Evidenz der Sehnsucht« der zu kurz Gekommenen ansprechen. Andere ärgern sich darüber, z. B. diejenigen Taglöhner, die vom frühen Morgen an gearbeitet haben, der ältere Sohn oder die ursprünglich eingeladenen Gäste.

Einige wenige Gleichnisse bezeichnet auch Lukas als Gottesreichgleichnisse. Dazu gehören die beiden kleinen Gleichnisse vom Senfkorn und vom Sauerteig (Lk 13,18–21). Sie haben die Hörer/innen Jesu überrascht. Was hat der winzig kleine Senfkornsamen mit dem Gottesreich gemeinsam, mit dem sie die Hoffnung auf die große Wende und die Rückkehr Gottes in die Welt verbinden? Jesus sagt: Dieser kleine Anfang hat es in sich! Das Gottesreich gleicht auch dem Sauerteig, der ganz unscheinbar ist und doch eine riesige Menge Mehl durchsäuert. Für Jesus hat gerade dieses Unscheinbare eine ungeheure Wirkung.

Den Anfang des Gottesreichs sah Jesus in seinem eigenen Wirken. In seinen Dämonenaustreibungen und in seiner Zuwendung zu den Kranken, Armen, Unreinen, den Frauen und zu allen Benachteiligten im Volk Israel ereignet sich – unscheinbar und winzig – der Anfang von Gottes Reich. In Jesu Geschichten werden übliche Rangordnungen auf den Kopf gestellt: Der verachtete Zöllner ist in den Augen Gottes gerechter als der fromme Pharisäer (Lk 18,9–14). Der von den meisten Juden verachtete Samaritaner ist der wahre »Nächste« des halbtoten Menschen, der unter die Räuber gefallen war, nicht der fromme Priester oder der Levit (Lk 10,30–37). Wenn das Gottesreich anbricht, sehen die Rangordnungen der Welt anders aus. Jesus verkörpert es in seiner Verkündigung und seinem Wirken. Er weckt in seinen Hörerinnen und Hörern aus dem einfachen Volk die Sehnsucht nach einer anderen, gerechten Welt.

13. Für wen hielt Jesus sich selbst?

In den Evangelien gibt es drei wichtige sog. »christologische Hoheitstitel«: Gottessohn, Messias und Menschensohn. Sprach Jesus von sich als »Gottessohn«, als »Messias« oder als »Menschensohn«?

»Gottessohn« ist in der christlichen Theologie am wichtigsten geworden – z. B. in der Lehre von der Dreifaltigkeit. Der Ausdruck konnte damals vielerlei bedeuten, etwa den von Gott adoptierten Messias-König Israels, einen Wundertäter, das von Gott erwählte Volk Israel oder einen Jungfrauensohn. In den drei ersten Evangelien ist »Gottessohn« die Anrede Gottes an Jesus, z. B. in der Taufgeschichte Mk 1,11. »Gottessohn« ist auch Inhalt des Bekenntnisses der Jünger, z. B. im Petrusbekenntnis Mt 16,17. Als »Gottessohn« redet ihn ferner der Teufel in der Versuchungsgeschichte an (Mt 4,3.6) oder die Dämonen (z. B. Mk 5,7). Im Prozess fragt der Hohepriester Jesus, ob er Gottes Sohn sei (Mk 14,65). Er antwortet bei Markus mit Ja, bei Matthäus ausweichend. In einer Selbstaussage Jesu kommt ein einziges Mal ein absolutes »der Sohn« vor (Mt 11,27); die Echtheit dieses Wortes ist fraglich. *Fazit:* Es ist eher unwahrscheinlich, dass Jesus selbst von sich als »Gottessohn« gesprochen hat.

Wie steht es mit *»Messias«?* Das hebräische »Messias« (griech. *Christos*) bedeutet »der Gesalbte«. Messianischen Sinn hatte auch die Bezeichung *»Davidsohn«*, denn man erwartete, dass der Messias-König aus der Familie Davids stammen werde. *»Christos«* kommt als Selbstbezeichnung Jesu in den synoptischen Evangelien nicht vor. Aber Jesus wurde als Messiasanwärter gekreuzigt; die Inschrift am Kreuz mit der Schuldangabe lautete »der König der Juden« (Mk 15,26; Mt 27,37; Lk 23,38; Joh 19,19). Nach Ostern haben wohl die Jesusjünger diese Inschrift in positivem Sinn aufgenommen, weil sie dachten: Ja, Jesus war der Messias, aber ein anderer Messias als ihn die meisten Juden erwarteten. Der Titel ist dann in der Form von »Jesus Christus« sehr rasch zu einem Teil des Namens Jesu geworden. – Was für ein Messias Jesus war, macht der Ausdruck »Sohn Davids« deutlich. Er kommt fast immer im Mund von Kranken vor, welche Jesus, den Messias Israels, um Erbarmen und Heilung bitten. Von sich als »Davidsohn« spricht Jesus nie. *Fazit:* Obwohl wahrscheinlich viele seiner Anhänger Jesus für den Messias gehalten haben, ist es unwahrscheinlich, dass er direkt von sich als »Messias« gesprochen hat. Nur indirekt hat er messianische Ansprüche gestellt, z. B. bei seinem Einzug in Jerusalem (→ Nr. 15).

Ganz anders ist es bei *»Menschensohn«.* Etwa 40x kommt dieser Ausdruck im Mund Jesu vor – die Parallelstellen und das Johannesevangelium nicht eingerechnet. In Bekenntnissen von Menschen und in den Briefen kommt »Menschensohn« nie vor, wahrscheinlich, weil man im griechischen Sprachbereich diesen aramäischen Ausdruck nicht mehr verstand. Was bedeutet er? Er könnte eine Umschreibung für »ich« sein, etwa mit der Nuance »ich als Mensch«. Aber eindeutige jüdische Belege dafür gibt es nicht. Oder er könnte sich auf den Propheten Ezechiel zurückbeziehen, der oft als »Menschenskind« angeredet wird. Dagegen spricht wahrscheinlich, dass der Ausdruck in den Evangelien zwei bestimmte Artikel hat: »*der* Sohn *des* Menschen« – anders als im Ezechiel-Buch. So bleibt am wahrscheinlichsten, dass sich der Ausdruck auf Dan 7,13f bezieht, eine Stelle, die in den Evangelien mehrmals zitiert wird. Dort wird »einer, der einem Menschen gleicht«, vor den »Hochbetagten«, d. h. Gott, geführt, als Gerichtszeuge im Weltgericht. – In den sog. »Bilderreden Henochs« im äthiopischen Henoch-Buch, einer leider nicht genau datierbaren jüdischen Schrift, hat sich diese Gestalt verselbständigt: Aus dem Gerichtszeugen wurde der künftige Weltrichter. In Kap. 70f ist es der Urvater Henoch, der nach Gen 5,24 in den Himmel entrückt wurde, der zum Menschensohn-Weltrichter eingesetzt wird. *Fazit:* Es ist wahrscheinlich, dass Jesus, sich als »*den* Sohn *des* Menschen« bezeichnete und sich mindestens indirekt auf Dan 7,13f zurückbezog.

Verstand sich Jesus als kommender Weltrichter, der jetzt schon, wie einst Henoch, »inkognito« in der Welt lebt? Ein eigenartiger Gedanke! Aber er passt zur Hoffnung auf die Wiederkunft Jesu im frühen Christentum. Er passt zum hohen Autoritätsanspruch, den Jesus auch in anderen Worten für sich stellt: In den Antithesen der Bergpredigt stellt er mit seinem »Ich aber sage euch« seine eigene Autorität über diejenige des Moses, d. h. der Bibel. Im Jesuswort Lk 12,8f lesen wir:

> Ich sage euch: Jeder, der sich zu mir bekennt vor den Menschen,
>   zu dem wird sich auch der Menschensohn bekennen vor den Engeln Gottes;
> wer mich verleugnet vor den Menschen,
>   wird vor den Engeln Gottes verleugnet werden.

Das Ja zu Jesus führt also zum Freispruch im Jüngsten Gericht, das Nein zur Verurteilung. Letzteres zeigen auch andere Jesusworte wie z. B. Wehe-Rufe gegen Betsaida, Chorazin, Kapernaum und Tyrus Lk 10,13–16.

Ich gestehe, dass mir dieser hohe Autoritätsanspruch Jesu unheimlich ist. Mir wäre ein Jesus lieber, der mit Andersdenkenden einen offenen Dialog führt. Aber die klaren Zeugnisse der Evangelien verbieten, dass ich mir einen »Wunsch-Jesus« zurechtbastle.

14. Jesus als Jude

Jesus war Jude. In der Aussendungsrede des Matthäusevangeliums ist ein Wort an die Jünger überliefert, das möglicherweise authentisch ist: »Geht nicht auf dem Weg zu den Heiden; und in eine Stadt der Samaritaner geht nicht hinein; geht vielmehr zu den verlorenen Schafen des Hauses Israel!«(Mt 10,5f). Dieses Wort Jesu ist so hart, dass es das Markusevangelium und das heidenfreundliche Lukasevangelium nicht überlieferten. Nun war Jesus gewiss kein Feind von Heiden. In Ausnahmefällen hat er auch kranke Heidinnen und Heiden geheilt, aber nur in Ausnahmefällen. Das zeigen die beiden Geschichten vom Hauptmann von Kapernaum (Mt 8,5–10.13) und von der Syrophönizierin (Mk 7,24–30). Für das Gottesreich rechnet er damit, dass die Heiden von Osten und Westen auf den Berg Zion kommen werden und mit den Vätern Israels, Abraham, Isaak und Jakob zu Tische liegen werden, während die Israeliten, die Jesu Botschaft abgelehnt haben, in die Finsternis geworfen werden (Mt 8,11f). Auch über die Samaritaner, die nicht als Voll-Juden betrachtet wurden, findet Jesus sehr positive Worte, wie beispielsweise die Geschichte vom barmherzigen Samariter (Lk 10,30–37) zeigt, so dass man sich über das kategorische Verbot an die Jünger, in eine Stadt der Samaritaner zu gehen, ein bisschen wundert.

Jesus hatte ein sehr offenes, inklusives und nicht exklusives Israelverständnis. Zum Gottesvolk Israel gehören für ihn die Randsiedler und die Verachteten: die Armen, die rituell oft unreinen Frauen, die Zöllner, die Besessenen und Kranken, die Ungebildeten (Mt 10,25), nicht so sehr die Schriftgelehrten, die Superklugen und Superfrommen und die sich absondernden Pharisäer. Jesus selber gehörte zum »Volk des Landes«. So nannte man die einfachen Leute, die sich z. B. ein korrektes Verzehnten gar nicht leisten konnten und die wahrscheinlich viele Reinheitsgebote aus dem einfachen Grund übertraten, weil sie sie gar nicht kannten. Spätere rabbinische Texte zeugen von heftigen Konflikten zwischen dem »Volk des Landes und den »Genossen«, also den Pharisäern. Diese mieden den persönlichen Kontakt und den Handelsverkehr mit Angehörigen des »Volkes des Landes«, um sich nicht zu verunreinigen. Auch das Johannesevangelium legt den Pharisäern ein solches Wort in den Mund: »Aber dieses Volk, welches das Gesetz nicht kennt, verflucht sei es!« (Joh 7,49). Jesus aber gehörte zum »Volk des Landes«. Darum gewichtete er die Gebote anders als viele Pharisäer: Die Gebote der Barmherzigkeit und das Liebesgebot standen für ihn im Zentrum, während die Reinheitsgebote und die Zehntenvorschriften zu den »kleinsten Geboten« gehörten (vgl. Mt 23,23). Obwohl Jesus wohl in der Synagoge lesen und schreiben gelernt hat, rechnete er sich nicht zu den »Weisen« und Gelehrten. Er war kein Schriftgelehrter.

Das widerspiegelt sich auch in seiner Verkündigung: Was Liebe und Barmherzigkeit ist, versteht jede und jeder. Die komplizierten Reinheitsvorschriften aber muss man sich erst von Schriftgelehrten erklären lassen. Darum sagt Jesus von seiner eigenen Verkündigung: »Ich preise dich, Vater, Herr des Himmels und der Erde, dass du dies vor den Weisen und Gebildeten verborgen hast, den Unmündigen aber hast du es offenbart« (Mt 11,25). Auch die meisten seiner Jünger und Sympathisanten waren einfache und ungebildete Leute, die zum »Volk des Landes« gehörten. *Fazit:* Zum Gottesvolk Israel gehörten für Jesus *alle* Juden, nicht nur eine fromme Elite. Jesus hatte als Angehöriger des »Volkes des Landes« ein sehr offenes, inklusives und nicht exklusives Verständnis von Israel.

Trotzdem ist es für Christinnen und Christen ein harter Brocken, dass Jesus, die Grundgestalt des christlichen Glaubens, der Gottessohn und Heiland der Christen, selbst vermutlich überhaupt nicht daran gedacht hat, das zu werden. Der Gedanke, später zum Heiland einer neuen, vom Judentum verschiedenen Weltreligion zu werden, hätte Jesus wohl mit großer Verwunderung erfüllt. Er war ein Jude. Er wusste sich von Gott zu Israel gesandt – nur das. Wir Christinnen und Christen müssen Jesus mit Israel teilen. In den Augen Jesu wären wir wohl im besten Fall später dazugekommene Adoptivkinder des Gottes Israels.

Das zu wissen ist gut, denn es macht bescheiden. Es lässt uns angesichts von all dem, was in der Kirchengeschichte im Namen des Juden Jesus an Jüdinnen und Juden Schlimmes verbrochen worden ist, erschaudern. Diese, so oft verfolgten, getöteten und im 20. Jh. massenweise und »industriell« vergasten Juden sind in den Augen Jesu die eigentlichen Kinder Gottes.

15. Warum zog Jesus nach Jerusalem?

Nach dem Johannesevangelium gibt es auf diese Frage eine klare Antwort: Jesus pilgerte als frommer Jude jedes Jahr mindestens einmal, am ehesten für das Passahfest, nach Jerusalem, die Heilige Stadt Israels. Er wirkte dort auch länger. Diese Sicht scheint von einem in der Spruchquelle Q überlieferten Jesuswort bestätigt zu werden:

> Jerusalem, Jerusalem, du tötest die Propheten und steinigst die, welche zu dir gesandt sind:
> Wie oft wollte ich deine Kinder sammeln, so, wie ein Vogel seine Küken unter seine Flügel sammelt,
> aber Ihr habt nicht gewollt!
> Siehe, euch wird euer Haus veröden.
> Ich sage euch aber: Ihr werdet mich nicht wieder sehen, bis (die Zeit kommt), da ihr sagen werdet:
> Gepriesen ist, der kommt im Namen des Herrn! (Lk 13,34f).

Sowohl die Echtheit als auch die Deutung dieses Wortes sind unsicher. Hier ist nur wichtig, dass es auch mehrfache Jerusalemaufenthalte Jesu voraussetzt und ebenso, dass Jesus nicht nur als Pilger dort war, sondern dass er auch in Jerusalem seine Botschaft vom Gottesreich verkündet hat. Anscheinend hat er dies erfolglos getan, sonst würde er der Stadt nicht Gottes Gericht androhen und den Untergang ihres »Hauses«, wahrscheinlich des Tempels, ankündigen.

Warum zog Jesus nach Jerusalem? Tat er dies nur als einfacher Pilger, geriet dann dort ungewollt unter die Räder der Geschichte und wurde von ihnen zermalmt? Dann wäre sein Tod historisch gesehen ein tragischer Zufall. Lk 13,34f spricht gegen diesen Vermutung. Nach V 35 nimmt Jesus vielmehr bewusst Abschied von Jerusalem und kündigt geheimnisvoll sein eigenes Verschwinden an.

Blicken wir zurück auf die Bilanz von Jesu Wirken in Galiläa: Jesu Verkündigung war, so sahen wir, an manchen Orten im galiläischen Kernland gescheitert – in Nazaret, in Kapernaum, in Betsaida (→ Nr. 10). Jesus kündigte diesen Orten das Gericht an, wahrscheinlich ohne eine Möglichkeit zur Umkehr offen zu lassen (vgl. Lk 10,13–15). Nach Mt 8,11f kündigte er »den Söhnen des Reichs« das Gericht an – ohne Wenn und Aber. Zu solchen Worten passte das Jerusalemwort Lk 13,34f gut, das Jesus vielleicht bei seinem letzten Aufenthalt in Jerusalem gesprochen hat. Sein Schlusssatz könnte darauf hinweisen, dass er mit so etwas wie einer »Wiederkunft« gerechnet hat, ähnlich wie dies später die Jesusgemeinden aufgrund von Texten wie dem Jesusgleichnis vom Dieb in der Nacht (Lk 12,39f) erwarteten. Die vor- und nachösterlichen Puzzlestücke würden auf diese Weise gut zusammenpassen. – Aber alles bleibt hypothetisch, da wir über die Authentizität von Lk 13,34f keine sicheren Aussagen machen können.

Nach einer gut beglaubigten Überlieferung ließ sich Jesus kurz vor seinem Einzug in Jerusalem von einem noch namentlich bekannten blinden Bettler, Bartimäus, als »Davidsohn«, d. h. als Messias anreden. Er machte ihn sehend (Mk 10,46–52). Kurz danach zog er in Jerusalem ein – nicht einfach als gewöhnlicher Festpilger, sondern mit einer Schar von galiläischen Anhängern, die ihn bejubelten und ihm Zweige und Kleider zu Füssen legten (Mk 11,1–10). Einzelheiten dieser Szene können spätere Ausschmückungen sein; aber ein historischer Kern dieser Erzählung darf angenommen werden. Sie weist auf einen messianisch inszenierten, symbolträchtigen Einzug Jesu in die Heilige Stadt. Nicht als kriegerischer Messias zog er ein, nicht zu Pferde, sondern auf einem Esel. Aber trotzdem: In der aufgeladenen Atmosphäre eines großen Pilgerfestes war das sehr gefährlich.

Warum zog Jesus nach Jerusalem und ging dabei offenbar bewusst ein hohes Risiko ein? Sein Tod dort war meines Erachtens kaum ein historischer Zufall, mit dem Jesus selbst gar nicht gerechnet hatte. Ich vermute vielmehr: Jesus suchte in Jerusalem eine Entscheidung. Was bedeutet das für die bis heute immer wieder heiss diskutierte Frage nach der Schuld an Jesu Tod? Um diese Frage wird es im nächsten Kapitel gehen.

16. Wer war schuld an Jesu Tod?

Normalerweise fragt man: Waren die Juden oder die Römer schuld am Tod Jesu? Ich werde im Folgenden versuchen, die Juden ganz und Pilatus wenigstens teilweise von der Schuld zu entlasten. Meine eigene Antwort wird lauten: Jesus selbst war »schuld«. Er zog nach Jerusalem, weil er dort eine Entscheidung suchte und dabei seinen Tod in Kauf nahm. Ähnlich sehen es übrigens auch die Evangelien: Mk 8,31 heißt es in der ersten der drei Leidensankündigungen: »Der Menschsohn *muss* viel leiden und von den Ältesten, Hohepriestern und Schriftgelehrten verworfen werden und sterben ... ». »Muss« heißt: Gott will es so.

Wir sagten: Vermutlich ist Jesus nach Jerusalem gezogen, um dort eine Entscheidung zu suchen. Sein Einzug in der Stadt auf einer Eselin mitten unter den Palmzweige streuenden galiläischen Pilgern, die ihm zujubelten, war provokativ: Er selber hat diesen Einzug wohl messianisch inszeniert (Mk 11,1–11). Am folgenden Tag ging er in den Tempelvorhof und hat dort die Tische der Opfertierverkäufer und Geldwechsler umgeworfen. Sicher war dies eine prophetische Zeichenhandlung, die irgendwo in einer Ecke des Tempelvorhofs stattfand – sonst wäre die in der Burg Antonia stationierte Tempelwache eingeschritten. Bei dieser Gelegenheit hat er vielleicht die Zerstörung des Tempels angesagt, wie sie nicht nur in Lk 13,34f, sondern in den Evangelien mehrfach in verschiedener Form bezeugt ist (Mk 13,2; 14,58f; Joh 2,19; vgl. Apg 6,14). Er *muss* gewusst haben, dass das zu einem Zeitpunkt, als die Stadt voller Festpilger war, *sehr* gefährlich war. Er kannte ja die Prophetengräber im Kidron-Tal und wusste, dass viele Propheten in Jerusalem ihren Tod gefunden hatten (vgl. Lk 13,33).

Noch hätte Jesus die Gelegenheit gehabt, sich aus der Stadt zurückzuziehen. Er tat es nicht, sondern feierte mit seinen Jüngern in einem Obergemach das Passahmahl. Nach dieser Mahlzeit wurde er in der Nacht von der Tempelwache im Garten Getsemani unauffällig verhaftet, »damit kein Aufruhr im Volk geschehe« (Mk 14,2). Einer der Zwölf, Judas, hatte den Hohepriestern diesen Aufenthaltsort verraten, vielleicht – so vermuten manche –, weil er Jesus zwingen wollte, Farbe zu bekennen und das Gottesreich wirklich anbrechen zu lassen. Jesus ließ seine Verhaftung geschehen.

Warum veranlassten die Hohepriester und Adligen seine Verhaftung? Unter ihnen hatte er gewiss Feinde. Aber unabhängig davon waren sie gegenüber den Römern *verpflichtet*, Ruhe und Ordnung aufrecht zu erhalten (→ Nr. 1). Joh 11,50 formuliert klar ihr Dilemma: »Es ist besser für uns, dass ein einziger Mensch stirbt als dass das ganze Volk vernichtet wird«. So ließen sie Jesus verhaften und überstellten ihn nach einem Verhör Pilatus. Das war ihre *Pflicht*. Vielleicht hofften einige von ihnen, Pilatus ließe ihn frei. Dass diese Hoffnung nicht unsinnig war, zeigt eine Geschichte, die sich später, zu Beginn der sechziger Jahre, also kurz vor dem ersten jüdischen Krieg, zugetragen hat: Josephus erzählt von einem Unheilspropheten – er hieß übrigens auch Jesus –, der damals im Tempel unablässig schrie und die Zerstörung des Tempels ankündigte (Josephus, bell 6,300–306). Die Hohepriester ließen ihn verhaften und überwiesen ihn dem Statthalter. Dieser ließ ihn auspeitschen. Dann ließ er ihn frei, weil er ihn als harmlos einstufte. Pilatus urteilte bei Jesus anders, denn Jesus hatte viele Anhänger unter den galiläischen Festpilgern und stellte in seinen Augen eine wirkliche Gefahr dar.

Ist demnach Pilatus als schuldig am Tod Jesu zu betrachten? Ja und Nein. Pilatus sah offensichtlich, dass Jesus unschuldig war, aber er war feig und wagte es nicht, seine Autorität als Statthalter gegenüber einem von Jesu Gegnern aufgehetzten Pöbelhaufen durchzusetzen. Er wagte es nicht, Jesus freizulassen.

Wer ist nun also schuld an Jesu Tod? Ich denke: In erster Linie Jesus selbst. Er *wollte* eine Entscheidung suchen. Er hätte mehrmals Gelegenheiten gehabt, sich rechtzeitig aus Jerusalem abzusetzen; aber er tat es nicht. Dann muss er in seinem Tod einen Sinn gesehen haben. Wir wüssten gern, welchen. Das einzige Wort Jesu, das darüber Auskunft geben könnte, ist das Becherwort, das Jesus bei der Einsetzung des Abendmahls gesprochen hat. Es ist bei Markus, bei Lukas und bei Paulus in unterschiedlichen Wortlauten überliefert. In Mk 14,24 lautet es: »Das ist mein Blut des Bundes, das vergossen wird für Viele«. Jesus deutet hier seinen eigenen Tod als stellvertretende Sühne für alle. Er verstand seinen Tod als Opfer für die Erneuerung von Gottes Bund mit Israel – und Israel war für ihn ein weiter Begriff, wie das Wort »viele« zeigt. Zu Israel gehörten für ihn auch Unreine, Kranke, Frauen, Samaritaner – und im Reich Gottes auch Heiden. Aber auch das muss hypothetisch bleiben, weil der Wortlaut des Becherworts verschieden überliefert wird. Ausserdem ist es in der Jesusüberlieferung einmalig, sodass wir nicht sicher sagen können, ob es auf Jesus selbst zurückgeht.

17. Die Passion

Der Ablauf der Passion wird in den dem Markusevangelium und in der dem Johannesevangelium als Quellen zugrunde liegenden älteren Passionsgeschichten ähnlich überliefert: Auf Jesu letzte Mahlzeit mit seinen Jüngern folgte sein Gebet im Garten Getsemani, dann seine Verhaftung durch die Tempelwache und die Flucht der Jünger. Dann folgten das Verhör vor dem Hohepriester mit der Verleugnung des Petrus draußen im Hof, hernach das Verhör vor Pilatus mit der Barabbas-Episode. Als nächstes erzählen sie seine Auspeitschung mit der Dornenkrönung, den Gang nach Golgota, die Kreuzigung als »König der Juden« zusammen mit zwei Zeloten, die Kleiderverlosung und seine Tränkung mit Essigwein, die Kreuzesabnahme nach seinem frühen Tod und die Grablegung im Felsengrab des Joseph von Arimathäa. Lukas kannte möglicherweise neben der Markuspassion noch eine andere Passionsüberlieferung, welche er in seine Markusquelle einarbeitete. Sie erzählte unter anderem auch ein Verhör Jesu durch seinen Landesfürsten Herodes Antipas. Johannes hat seine Quelle besonders stark bearbeitet. Er schweigt nicht nur von der letzten Mahlzeit Jesu, sondern auch von Jesu Gebet in Getsemani – aber es ist deutlich, dass er beides kannte (vgl. Joh 6,51b–58; 12,27f). Vielleicht kannte er auch die Episode, dass der aus der Diaspora stammende Jude Simon von Zyrene, der gerade von seiner Feldarbeit zurückkam, gezwungen wurde, an Stelle des zusammenbrechenden Jesus die Last des Kreuzes zu tragen (Mk 15,21) – sonst hätte er kaum so betont formuliert, dass Jesus »für sich selbst« sein Kreuz getragen habe (Joh 19,17): In der Erzählung des Johannesevangeliums bricht Jesus nicht zusammen, sondern bleibt bis zu seinem Tod Herr des Geschehens.

Die Quellenlage ist also verhältnismässig gut. Aber das heißt natürlich nicht, dass wir über *alles* gut oder wenigstens in Grundzügen informiert wären. Die Jünger sind ja bei der Verhaftung Jesu in Panik geflohen und untergetaucht (Mk 14,50–52). Nur Petrus ist Jesus bis in den Hof des hohepriesterlichen Palastes gefolgt und wurde, als er sich am Feuer wärmte, von einer Magd an seinem Dialekt erkannt. Der Verlauf des Verhörs Jesu vor dem Hohepriester basiert also nur auf indirekten Informationen. Die Evangelisten konnten hier ziemlich frei gestalten. Dasselbe gilt für das Verhör vor Pilatus. Bei diesem hat insbesondere Johannes von dieser Möglichkeit sehr ausgiebig Gebrauch gemacht und eine literarisch großartige Szene geschaffen: »Die Juden« stehen mit den Hohepriestern draußen, der verhörte Jesus, der wirkliche Handlungssouverän seiner Geschichte, ist drinnen im Palast. Der zweifelnde und entscheidungsunfähige Pilatus, der als römischer Präfekt ja eigentlich Handlungssouverän sein sollte, irrlichtert hin und her (Joh 18,28–19,16). – Bei der Kreuzigung selbst schauten nur die Frauen »von weitem« zu (Mk 15,40f). Ihre Namen werden von den Evangelien nur teilweise identisch überliefert.

Deshalb ist es nicht verwunderlich, dass insbesondere Jesu letzte Worte am Kreuz ganz verschieden überliefert werden: Das Psalmwort »Mein Gott, mein Gott, warum hast Du mich verlassen« ist nur bei Markus (und Matthäus) überliefert. Die Worte »Vater, vergib ihnen, denn sie wissen nicht, was sie tun«, sowie Jesu Wort an den guten Mitgekreuzigten »Heute wirst du mit mir im Paradies sein« und der ursprünglich wohl wortlose Schrei Jesu »Vater, in deine Hände befehle ich meinen Geist« stehen nur im Lukasevangelium. Die Worte »Ich dürste«, die letzten Worte des Gekreuzigten an seine Mutter und den Lieblingsjünger und vor allem das großartig-souveräne allerletzte Wort »Es ist vollbracht« (bzw. besser übersetzt: »Es ist vollendet«) sind nur bei Johannes überliefert. Alle diese Worte sind theologiegeschichtlich, frömmigkeitsgeschichtlich und durch ihre Vertonungen unendlich wirkungsträchtig geworden. Ob Jesus irgendeines dieser Worte wirklich gesprochen hat, ist angesichts der Tatsache, dass sie in den Evangelien ganz verschieden überliefert sind, zweifelhaft. Insbesondere das Psalmwort »Mein Gott, mein Gott, warum hast Du mich verlassen!« (Mk 15,34; Mt 27,46 = Ps 22,2) gab immer wieder Anlass zu Diskussionen: Starb Jesus in tiefer Verzweiflung und fühlte sich von Gott verlassen? Oder starb er als frommer Jude mit einem Psalmwort auf den Lippen? Aber diese Diskussionen sind kaum Diskussionen über Jesus selbst, sondern über die Jesusbilder der Evangelisten bzw. über unsere eigenen.

18. Was geschah nach Jesu Tod?

Jesus wurde von Joseph von Arimathäa, einem Mitglied des Hohen Rats, der Jesus wohlgesinnt war, in einem Felsengrab begraben, das er wohl für sich selbst hatte machen lassen. Vor den Grabeingang ließ er einen großen Stein rollen. Nach den Berichten aller drei Synoptiker fanden drei Frauen, die bei der Kreuzigung Jesu von weitem zugeschaut hatten, das Grab leer, als sie am Tage nach dem Sabbat dorthin gingen, um den Leichnam Jesu zu salben. Was bedeutet das? Es kann alles Mögliche bedeuten. Eine Erklärungsmöglichkeit ist, dass Jesus auferstanden ist. Möglich, aber eher unwahrscheinlich ist auch, dass die Frauen das Grab verwechselt haben. Oder irgendjemand könnte Jesu Leichnam entfernt haben. Nach Mt 28,13 gab es gegen Ende des ersten Jahrhunderts unter Juden ein Gerücht, die Jünger hätten den Leichnam Jesu gestohlen, während die Grabwächter schliefen. Auch das wäre eine denkbare Erklärung des leeren Grabes. Auf jeden Fall ist ein leeres Grab kein eindeutig erklärbares Faktum.

Nach seinem Tod ist Jesus seinen Jüngern erschienen. Bei den Erscheinungen ist die Überlieferungssituation sehr schwierig: Das Markusevangelium bricht in 16,8 nach der Geschichte von der Entdeckung des leeren Grabes am Ostermorgen ab. Ob das der ursprüngliche Schluss des Markusevangeliums war oder ob dieser verloren gegangen ist, wissen wir nicht (→ Nr. 24). Jedenfalls kannten die späteren Evangelisten, welche das Markusevangelium als Hauptquelle benutzten, keinen anderen Schluss als diesen. Darum berichten sie über die Erscheinungen Jesu nach seinem Tod ganz unterschiedlich. Nach dem Matthäusevangelium erschien Jesus zuerst den Frauen und dann den elf Jüngern auf dem Berg in Galiläa (Mt 28,9f.16–20). Nach dem Lukasevangelium erschien er zuerst Simon Petrus (Lk 24,34), dann zwei Jüngern auf dem Weg nach Emmaus bei Jerusalem (Lk 24,13–33), dann den elf Jüngern in Jerusalem (Lk 24,36–43). Das Johannesevangelium erzählt in Kap. 20 zuerst die Erscheinung vor Maria Magdalena, dann die Erscheinung vor den Jüngern und schließlich die Erscheinung vor Thomas. Joh 21, ein sekundäres Nachtragskapitel (→ Nr. 30), erzählt von einer Erscheinung Jesu am See Gennesaret vor Petrus, Thomas, dem Lieblingsjünger und den anderen Jüngern.

Das älteste Zeugnis, das wir über die Erscheinungen haben, ist ein uraltes Bekenntnis, das Paulus in 1Kor 15,3–5 zitiert. Es geht vielleicht sogar auf die Jerusalemer Urgemeinde zurück.

> Ich habe euch überliefert, was ich selbst überliefert bekommen habe:
> Christus ist gestorben für unsere Sünden nach den Schriften
> und er wurde begraben.
> Und er ist auferweckt am dritten Tag nach den Schriften,
> und erschien dem Kephas, dann den Zwölfen.

Dem fügt Paulus in Vers 6–11 eine Liste von weiteren Erscheinungen Jesu an:

> Darauf erschien er mehr als fünfhundert Brüdern auf einmal, von denen die meisten bis jetzt leben; einige aber sind entschlafen.
> Darauf erschien er dem Jakobus, dann allen Aposteln,
> zuletzt von allen, wie einer Missgeburt, erschien er auch mir.
> Ich bin nämlich der geringste aller Apostel, weil ich die Gemeinde Gottes verfolgt habe.
> Durch die Gnade Gottes aber bin ich, was ich bin ...
> Ob nun ich oder jene, so verkünden wir, und so seid ihr zum Glauben gekommen.

Mit den in den Evangelien erzählten Erscheinungen stimmt diese Liste nur zum Teil überein. Nur bei Paulus bezeugt sind die Erscheinungen vor den 500 Brüdern, vor dem Herrenbruder Jakobus und vor »allen Aposteln«. Viele historische Fragen bleiben offen. Wer empfing die Ersterscheinung? Petrus (so sagen es Paulus und Lukas) oder Maria aus Magdala (so erzählt es das Johannesevangelium)? Wer gehörte zu »allen Aposteln« abgesehen von den Zwölfen? Wo fanden die Erscheinungen statt? In Jerusalem (so Lukas und Joh 20)? Oder in Galiläa (so Matthäus und Joh 21)? Oder beides? Die Quellenlage für die Erscheinungen ist also schlecht.

Für Psychologen bietet sich ein reiches Spekulationsfeld. Handelte es sich um Visionen oder um mehr als das? Die Jünger, die während der Passion Jesu aus Angst geflohen waren, haben zunächst wohl kaum irgendwelche Erscheinungen Jesu erwartet. Sie bewirkten bei ihnen einen gewaltigen Stimmungsumschwung: Aus Verzweifelten und Flüchtigen wurden standhafte Zeugen für Jesus. Auffällig bleibt, dass es zahlreiche Erscheinungen innerhalb von kurzer Zeit und an verschiedenen Orten gab. Handelt es sich um eine Art »Ansteckungsphänomen« in einem überschaubaren Kreis von Menschen, die sich kannten? Wir wissen es nicht.

So oder so gilt, dass Erscheinungen keine Auferstehungs*beweise* sind. Auch Visionserfahrungen können sehr verschieden gedeutet werden. Die Berichte zeigen, dass es keine »neutralen« Erscheinungszeugen gab, die darüber hätten schreiben können. Alle Menschen, denen so etwas widerfuhr, wurden durch diese Erfahrung zu Christuszeugen. Manche Erscheinungsberichte sind sogar direkt als Beauftragungsgeschichten formuliert, z. B. Mt 28,16–20; Joh 20,19–23 oder die Berufungsvision des Paulus in Gal 1,15f.

19. Jesu Auferstehung

Was aber ist die Auferstehung selbst? Keines unserer Evangelien beschreibt sie. Einzig um die Mitte des 2. Jh.s beschreibt das apokryphe Petrusevangelium (→ Nr. 7) die Auferstehung als Vorgang, allerdings aus der Perspektive der ungläubigen Soldaten, die das Grab bewachen. Seine Schilderung wurde in der Kirche kaum je beachtet. In der Alten Kirche und im Frühmittelalter wurde auch in der bildenden Kunst die Auferstehung Jesu nie dargestellt, im Unterschied etwa zur Auferweckung des Lazarus. Nur ganz selten machten sich Kirchenväter Gedanken über den Auferstehungsvorgang, z. B. über die Frage, ob Jesus aus dem verschlossenen Grab auferstanden sei oder ob der Engel für ihn zuerst den Stein weggerollt habe. Erst mit der Jahrtausendwende wendete sich das Blatt. Es kamen die Passionsspiele auf, welche konkretere Antworten verlangten. Parallel dazu gab es auch mehr und mehr Darstellungen der Auferstehung in der Buchkunst und in der bildenden Kunst: Man denke z. B. an die uns vertrauten Auferstehungsdarstellungen von Dürer oder Grünewald. – In der frühen Kirche aber wurde die Auferstehung durchwegs als großes, nicht darstellbares Geheimnis empfunden. – *Fazit*: Wenn wir die biblischen Texte nach dem »Ereignis« Auferstehung befragen, kommen wir nicht weiter.

Versuchen wir es von der sprachlichen Seite her: »Auferwecken« bzw. »Auferstehen« sind bildhafte, metaphorische Ausdrücke. Das griechische Wort, das im Aktiv »auferwecken« heißt, bedeutet in der Medialform (einer »mittleren« Form zwischen Aktiv und Passiv) »aufwachen« oder »sich erheben«. Das griechische Wort für »auferstehen« ist ebenfalls eine Medialform und bedeutet »aufstehen«. Was an Ostern geschehen ist, wird also in bildhafter Sprache angedeutet. Eine andere Metapher, die hier zu bedenken ist und die vor allem im Johannesevangelium wichtig ist, ist das Wort »erhöhen«. Paulus hat seine Christuserscheinung sicher als Erscheinung vom Himmel her empfangen und auch Matthäus hat sich die Erscheinung dessen, dem »alle Gewalt gegeben ist im Himmel und auf Erden« (Mt 28,18), vor den Elfen auf dem Berg in Galiläa wohl als Erscheinung vom Himmel her vorgestellt. Der alte Bekenntnistext Phil 2,6–11 formuliert das Ostergeschehen folgendermaßen:

> Deshalb hat ihn auch Gott über alles erhöht
> und ihm den Namen gegeben, der über jedem Namen ist (Phil 2,9).

Was später im Lukasevangelium als »Auferstehung« und »Himmelfahrt« zeitlich auseinandergelegt wird, waren also für die ältesten Christen zwei Aspekte ein und desselben »Ereignisses«.

In der Theologie des 20. Jh.s bezeichnete man häufig die Auferstehung mit der

Kategorie »Interpretation«. »Auferstehung« sei die Interpretation einer Erfahrung. Ja, in extremer Zuspitzung wurde gesagt, das Bekenntnis zur Auferstehung sei das Ergebnis eines »Rückschlusses« der Jünger. Ich denke nicht, dass das die Sache trifft. Die Jünger wurden durch ihre Ostererfahrungen völlig verwandelt: Aus Angsthasen wurden standhafte Christuszeugen, aus Verzweifelten Mutige, aus Untergetauchten und Flüchtigen Märtyrer. So etwas geschieht nicht aufgrund eines eigenen »Rückschlusses«. Die Legende vom leeren Grab Mk 16,1–8 erzählt viel subtiler und feinfühliger, wie der christliche Glaube entstand: durch das Wort eines Engels.

Was für ein Ereignis ist also Auferstehung? Die bildhaften Worte »Auferstehung« und »Auferweckung« lassen auch mich zu einem Bild greifen. Ich möchte das, was an Ostern geschah, mit der Liebe vergleichen. Auch dann, wenn sich zwei Menschen ineinander verlieben, werden Aussenstehende aus ihrem Verhalten, z. B. aus ihren Küssen, rückschließen, dass die beiden sich lieben. Auch da kann man von »Interpretation« sprechen. Aber diese Betrachtung von außen trifft das, was die beiden Liebenden erleben und erfahren, überhaupt nicht. Sie lassen sich von ihrer Liebe ergreifen; ihnen wird das Herz warm; sie schauen das Leben mit ganz neuen Augen an. Sie betrachten ihre Liebe nicht von außen, sondern sie sind »in« der Liebe. Sie sind selbst beteiligt, als ganze Menschen, mit allen Sinnen und Gefühlen, mit allen Fasern ihres Körpers und allen Regungen ihrer Seele. Sie versuchen nicht, die Liebe zu beweisen. Sie geben sich zwar Geschenke und Küsse. Geschenke sind äußere Zeichen der Liebe, ebenso wie Erscheinungen und das leere Grab äußere Zeichen der Auferstehung sind. Aber Geschenke und Küsse sind nicht die Liebe selbst. Liebe kann man nicht durch Geschenke beweisen. Unbeteiligten Aussenstehenden ist eine solche Liebe nicht zugänglich. Dem entspricht, dass es im Neuen Testament keine »neutralen« Auferstehungszeugen gibt.

Mit der Liebe möchte ich also die Auferstehung vergleichen. Sie ist für die Liebenden keine Interpretation, sondern eine Wirklichkeit. Sie ist nicht beweisbar, aber für die Liebenden wirklicher als alle beweisbaren Wirklichkeiten.

3. Kapitel: Die Evangelien

20. Was heißt »Evangelium«?

»Evangelium« ist ein christliches Kernwort. Die meisten denken bei diesem Wort an ein biblisches Buch, z. B. an das »Evangelium nach Johannes« oder das »Evangelium nach Markus«. Die Lesungen aus den Evangelienbüchern spielen in christlichen Gottesdiensten eine herausragende Rolle, besonders in der katholischen Messe oder in der orthodoxen Liturgie. Aber das Wort »Evangelium« hatte nicht immer diese Bedeutung. Erst zu Beginn des 2. Jh.s, als es in den Bücherschränken der christlichen Gemeinden verschiedene Erzählungen über Jesus gab, welche man voneinander unterscheiden musste, bekamen die Evangelien ihre Titel. Sie stammen also nicht von den Evangelisten. Und auch heute noch brauchen wir das Wort »Evangelium« auch anders, nämlich inhaltlich als Bezeichnung für die zentrale Botschaft des christlichen Glaubens. So sprechen wir zum Beispiel vom »Evangelium« der bedingungslosen Gnade Gottes. Am Anfang dieses Kapitels, gleichsam als Präludium zu ihm, sollen deshalb einige Bemerkungen zum Wort »Evangelium« und den Bedeutungsverschiebungen stehen, die es bis zum 2. Jh. n.Chr. erfahren hat.

Die *Grundbedeutung* des griechischen Wortes *euaggelion* ist »gute Nachricht«; das dazugehörende Tätigkeitswort *euaggelizomai* bedeutet »eine gute Nachricht bringen«. In dieser Grundbedeutung wurde das Wort in vorchristlicher Zeit gebraucht. Auf einer Inschrift aus der kleinasiatischen Stadt Priene aus dem Jahr 9 v. Chr. ist zum Beispiel zu lesen, dass die Geburt des später vergöttlichten Kaisers Augustus, der als großer Friedensstifter gefeiert wurde, freudige Nachrichten (*euaggelia*) für die ganze Welt bedeuten. Der Wortstamm *euaggel-* kommt auch in der griechischen Bibel vor: Im Jesaiabuch lesen wir beispielsweise, dass der Prophet beauftragt sei, »den Armen gute Nachricht zu bringen« (Jes 61,1). Diese Bibelstelle ist wichtig, weil sie im Neuen Testament verschiedentlich anklingt.

Die ältesten Stellen, an denen das Wort im Neuen Testament vorkommt, stehen in den *paulinischen Briefen.* Paulus spricht vom »Evangelium von Gott« und vom »Evangelium von Christus«. Bei »Evangelium von Gott« denkt er besonders an die Heiden, die sich zuerst »von den Götzen zu Gott bekehren« müssen (1Thess 1,9). Das »Evangelium von Christus« dagegen richtet sich an Juden und Heiden. Seine eigene Verkündigung nennt er »das Evangelium«; seinen Gegnern wirft er vor, »ein anderes Evangelium« zu verkünden. *»Evangelium« ist also die christliche Verkündigung.*

Zwei Jahrzehnte später, um 70 n. Chr., schreibt *Markus* das erste Evangelium. Sein erster Vers lautet: »Anfang des Evangeliums von Jesus Christus, dem Sohn Gottes« (Mk 1,1). Gemeint ist damit wohl, dass die Geschichte des Gottessohns Jesus, die Markus in seinem Buch erzählen wird, der Beginn der christlichen Verkündigung ist. Markus folgt also dem paulinischen Sprachgebrauch. Jesu eigene Wirksamkeit führt er mit dem Satz ein: »Jesus kam nach Galiläa und verkündigte das ›Evangelium von Gott‹« (1,14), d.h. von Gottes nahe herbeigekommenem Reich.

Im *Matthäusevangelium* zeigen sich neue Akzente. Dreimal bezeichnet Matthäus die Verkündigung Jesu als »Evangelium vom Reich« (4,23; 9,35; 24,14). Mit dem Ausdruck »Reich« hält er fest, dass es um Jesu *eigene* Verkündigung geht; »Reich (Gottes)« gibt ihr inhaltliches Zentrum an. Mit diesem Ausdruck hält Matthäus fest, was für die christliche Gemeinde grundlegend ist: Es ist Jesu *eigene* Verkündigung, das »Evangelium vom Reich«. Darum schließt er sein Evangelium auch mit dem Gebot des Auferstandenen: »Lehrt sie alles halten, was *ich* euch geboten habe« (28,20). Die Gebote Jesu sollen der Inhalt der Missionspredigt der Jünger in aller Welt sein. Die richtige Antwort darauf ist nicht das Für-Wahr-Halten irgendwelcher Wahrheiten, sondern menschliche Taten, eine Lebenspraxis, welche den Geboten Jesu entspricht.

Etwa 30 Jahre später lesen wir in der *Lehre der zwölf Apostel*, einer um 110 n. Chr. in Syrien entstandenen Kirchenordnung, die unter dem Namen »*Didache*« bekannt ist und heute zu den Schriften der sog. »Apostolischen Väter« gezählt wird (→ Nr. 70), folgendes:

> Auch betet nicht wie die Heuchler, sondern wie der Herr geboten hat in seinem Evangelium, *so* betet (Didache 8,2) (es folgt das Unservater in der Fassung von Mt 6,9–13).

Der Text spielt auf die Bergpredigt an, nämlich auf Mt 6,2–18. Mit »sein Evangelium« ist wahrscheinlich das Matthäusevangelium gemeint. Hier wird zum ersten Mal ein Buch, nämlich unser Matthäusevangelium, als »Evangelium« bezeichnet. Dieser Sprachgebrauch hat sich dann schnell durchgesetzt. »Evangelium« ist in der zweiten Hälfte des 2. Jh. n.Chr. ein Buch, welches in verbindlicher Weise von Jesus spricht. Auch andere, nicht im Kanon stehende Bücher über Jesus wurden von dann an als »Evangelium« bezeichnet, z. B. die Kindheitsevangelien (→ Nr. 34) oder »Spruchevangelien«, in denen der Auferstandene ausgewählten Jüngerinnen und Jüngern himmlische Geheimnisse offenbarte (→ Nr. 33). Die Bezeichnung »Evangelium« war so etwas wie das »Markenzeichen« dieser Bücher, mit dem sie Wahrheit und Autorität beanspruchten.

21. Am Anfang war die mündliche Überlieferung

Nach dem Tode Jesu und den Ostererfahrungen der Jünger wurden seine Botschaft und die Geschichten von seinen Taten und von seiner Passion mündlich weitererzählt. Ich greife einige Fragen auf, die mit der mündlichen Überlieferung zusammenhängen:

– *Alle Evangelien sind in griechischer Sprache abgefasst, obwohl Griechisch nicht die Muttersprache Jesu war. Jesu Muttersprache war galiläisches Aramäisch.* Aramäisch ist eine semitische Sprache, die in der Zeit Jesu in verschiedenen Dialekten von den meisten Menschen in Israel und Syrien und bis in das Gebiet des heutigen Irak gesprochen wurde. Schon im persischen Reich (bis etwa 320 v. Chr.) war Aramäisch eine offizielle Reichssprache. In Israel hatte Aramäisch das Hebräische weitgehend verdrängt. Wie kommt es nun, dass die Evangelien alle in griechischer Sprache abgefasst sind? Die Situation in Israel war ähnlich wie diejenige im Elsass um die Mitte des 20. Jh.s: Die meisten Leute sprachen damals noch Elsässisch, aber sie schrieben nach dem ersten Weltkrieg selbstverständlich Französisch. So war es auch in Israel: Griechisch war seit Alexander dem Großen im syrischen Großraum die dominierende Kultur- und Schriftsprache. Deshalb wurden die Jesusworte auf Griechisch aufgeschrieben. Nur relativ selten lässt sich das ursprüngliche Aramäische noch nachweisen. Beispiele für aramäische Wörter im NT sind »Abba« (= Vater) oder die Ortsbezeichnung »Golgota« (= Schädelstätte). Auch die bis ins zweite Jahrhundert zurückreichenden Übersetzungen des Neuen Testaments ins Syrische, eine zur aramäischen Sprachfamilie gehörende Sprache, bewahren nirgendwo Reste der ursprünglichen aramäischen Jesusworte, sondern sind aus dem Griechischen übersetzt.

– *Rückschlüsse auf die mündliche Überlieferung sind schwierig, weil wir nur aus den verschiedenen Textformen in den Evangelien Rückschlüsse auf die Zeit der mündlichen Überlieferung ziehen können.* Wir können deshalb nur sehr vorsichtig vermuten, dass die Überlieferung der Jesusworte im Ganzen wortgetreuer war als die Überlieferung der meisten Geschichten über ihn. Aber auch Jesusworte wurden nicht auswendig gelernt und wortgetreu niedergeschrieben. In den Evangelien sind sie immer in verschiedenen Varianten überliefert. Jesus war für seine Jünger kein toter Rabbi, dessen Worte seine Schüler im Gedächtnis behielten »wie eine gekalkte Zisterne, die keinen Tropfen Wasser verliert«. So beschreibt die jüdische Schrift »Sprüche der Väter« (II 8) einen guten Rabbinenschüler. Jesus aber war der auferstandene und in den Himmel erhöhte Herr, der seine Gemeinden auf ihrem Weg begleitete (Mt 28,20). Deshalb hatten die Jesusjünger das Bedürfnis, Jesu Worte mit ihren eigenen Erfahrungen zu verbinden und sie an ihre eigene Situation zu anzupassen. Ein Beispiel ist das Scheidungsverbot in der Fassung des Matthäusevangeliums, das eine Entlassung der Frau bei Ehebruch vorsieht

(Mt 5,32) – eine Anpassung an jüdische Reinheitsgebote. Ebenso unterscheiden sich die Gleichnisse und Parabeln in den verschiedenen Fassungen, in denen die Evangelien sie überliefern, zum Teil erheblich voneinander. Bei den Erzählungen über Jesus ist die Variationsbreite sogar noch grösser. Das zeigen z. B. die verschiedenen Speisungsgeschichten. Auf sie wirkten auch die Tischgebete ein, welche die Christen bei ihren gemeinsamen Mahlzeiten und beim Herrenmahl sprachen. – In den verschiedenen Wortlauten der Jesusüberlieferungen spiegelt sich also immer ihr Gebrauch in den frühen Gemeinden und ihre Bedeutsamkeit für sie. Das entspricht der Funktion des menschlichen Gedächtnisses: Man erinnert sich nur an das, was für einen selbst wichtig ist.

– *Im Unterschied zu anderen religiösen Überlieferungen wurden die Jesustraditionen sehr früh verschriftlicht.* Im frühen Buddhismus entstanden die ersten normativen Traktate erst mehrere Jahrhunderte nach der Lebenszeit von Buddha Shakyamuni. Das älteste Evangelium, das Markusevangelium, wurde dagegen bereits 40 Jahre nach Jesu Tod geschrieben. Auch aus noch früherer Zeit gab es schriftliche Aufzeichnungen. Die (ebenfalls schriftliche!) Spruchquelle (→ Nr. 23) ist vermutlich aus mehreren kleineren Sammlungen entstanden, die schon früh aufgeschrieben wurden. Eine solche ist z. B. die sog. »Feldrede« (Lk 6,20–49), eine Sammlung grundlegender Jesusworte. Matthäus hat sie in seine Bergpredigt aufgenommen. Auch die Passionsgeschichte wurde schon früh aufgeschrieben; den Evangelisten lag sie in unterschiedlichen schriftlichen Fassungen vor. Nur im Islam lief der Prozess der Verschriftlichung noch schneller ab: Nach der Legende wurden die Worte des Korans dem Propheten zwischen 609 und 632 n. Chr. durch den Engel Gabriel direkt ins Herz offenbart und von seinen Gefährten aufgeschrieben. Kurz nach dem Tode des Propheten sei der ganze Koran bereits fertig gewesen. Im Unterschied zur christlichen Bibel, welche *menschliche* Zeugnisse über Jesus Christus enthält, der nach Joh 1,1 das »Wort« im eigentlichen Sinn ist (→ Nr. 31), gilt der Koran für Muslime in direktem Sinn als »Wort Gottes« (→ Nr. 73).

22. Wie sahen neutestamentliche Handschriften aus und wie wurden sie gelesen?

Schreiben und Lesen in der Antike: Geschrieben wurde im ersten Jahrtausend in Großbuchstaben und fortlaufend, d.h. ohne Worttrennung (→ Abb. 3 und 4). Das macht für uns das Lesen schwer, kam aber antiken Lesegewohnheiten entgegen: Gelesen wurde laut und entsprechend langsam. Dabei bildeten sich die Wörter beim Lesen für geübte Leser/innen von selbst. Der Unterschied zwischen schriftlichen und mündlichen Texten wird dadurch relativiert: Man las nicht so sehr mit den Augen als mit den Ohren. Man *hörte* die schriftlichen Texte. Die Lektüre von Texten war überdies oft ein Gemeinschaftserlebnis, nicht nur in christlichen Gemeinden, sondern auch in Philosophenschulen, Freundeskreisen oder bei öffentlichen Lesungen.

Das antike Buch: Die Entstehung des Christentums fällt in die Zeit, in der die bisher übliche Form des Buches, die Buchrolle, immer häufiger durch eine neue Form des Buches, den Codex ersetzt wurde. Eine *Buchrolle* besteht aus zwei Stäben, zwischen denen ein Pergament- oder Papyrusband festgeklebt ist. Sie wird beim Lesen vom einen Stab abgerollt und auf den anderen aufgerollt. Buchrollen gibt es heute noch in Synagogen, in denen die Tora normalerweise in Rollenform aufbewahrt wird. Der *Codex* hat sich aus Notizheften entwickelt: Man band mehrere Wachstäfelchen, Papyrus- oder Pergamentblätter mit Bindfaden zu Heften zusammen. Ein Codex besteht aus einer grösseren Zahl zusammengebundener Hefte. *Beschreibmaterialien* waren zwei in Gebrauch, nämlich Papyrus und Pergament. *Papyrus* ist das gepresste und in Streifen zusammengeklebte Mark einer in Ägypten wachsenden Schilfstaude dieses Namens. Dieser Begriff hat übrigens auch dem neuzeitlichen, in China erfunden Papier seinen europäischen Namen gegeben. Das sehr viel haltbarere, aber auch entsprechend teurere *Pergament* wurde aus ungegerbten, enthaarten und geweißten Tierfellen hergestellt. Der Name »Pergament« kommt von der kleinasiatischen Stadt Pergamon (heute: Bergama); dort befand sich eine berühmte öffentliche Bibliothek.

Der *Codex* hatte gegenüber der Buchrolle große Vorteile: Ein kleiner Codex war handlich; man konnte ihn sogar auf Reisen mitnehmen. Er war gleichsam die antike Form des Taschenbuchs. Man konnte leicht rückwärts oder vorwärts blättern und in ihm nachschlagen. Während die Buchrolle einen festen, weitgehend normierten Umfang hatte (das Lukasevangelium entspricht etwa dem Umfang einer antiken Buchrolle), konnte ein Codex wesentlich umfangreicher sein. Nur in einem Codex fanden alle Evangelien oder gar die ganze Bibel Platz Es ist deshalb nicht verwunderlich, dass die Christen diese Buchform von Anfang an bevorzugten und nicht wenig zu ihrer raschen Verbreitung beitrugen. Beschrieben wurden die Seiten meistens in mehreren Spalten, in der Regel drei (vgl. → Abb. 3).

Die älteste Handschrift eines neutestamentlichen Textes, ein Fragment von Joh

18, stammt aus der ersten Hälfte des 2. Jahrhunderts. Aus dem 2. und 3. Jh. gibt es zahlreiche Papyrushandschriften, welche aber meist nur teilweise oder nur in Fragmenten erhalten sind. Papyrus ist kein haltbares Material. Die frühen Christen, die als verfolgte Minderheit lebten oder höchstens knapp toleriert wurden, konnten sich kein Pergament leisten. Vollständige Handschriften aus Pergament, die in der Regel nicht nur das Neue Testament, sondern auch das griechische Alte Testament, die Septuaginta (→ Nr. 4) umfassten, sind deshalb erst aus dem 4. Jh. erhalten. Im Ganzen gibt es mehrere Tausend griechische Bibelhandschriften, viel mehr als von jedem anderen antiken Buch.

Die wissenschaftliche Disziplin der *Textkritik* ist mit dem Ziel angetreten, den Urtext des Neuen Testaments zu rekonstruieren. Das sollte sich aber als Idealziel erweisen. Die Resultate der textkritischen Forschung sind zwar beeindruckend. Doch der in den wissenschaftlichen Bibelausgaben als »Urtext« abgedruckte Text ist nur der »älteste rekonstruierbare Text«. Dazu kommt, dass gerade Schriften wie die neutestamentlichen Texte, die aus einer religiösen Subkultur stammen, oft von Anfang an in mehreren Versionen umliefen. Im Neuen Testament ist das bei der Apostelgeschichte nachweislich so, wahrscheinlich auch beim Markusevangelium.

Der älteste rekonstruierbare Text der wissenschaftlichen Bibelausgaben liegt unseren modernen Bibelausgaben und Bibelübersetzungen zugrunde. Nur in den östlichen orthodoxen Kirchen spielt nach wie vor der sog. »byzantinische Text«, den die Kirchenväter kannten, eine große Rolle.

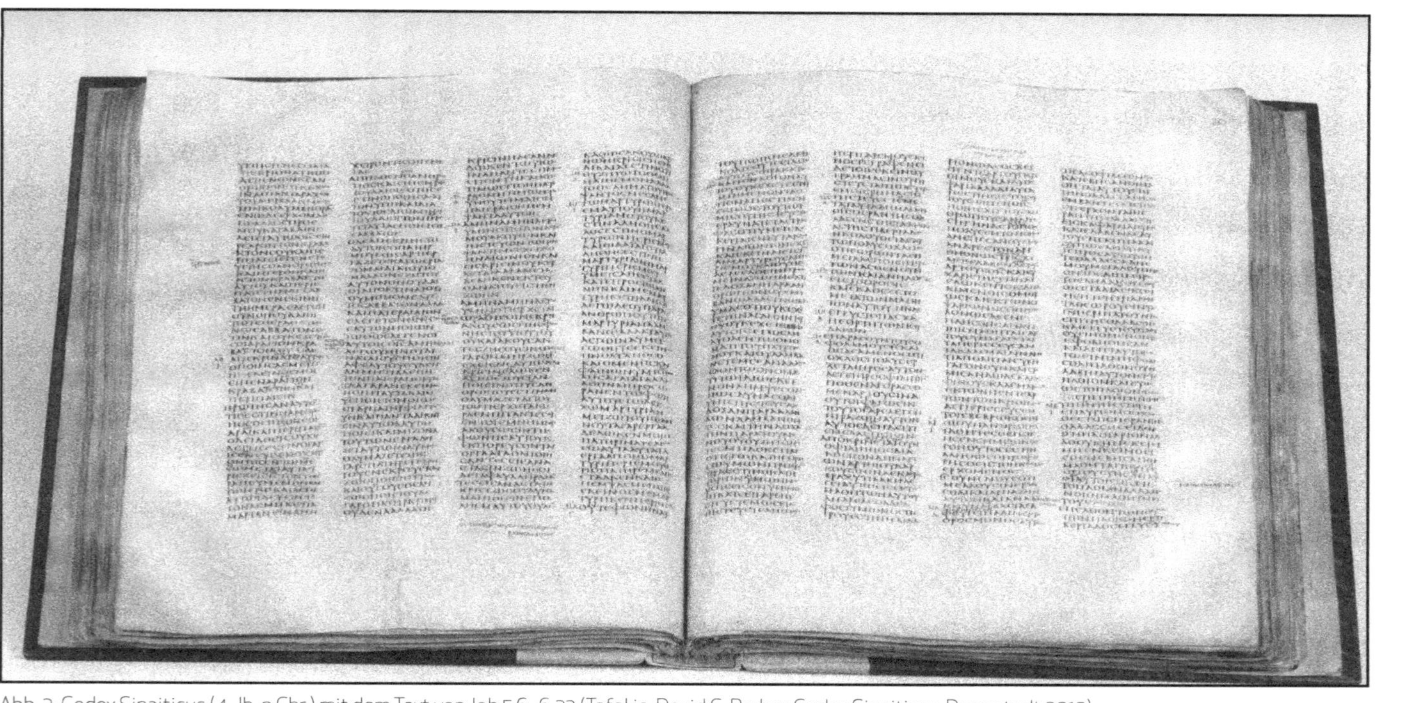

Abb. 3: Codex Sinaiticus (4. Jh. n.Chr.) mit dem Text von Joh 5,6–6,23 (Tafel in: David C. Parker, Codex Sinaiticus, Darmstadt 2012).

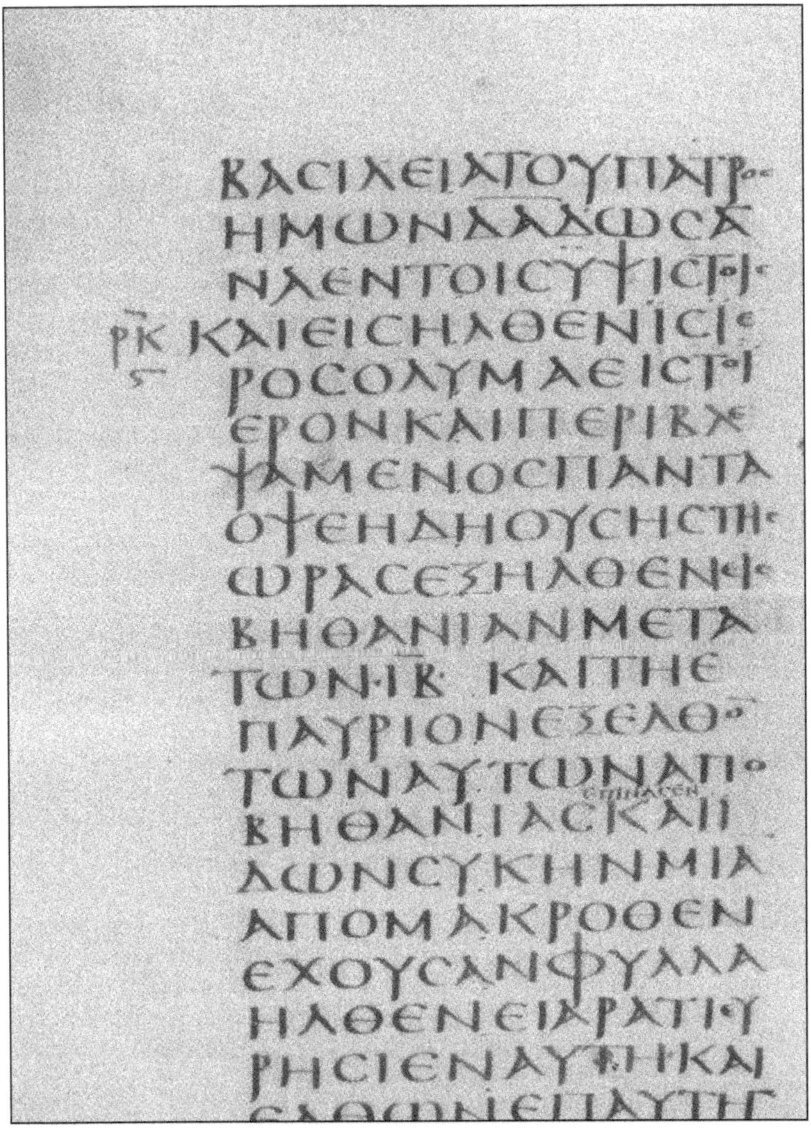

ΒΑϹΙΛΕΙΑΤΟΥΠΑΤΡΟϹ
ΗΜΩΝΔΑΔΩϹΑΝ
ΝΑΕΝΤΟΙϹΥΨΙϹΤΟΙϹ
ΡΚ ς ΚΑΙΕΙϹΗΛΘΕΝΙϹΙΕ
ΡΟϹΟΛΥΜΑΕΙϹΤΟΙ
ΕΡΟΝΚΑΙΠΕΡΙΒΛΕ
ΨΑΜΕΝΟϹΠΑΝΤΑ
ΟΨΕΗΔΗΟΥϹΗϹΤΗϹ
ΩΡΑϹΕΞΗΛΘΕΝΕΙϹ
ΒΗΘΑΝΙΑΝΜΕΤΑ
ΤΩΝ·ΙΒ· ΚΑΙΤΗΕ
ΠΑΥΡΙΟΝΕΞΕΛΘΟΝ
ΤΩΝΑΥΤΩΝΑΠΟ
ΒΗΘΑΝΙΑϹΚΑΙΙ
ΔΩΝϹΥΚΗΝΜΙΑ
ΑΠΟΜΑΚΡΟΘΕΝ
ΕΧΟΥϹΑΝΦΥΛΛΑ
ΗΛΘΕΝΕΙΑΡΑΤΙΕΥ
ΡΗϹΙΕΝΑΥΤΗΚΑΙ

Abb. 4: Codex Sinaiticus: Detailaufnahme. Text von Mk 11,10–13

23. Was ist die »synoptische Frage«?

Die ersten drei ersten Evangelien, das Matthäus-, das Markus- und das Lukasevangelium nennt man »synoptische Evangelien«. Sie enthalten in vielem gleiche Jesusworte und -geschichten. Man kann sie deshalb »zusammenschauen«, d. h. vergleichend lesen (→ Nr. 7). Eine Evangelien-Ausgabe, welche die drei ersten Evangelien so darstellt, dass ähnliche Texte nebeneinander abgedruckt sind, nennt man »Synopse«. Eine Synopse ist ein für eine genaue Bibellektüre sehr hilfreiches Buch, das es auch in deutschen Übersetzungen gibt. *Die »synoptische Frage« fragt, wie sich diese drei Evangelien zueinander verhalten.*

Nicht alle Texte sind in allen drei Evangelien zu finden; die Situation ist komplizierter. Das macht – leider – auch die Lektüre dieses Abschnitts ziemlich schwierig. *Ich notiere zuerst den Befund* (= Punkte 1, 2 und 3) und anschließend berichte ich über die Möglichkeiten, ihn zu erklären (= a), b) und c).

1. Es gibt *Texte, die in allen drei Evangelien vorkommen.* Das sind vor allem Erzählungen. Der Markustext ist im Matthäusevangelium sozusagen vollständig, im Lukasevangelium ziemlich vollständig erhalten, und zwar in der gleichen Reihenfolge. Die sog. »*Dreifachüberlieferung*« besteht also aus schließlich aus Markustexten.
2. Es gibt *Texte, die nur* in den beiden längeren Evangelien, *im Matthäus- und im Lukasevangelium vorkommen.* Das sind vor allem Wortüberlieferungen. Diese sog. »*Doppelüberlieferungen*« kommen in den beiden »Großevangelien« (= Mt-Ev; Lk-Ev) an unterschiedlichen Orten vor. Matthäus hat sie in seine fünf großen Reden, aber auch in andere Jesusreden eingearbeitet (→ Nr. 26). Lukas bringt sie in zwei großen »Einschaltungen« in seinen Markusstoff (→ Nr. 29). Trotzdem ist an vielen Stellen noch eine gemeinsame Reihenfolge der Doppelüberlieferungen erkennbar.
3. Es gibt in den beiden Großevangelien viele *Texte, die nur ein einziges Evangelium überliefert.* Besonders zahlreich sind solche Texte im Lukasevangelium, dem längsten Evangelium. Man spricht hier von »*Sondergut*«. Dazu gehören die Geburtsgeschichten (→ Nr. 9), die Erscheinungen Jesu (→ Nr. 18) und zahlreiche Einzelstoffe, darunter Jesusworte, Gleichnisse, Wundergeschichten und Erweiterungen anderer Überlieferungen.

Wie ist dieser Befund zu erklären? Die große Mehrzahl der Gelehrten vertritt heute im Grundsatz die sog. *»Zweiquellen-Hypothese«:*

a) *Fast alle Neutestamentler/innen nehmen an, dass das Markusevangelium von Matthäus und Lukas als Quelle benutzt worden ist.* Obwohl in der kirchlichen Tradition vor allem aufgrund der Autorität von Augustin das Matthäusevangelium als ältestes Evangelium galt, gibt es heute keinen ins Gewicht fallenden Widerspruch gegen die Hypothese, dass das Markusevangelium das älteste Evangelium und die Hauptquelle für die beiden anderen synoptischen Evangelien ist.

b) Bei den Doppelüberlieferungen gibt es keine allgemein akzeptierte Hypothese. *Die Mehrzahl der Neutestamentlerinnen und Neutestamentler nimmt an, dass Matthäus und Lukas neben dem Markusevangelium noch eine zweite schriftliche Quelle benutzt haben, die vor allem Wortüberlieferungen enthielt.* Man nennt sie deshalb »*Spruchquelle*«, abgekürzt »*Q*«. Erhalten ist sie nicht: wir können sie nur rekonstruieren. Das macht natürlich alle Hypothesen unsicher. Vermutlich begann die Spruchquelle mit Täufer-Überlieferungen (Lk 3), der Versuchung Jesu (Lk 4) und der sog. »Feldrede« (Lk 6,20–49) (→ Nr. 21). Wo sie endete, ist unklar. Klar scheint nur, dass sie keine Passionsgeschichte enthielt. Nach verbreiteter Überzeugung ist die Reihenfolge der Q-Texte im Lukasevangelium besser erhalten als im Matthäusevangelium, weil Matthäus die Quelle exzerpiert und in seine Reden eingearbeitet hat. Man zitiert deshalb Q-Texte in der Regel nach dem Lukasevangelium (also z. B. Q 6,20f = Lk 6,20f in der Fassung von Q). Auch den Charakter von Q schätzt man sehr verschieden ein: Manche sprechen von einem »Halbevangelium«, andere von einer bloßen »Materialsammlung«. – Es gibt aber auch Forscher, die nicht von einer schriftlichen Quelle sprechen wollen, sondern nur von festgefügter mündlicher Tradition. *Alles in allem ist das zweite Standbein der Zweiquellen-Hypothese, die Spruchquelle Q, bei weitem weniger stabil und viel farbenreicher als das erste, die Markushypothese.* Die Chance, dass wir irgendwo einen Q-Text wiederfinden werden, ist leider minimal. Die Evangelisten haben das Material dieser Quelle ausgewertet; danach brauchte die Kirche sie nicht mehr.

c) Zum »*Sondergut*« lässt sich kaum etwas Allgemeines sagen. Vielmehr muss jeder Text des Sonderguts für sich erklärt werden. Viele Texte, aber längst nicht alle, stammen aus der mündlichen Überlieferung und wurden von den Evangelisten zum ersten Mal aufgeschrieben. Ein Teil des Sonderguts geht auch auf die Evangelisten selbst zurück. Hier handelt es sich vor allem um interpretierende Zwischenbemerkungen, um titelartige Sätze, und um Zusatzbemerkungen. Anhaltspunkte, um sie zu erkennen, geben stilistische Untersuchungen. Leider führen sie oft nicht zu eindeutigen Ergebnissen.

24. Das Markusevangelium I: Aufbau, Autor, Abfassungszeit, Abfassungsort

Aufbau des Markusevangeliums: Man kann das Markusevangelium in drei Teile gliedern. Nach einem kurzen Vorspiel in Mk 1,1–13 kommt es im *ersten Hauptteil Mk 1,14–8,26* schon früh zum Beschluss, Jesus zu töten (3,6). Immer mehr stösst Jesus dann auf Ablehnung: bei seinen eigenen Landsleuten, den Nazarenern (6,1–6) und bei den Pharisäern und Schriftgelehrten (7,1–23). Jesus muss sich mit seinen Jüngern vorübergehend ins heidnische Phönizien (heute: Südlibanon) und an das damals ebenfalls heidnische Ostufer des Sees Gennesaret zurückziehen (7,24–8,10). Seine Jünger verstehen ihn nicht; das Markusevangelium erzählt immer wieder von ihren Missverständnissen (→ Nr. 25). Im *Mittelteil 8,27–10,52* wandern Jesus und die Jünger von Caesarea Philippi in Nordisrael nach Jerusalem, der Passion entgegen. Der *Schlussteil 11,1–16,8* spielt in Jerusalem: Er beginnt mit dem Einzug Jesu in die Stadt und endet mit Jesu Tod und der Begegnung der Frauen mit dem Engel beim leeren Grab.

Verfasser: Markus schrieb als Erster eine zusammenhängende Jesusgeschichte. In der kirchlichen Tradition wird Markus mit dem Antiochener Johannes Markus identifiziert, der im Philemonbrief, im Kolosserbrief, in der Apostelgeschichte und im 1. Petrusbrief erwähnt wird. Seit dem 2. Jh. gilt er als Begleiter und Übersetzer des Petrus.

Als *Abfassungsort* gilt in der kirchlichen Tradition Rom.

Das Evangelium verrät keine besondere Nähe zu Petrus. Für einen zweisprachigen Syrer als Verfasser könnten die zahlreichen aramäischen Wörter sprechen, die oft übersetzt werden. Er kennt auch viele lateinische Wörter. Sie sind aber kein schlüssiges Argument für Rom als Abfassungsort, denn die meisten sind reichsweit bekannt. Ein starkes Indiz für Rom ist dagegen, dass in Mk 7,26 die von Jesus erhörte Heidin eine »Syrophönizierin« genannt wird. Nur im Westen des Reichs musste man die an der syrischen Küste lebenden Phönizier »Syrophönizier« (= Phönizier in Syrien) nennen, im Unterschied zu den in der grössten phönizischen Kolonie im Westen, Karthago in Tunesien, wohnenden »Phöniziern in Libyen«. So ist Rom der wahrscheinlichste Abfassungsort.

»Marcus« war in der römischen Welt einer der verbreitetsten Namen. Sicher können wir also nur sagen, dass ein Christ namens Markus dieses Buch geschrieben hat. Er war vielleicht ein Heidenchrist: Dafür spricht sein großes Interesse an der Heidenmission (→ Nr. 25). Nach dem Markusevangelium hält Jesus von den jüdischen Reinheitsgeboten grundsätzlich nichts: Nicht was in den Menschen hineingeht, verunreinigt ihn, sondern was aus ihm herauskommt, seine bösen Taten und Worte (Mk 7,15.21f). Ironisch kann Markus sogar sagen: Alle Speisen verschwinden im Bauch und von dort im »Abtritt ..., der alle Speisen ›reinigt‹« (7,19).

Die *Abfassungszeit* liegt um 70 n.Chr., wahrscheinlich kurz nach der Zerstörung des Tempels. Das hat man aus Jesu Prophezeiung der Tempelzerstörung geschlossen. Sie ist im ganzen NT in vielen, im Markusevangelium in zwei Varianten überliefert, nämlich in Mk 13,2 und Mk 14,58. In 13,2 kündigt Jesus die totale Zerstörung des Tempels an; kein Stein wird auf dem anderen bleiben. Etwa so ist es im Jahre 70 tatsächlich geschehen (vgl. → Nr. 5). Viele Forscher denken deshalb, dass diese Fassung nachträglich an das, was wirklich geschehen ist, angepasst wurde. Dann wäre das Markusevangelium kurz nach 70 geschrieben worden. Nach Mk 14,58 wird Jesus selbst den Tempel zerstören und nach drei Tagen einen neuen, nicht mit Händen gemachten Tempel bauen. Dieses Wort bezeichnet Markus als falsches Zeugnis. *Fazit: Die Argumente für die Datierung des Markusevangeliums sind schwach.* Da mich alle anderen Argumente noch weniger überzeugen, nehme auch ich eine Abfassung kurz nach 70 an.

Ein besonderes Problem stellt der Schluss des Evangeliums in Mk 16 dar: Der Engel am leeren Grab befiehlt den Frauen: »Geht und sagt seinen Jüngern und dem Petrus, dass er euch vorangeht nach Galiläa. Dort werdet ihr ihn sehen!« (Mk 16,7). Die Frauen gehorchen aber nicht, sondern »sie flohen vom Grab, denn Zittern und Entsetzen hatte sie erfasst. Sie sagten niemandem etwas; sie fürchteten sich nämlich« (Mk 16,8). Die Leserinnen und Leser fragen sich natürlich, wie es jetzt weitergehen wird. Die beiden ersten Leser des Markusevangeliums, die wir kennen, nämlich Matthäus und Lukas, fanden diesen Schluss so unbefriedigend, dass sie ihre eigenen Erscheinungsberichte anfügten (→ Nr. 18). So reagierten auch Leser um die Mitte des 2. Jh.s. und fügten aus diesem Grund die Verse 9–20 an. Sie stehen im Kanon und in allen Bibeln, fehlen aber in den beiden wichtigsten Handschriften. Wie soll man den ursprünglichen Schluss Mk 16,8 erklären? Ging im Originalcodex die letzte Seite verloren und konnte nicht wiederbeschafft oder vom Autor neu geschrieben werden? Das wäre eine ziemlich unwahrscheinliche Verbindung unglücklicher Umstände. Oder war 16,8 der ursprüngliche Schluss? Was aber hat Markus damit beabsichtigt? Darüber haben schon viele Forscher gerätselt.

25. Das Markusevangelium II: Deutungshorizonte der Jesuserzählung

Vor über hundert Jahren hat der Neutestamentler Martin Kähler das Markusevangelium eine »Passionsgeschichte mit ausführlicher Einleitung« genannt. Er hat damit ein wichtiges Anliegen des Markus erfasst: Markus wollte die ihm bekannten Jesusgeschichten mit der Passionsgeschichte verbinden. *Nur von der Passion her wird für ihn verstehbar, wer der Gottessohn Jesus wirklich war.* Schon in 3,6 beschließen Jesu Gegner, ihn zu töten. Von da an liegt der Schatten des Todes über Jesus. Markus erzählt viele Wundertaten Jesu. Aber sie führen nicht zum Glauben. Nur die Dämonen erkennen den Gottessohn aufgrund seiner Wunder (1,24; 5,7). Die *Jünger*, mit denen sich die Leser identifizieren, reagieren merkwürdig auf Jesu Wunder: Im Schifflein im Sturm sind sie feig und voller Angst (4,40f). Auf das erste Speisungswunder sind sie überhaupt nicht vorbereitet. Als Jesus in der Nacht über den See kommt, halten sie ihn für ein Gespenst (6,49). Auch bei der zweiten Speisung haben sie noch gar nichts begriffen (8,4). Jesus bescheinigt ihnen Unverständnis und sagt, ihr Herz sei verhärtet (6,52; 8,18). Die kleine Jüngerszene auf dem See in 8,14–21 endet mit der Frage: »Versteht ihr noch nicht«?

Im zweiten Teil (8,27–10,52) verändert sich das Unverständnis der Jünger. *Aus dem Nicht-Verstehen der Wunder wird eine Ablehnung des Leidens Jesu.* In Caesarea Philippi beginnt es den Jüngern zu dämmern: Jesus fragt sie, für wen *sie* – im Unterschied zum Volk – ihn hielten. Petrus antwortet: »Du bist der Christus!« (8,27–29). Jesus kündigt daraufhin erstmals sein Leiden und Sterben an (8,31). Petrus macht ihm deshalb Vorwürfe. Aber Jesus weist ihn schroff zurück: »Geh weg von mir, Satan, weil du nicht nach Gottes-, sondern nach Menschenweise denkst!« (8,33). Dann belehrt er die Jünger über Kreuzesnachfolge und Martyrium (8,34–38). Eine ähnliche Szenenfolge wiederholt sich noch zweimal: Auch auf die zweite Leidensankündigung reagieren die Jünger mit Unverständnis (9,31f). In einem Haus diskutieren sie, wer unter ihnen der Grösste sei. Jesus antwortet: »Wenn jemand der Erste sein will, so soll er der Letzte von allen und Diener von allen werden«. Zur Verdeutlichung umarmt er ein kleines Kind (9,33–37). Auf die dritte Leidensankündigung (10,32–34) reagieren die beiden Söhne des Zebedäus mit der fast grotesken Bitte, im Himmel direkt neben Jesus sitzen zu dürfen. Das Leiden akzeptieren sie nicht. *Markus will sagen: Nachfolge Jesu bedeutet Leidensnachfolge, vielleicht sogar Martyrium.* In der Zeit nach dem Brand von Rom im Jahre 64 n. Chr., für den die Christen zu Sündenböcken gemacht wurden, war dies eine sehr aktuelle Aussage.

Die Jünger versagen bis zum Schluss: In der Passion laufen alle davon und tauchen unter. An ihre Stelle treten »positive« *Randfiguren*, die den Lesern neue Identifikationsmöglichkeiten geben: Dazu gehören der geheilte Bartimäus, der Jesus »auf dem Weg« nach Jerusalem nachfolgt (10,52), Simon von Zyrene, der ihm das Kreuz trägt (15,21) und die Frauen, die der Kreuzigung von weitem zusehen (15,40f) und ihn nach dem Sabbat am Grab einbalsamieren wollen (16,1ff). *Wer der Gottessohn ist, wird nach Markus durch seine Passion verstehbar.* Der heidnische Hauptmann erkennt angesichts des Kreuzes als erster, dass Jesus ein Gottessohn ist (15,39). Auch er ist eine Randfigur, mit der sich die Leser identifizieren können.

Das Markusevangelium hat aber noch andere Akzente. Ganz wichtig ist die *Völkermission*: Jesus kommt in 5,1–21 an das Ostufer des Sees Gennesaret in das Gebiet der heidnischen Stadt Gerasa. Er treibt dort einem Besessenen den Dämon »Legion« aus. Dieser fährt in eine (unreine!) Schweineherde und ertrinkt mit den Schweinen. Der Geheilte möchte bei Jesus bleiben. Jesus aber befiehlt ihm, seinen eigenen Leuten zu verkünden, was er ihm getan habe. Er wird zum ersten Heidenmissionar! Jesus zieht dann ins heidnische Phönizien (7,24ff) und von dort ans Ostufer des Sees, wo die zweite Speisung stattfindet (8,1–10). Markus versteht sie als Heidenspeisung. In der Endzeitrede fasst Jesus zusammen: Vor dem Ende »muss zuerst das Evangelium allen Völkern verkündet werden« (13,10).

Erzählungen brauchen nicht einlinig gedeutet zu werden, sondern können mehrere Sinndimensionen enthalten. *Hat das Markusevangelium auch eine politische Sinndimension?* Das jämmerliche Ende des Dämons mit dem Namen »Legion« (5,9–13) lässt das vermuten. Ist der gekreuzigte Jesus in Wirklichkeit ein Triumphator, der mit einem gewaltigen Schrei stirbt, sodass der Tempelvorhang, der das Allerheiligste verbirgt, in zwei Stücke zerrissen wird? Das Ende des Opferkults beginnt für Markus bereits mit Jesus, noch vor der Zerstörung des Tempels durch Titus (15,37–39). Nennt ihn der Hauptmann auch darum einen Gottessohn? Will Markus den römischen Christen, die den Triumphzug des Titus und die Krönung Vespasians zum Kaiser miterlebt haben, zurufen: *Der Gekreuzigte ist der wahre Triumphator, nicht Vespasian!?* Vielleicht! Jedenfalls dürften es römische Christen nach 70 n. Chr. so verstanden haben.

26. Das Matthäusevangelium I: Aufbau, Verfasser, Abfassungszeit

Das Matthäusevangelium ist eine stark erweiterte und für eine andere Gemeindesituation umgeschriebene Neuausgabe des Markusevangeliums. Der Markusfaden ist in ihm fast vollständig und in der ursprünglichen Reihenfolge erhalten; die einzige Ausnahme ist Mt 8–9. Dort stellt Matthäus Wundergeschichten aus Mk 1,29–38 und 4,35–5,43 zu einem großen Zyklus von Wundern zusammen. – Die Quelle Q dagegen hat er zerstört und ihre Worte an thematisch passenden Stellen in seinen Text eingebaut.

Der *Aufbau des Matthäusevangeliums* gleicht deshalb dem des Markusevangeliums: Nach einem langen Prolog (1,2–4,16) beginnt der erste Hauptteil, der mit dem Petrusbekenntnis in Caesarea Philippi endet (4,17–16,20 = Mk 1,14–8,30). *4,17* hat die Funktion eines Untertitels: »*Von dann an begann Jesus* zu verkündigen und zu sagen: ›Kehrt um, denn das Himmelreich ist nahe gekommen!‹« In antiken Handschriften konnte man keine Untertitel herausheben (→ Nr. 22). Der zweite Hauptteil reicht von *16,21* bis zur Passion, der Auferstehung und den Erscheinungen (16,21–28,20 = Mk 8,31–16,8). Er beginnt ähnlich wie der erste Hauptteil, und zwar mit der als Überschrift und Inhaltsangabe gedachten ersten Leidensankündigung: »*Von dann an begann Jesus* seinen Jüngern zu zeigen, dass er nach Jerusalem gehen müsse und viel leiden … und getötet werden …« (16,21).

Die Erweiterungen gegenüber dem Markusevangelium bestehen vor allem in den *fünf großen Reden*, nämlich der Bergpredigt (Mt 5–7), der Aussendungsrede (Mt 10), der Gleichnisrede (Mt 13), der Gemeinschaftsrede (Mt 18) und der Endzeit- und Gerichtsrede (Mt 24f). Alle enden fast gleich mit »und es geschah, als Jesus diese Worte beendet hatte … » (7,28; 11,1; 13,53; 19,1; 26,1). Diese fünf Reden sind »zum Fenster der Geschichte hinausgesprochen«. Das heißt: Sie treiben die Jesusgeschichte nicht voran, sondern unterbrechen sie und wenden sich direkt an die gegenwärtigen Hörer- und Leser/innen. Darum kann Matthäus auch »alles, was ich euch geboten habe« (28,20), zum bleibenden Inhalt der Missionsverkündigung machen; er denkt hier vor allem an die Bergpredigt. Das ist fast so etwas wie eine »Selbstkanonisierung« der Jesusgebote, die er in seinen Reden überliefert. In diesen Reden sammelt er – soweit es ihm möglich ist – jeweils zuerst Markus-, dann Q- und Sondergutsstoffe.

Zu den Erweiterungen gegenüber dem Markusevangelium gehören auch einige *kleinere, nicht besonders gekennzeichnete Reden*, welche die Geschichte vorantreiben. Das wichtigste Beispiel ist die Wehe-Rede gegen die Pharisäer und Schriftgelehrten in Mt 23. – Hinzu kommen zahlreiche grössere und kleinere Erweiterungen, vor allem der Prolog am Anfang (1,2–4,16) und die Erscheinungsgeschichten am Schluss (28,9–20).

Der *Buchtitel 1,1* lautet: »Buch der *Genesis* Jesu Christi, des Davidsohns, des

Abrahamsohns«. Wir betrachten nur seine ersten zwei Worte: »Buch« bezieht sich klar auf das ganze Werk. Das von mir unübersetzt gelassene griechische Wort *genesis* wird normalerweise mit »Abstammung« übersetzt. Es könnte aber auch an das erste Buch der Bibel erinnern, das schon damals »Genesis« hieß. Versteht Matthäus seine Jesusgeschichte als neues Buch Genesis, d. h. als ein Buch mit bibelähnlicher Autorität? Dazu passt, dass er im nächsten Text, im Stammbaum (1,2–17), das Alte Testament kurz zusammenfasst.

Wer war der Verfasser, der in der Tradition »Matthäus« heißt? Dass es der Apostel Matthäus war, ist unwahrscheinlich, denn ein Apostel und Augenzeuge wird kaum das Buch eines Nicht-Augenzeugen (Markus!) als Hauptquelle benutzen. Vermutlich geht die spätere Zuschreibung an Matthäus auf 9,9 zurück, wo der Name des Zöllners, der bei Markus »Levi« hieß, durch »Matthäus« ersetzt ist. Fast sicher ist der Verfasser ein jüdischer Anhänger Jesu, und zwar ein entschiedener Gegner der Pharisäer und ihrer Schriftgelehrten. Sein Jesus ist gekommen, das Gesetz und die Propheten zu *»erfüllen«* (5,17), und zwar bis zum kleinsten Buchstaben (5,18f). Die Reinheits- und Zehntengebote gehören im Unterschied zu Recht, Barmherzigkeit und Treue nicht zu dem, was in der Tora »gewichtig« ist – aber auch sie soll man nicht beiseitelassen (Mt 23,23f). Von seiner Adressatengemeinde wissen wir, dass sie eigene Schriftgelehrte (13,52) hatte; von Bischöfen oder Diakonen hören wir dagegen nichts. Viele Indizien weisen darauf hin, dass Matthäus sein Evangelium in Syrien geschrieben hat, wahrscheinlich in einer grösseren Stadt, von der aus es sich schnell verbreiten konnte. Viele nehmen an, dass es die Großstadt Antiochia am Orontes war, das heutige türkische Antakya, mit damals mehr als 500 000 Einwohnern.

Die *Abfassungszeit* lässt sich klar bestimmen: Im Gleichnis vom Hochzeitsmahl des Königssohns schickt der über die Absage aller Gäste und die Ermordung seiner Sklaven erzürnte König seine Heere aus und »vernichtete jene Mörder und verbrannte ihre Stadt« (22,7). Die Anspielung auf die Zerstörung Jerusalems im Jahre 70 ist deutlich. Das Evangelium ist später geschrieben worden, vielleicht um das Jahr 80.

27. Das Matthäusevangelium II: Die Erzählung

Das Matthäusevangelium berichtet nicht über eine nur vergangene Gestalt. Jesus ist für Matthäus – in biblischen Worten im Anschluss an Jes 7,14 – der »Immanuel«, d. h. die Gestalt, in welcher der biblische »Gott mit uns« ist. Das Immanuelmotiv klingt in seinem Evangelium ganz am Schluss wieder an: »Siehe, ich bin *mit euch* alle Tage bis ans Ende der Welt« (28,20b). In Jesus begleitet Gott die Gemeinde durch die Geschichte. Das Matthäusevangelium hat also eine ganz »hohe« Christologie. Es spricht von Gott, indem es die Geschichte von Jesus-Immanuel erzählt. Es *erzählt*, was später die Kirche in der Lehre von der Dreifaltigkeit in einer komplizierten Theorie begrifflich zu fassen versuchte.

Vor allem in der Bergpredigt proklamiert Jesus Gottes Willen, den die Jünger allen Völkern verkünden sollen (Mt 28,20a*)*. Aber Jesus befiehlt nicht nur, sondern er verkörpert auch Gottes Willen durch sein Leben und Sterben. Dies wird z. B. an der *Interpretation der Bezeichnung «Sohn Gottes»* deutlich. In der Versuchungsgeschichte beweist Jesus seine Gottessohnschaft durch seinen Gehorsam gegenüber Gottes Wort (4,1–11). Am Schluss der Passionsgeschichte verspotten ihn die Vorübergehenden und fordern ihn auf, vom Kreuz herabzusteigen und sich selbst zu retten: »Auf Gott setzt er sein Vertrauen! Er soll ihn jetzt erlösen, wenn er Gefallen an ihm hat! Er hat ja gesagt: ›Gottes Sohn bin ich!‹« (27,43). Aber Jesus steigt nicht vom Kreuz herab und bleibt Gottes Willen gehorsam. *So* ist er Gottes Sohn. *Für seine Gemeinde ist Jesus das Lebensmodell, das ihr im eigenen Leiden Mut gibt.*

Weil die matthäische Jesusgeschichte die Geschichte des Weges »Gottes mit uns«, ist sie *transparent* für die Erfahrungen der Gemeinde und der einzelnen Menschen. Wenn Matthäus von der Heilung von Blinden erzählt – das tut er besonders häufig – so werden die damaligen Leser/innen dadurch an ihre eigenen Erfahrungen mit Jesus erinnert: Auch *sie* hat Jesus von ihrer – spirituellen – Blindheit geheilt und zu Sehenden gemacht. Erzählt er vom Schifflein in den Wellen des Sturms, so wissen sie: Auch uns bewahrt Jesus in den Stürmen des Lebens. Das Ganze der Jesusgeschichte, so wie sie Matthäus erzählt, ist ausserdem eine Vorwegnahme ihrer eigenen Geschichte, die sie nach Ostern erlebt haben: Matthäus erzählt vom Konflikt mit Israels Führern. Jesus ist der Davidsohn, der Messias Israels, der in den Synagogen das »Evangelium vom Reich« verkündet (→ Nr. 20) und die Krankheiten seines Volkes heilt (Mt 4,23; 9,35). Er und seine Jünger sind nur zu Israel gesandt (10,5f). Jesus verlässt das Land Israel nur einmal, als er sich ins Gebiet von Tyrus und Sidon zurückziehen muss (15,24). Das Ostufer des Sees Gennesaret gehört für Matthäus dagegen zum Land Israel, das Gott dem Zwölfstämmevolk Israel gegeben hat. Es gibt für ihn, anders als für Markus (→ Nr. 25), auch keine Heidenmission im Leben Jesu und keine Heidenspeisung. Jesus ist Messias *Israels*.

In *Kap. 8–9* erzählt er, wie Jesus, der Davidsohn, die Kranken seines Volkes Israel heilt. Trotzdem begegnen ihm Israels Führer, Pharisäer, Schriftgelehrte, Priester und Älteste, mit immer grösserer Feindschaft *(Kap. 11–16).* In Jerusalem rechnet Jesus mit ihnen ab *(Kap. 21–22).* Den Höhepunkt erreicht diese Abrechnung in der großen Anklagerede gegen die »Schriftgelehrten und Pharisäer, die Heuchler« im Tempel (Mt 23) (→ Nr. 3). Dann verlässt Jesus den Tempel, um ihn nie wieder zu betreten (24,1f). In einem verhängnisvollen, vermutlich frei erfundenen Zusatz zur markinischen Passionsgeschichte, der Szene vom Händewaschen des Pilatus (27,24f), lässt Matthäus durchblicken, dass die jüdischen Führer Erfolg hatten und »das ganze Volk« auf ihre Seite ziehen konnten. Hinter dieser dunklen Episode stehen Erfahrungen seiner Gemeinden: *Sie haben den Kampf um die Seele Israels verloren; die Pharisäer und ihre Schriftgelehrten haben ihn gewonnen.* Sie selber leben jetzt im heidnischen Syrien. Diese schmerzliche Erfahrung verarbeitet Matthäus in seinem Evangelium.

Der Auferstandene aber versammelt die elf Jünger auf dem Berg in Galiläa (28,16). Galiläa heißt nach dem Erfüllungszitat Jes 8,23–9,1 (= Mt 4,15f) »Galiläa der Heiden«. Von diesem Berg schickt Jesus, den Gott zum Weltenherrn erhöht hat, seine Jünger zu allen Völkern, um sie seine Gebote halten zu lehren (28,16–20). Die Begrenzung ihrer Sendung auf Israel (vgl. 10,5f) wird nun aufgehoben. Ein neues Kapitel der Geschichte des Gottes Israel mit seinem Volk beginnt.

Für mich sind die erfahrungsbezogene Immanuel- und Gottessohn-Christologie und Jesu Auslegung des Willens Gottes in der Bergpredigt das bleibende Vermächtnis des Matthäusevangeliums. Leidvolle Erfahrungen mit Israels Führern aber haben wir – anders als damals Matthäus und seine Gemeinde – keine gemacht. Vom Judenchristen Matthäus hören wir, dass Jesus der Messias *Israels* war, der sich zu Israel gesandt wusste. Wir Christen aus den Völkern sind aus seiner Sicht nur »Adoptivkinder« des Gottes Israels. Das zu wissen macht bescheiden, gerade auch im jüdisch-christlichen Dialog.

28. Lukanische Fragen

Das Lukasevangelium und die Apostelgeschichte haben den gleichen Verfasser. Nach der kirchlichen Tradition ist es der Paulusbegleiter Lukas. So ist es vom Kirchenvater Irenäus (um 180), aber wahrscheinlich schon von Markion (um 150) (→ Nr. 71) bezeugt. Paulus erwähnt Lukas in Phm 24 und in Kol 4,14. 2Tim 4,11 berichtet, dass allein Lukas beim gefangenen Paulus in Rom geblieben sei. In der Apostelgeschichte gibt es einige Abschnitte, welche in der 1. Person Mehrzahl abgefasst sind, die sog. »Wir-Stücke«, nämlich 16,10–17; 20,5–15; 21,1–18 und 27,1–28,16. Sie erwecken den Eindruck, von einem Augenzeugen geschrieben zu sein. Inhaltlich handelt es sich vor allem um zusammenhängende Seereisen: von Troas nach Philippi, von Philippi nach Milet, von Milet nach Jerusalem und von Jerusalem nach Rom. Zeitlich und geografisch geht es hier nur um einen kleinen Teil der paulinischen Mission.

Ist der Verfasser des Lukasevangeliums und der Apostelgeschichte wirklich der Paulusbegleiter Lukas? Um diese Frage ist unter den Forschern ein regelrechter Glaubenskrieg entstanden: Die *Mehrheit* der Forscher sagt entschieden »Nein«, eine Minderheit ebenso entschieden »Ja«. Die Mehrheit weist vor allem auf das Paulusbild des Lukas, das den paulinischen Briefen widerspreche. Das Apostelkonzil werde in Apg 15 und in Gal 2,1ff sehr verschieden erzählt. Das Gesetzesverständnis des Paulus kenne Lukas kaum. Den Heidenapostel Paulus stelle er primär als Judenmissionar dar. Er spreche auch nie vom *Apostel* Paulus, während Paulus selbst für die Anerkennung seines Apostolats kämpfte. Das leuchtet aber nicht ein: »Apostel« ist bei Lukas ein Kollektivbegriff; vom »Apostel Petrus« spricht er deshalb auch nie. An zwei Stellen spricht er dennoch vom Apostel Paulus, nämlich Apg 14,4.14. Dort ist von »den Aposteln« Paulus und Barnabas die Rede. Vor allem aber muss man das überragende Interesse des Lukas an Paulus erklären: Sein zweites Buch behandelt nicht, wie der sekundäre Buchtitel andeutet, die »Taten *der* Apostel«, sondern es ist eher eine Paulusgeschichte mit ausführlicher Einleitung. Die *Minderheit* weist auch darauf hin, dass das Lukasevangelium und die Apostelgeschichte *gewidmete Bücher* sind: Nicht nur der vermutlich vermögende Taufanwärter oder Christ Theophilus, der vielleicht für die Verbreitung des Werks in den Gemeinden zu sorgen hatte (Lk 1,3f; Apg 1,1), muss die Identität des Verfassers gekannt haben, sondern auch die Erstleser/innen. Gewidmete Bücher sind nicht anonym. Ist es denkbar, dass in der relativ geschlossenen Gemeinschaft der frühchristlichen Kirche ein Autorenname innerhalb von nur etwa 60 Jahren verloren ging und einer pseudonymen Zuschreibung Platz machen konnte? Ich möchte mich der Minderheit anschließen und denke, dass das Doppelwerk gut von Lukas stammen kann. Er hat – vielleicht in jungen Jahren – Paulus auf einigen seiner Reisen, vor allem auf seinen letzten Schiffsreisen, begleitet.

Seine Erzählung ist eine *historische Monografie.* Die Abfassungszeit beider Bücher liegt um 90 n. Chr. Die Zerstörung Jerusalems liegt in der Vergangenheit (vgl. Lk 21,24). Der wahrscheinlichste Abfassungsort ist meines Erachtens Rom. So kann man am leichtesten erklären, warum das Zeugnis des Evangeliums in Apg 28 nicht, wie Apg 1,8 ankündigt, am «Ende der Welt» angekommen ist, sondern erst in ihrem Zentrum, in der Reichshauptstadt Rom: Dort wohnten eben auch die Leser. Nach dem Historiker Arnold Esch sprechen auch die genauen Ortsangaben von Apg 28,13–16 dafür: In »Forum Appii« endete ein Kanal, der neben der Strasse verlief. Dort *mussten* die Ältesten Paulus erwarten, wenn sie ihn nicht verpassen wollten.

Plante Lukas von Anfang an, eine historische Monografie in zwei Bänden oder ist der Plan für einen zweiten Band erst später aufgetaucht? Die Alte Kirche hat im Verlauf des Kanonisierungsprozesses (→ Nr. 69 und 70) die beiden Bücher voneinander getrennt und das viel früher als kanonisch geltende »erste Buch« als »Evangelium« überschrieben. Das zweite Buch hat sie an die Spitze des Apostel-Teils gestellt, vielleicht, um Paulus in der Gemeinschaft *aller* Apostel zu verankern. Nach dem Vorwort zum Lukasevangelium geht es um »Ereignisse, die in *unserer* Zeit zum Abschluss gekommen sind« (Lk 1,1). Dieser Hinweis auf die Gegenwart passt zu einem Vorwort für das ganze Doppelwerk. Im Lukasevangelium gibt es auch Hinweise auf die kommende Völkermission (z. B. 2,32) und Hinweise darauf, dass manches, was in der Zeit Jesu galt, sich später ändern würde (z. B. 22,35f). Vieles, was Jesus angeordnet hatte, wurde nach der Apostelgeschichte durch den Heiligen Geist bzw. den erhöhten Herrn den neuen Verhältnissen angepasst: Beispielsweise galten die jüdischen Reinheitsgesetze später nicht mehr. Auch Jesu Gebot eines *vollständigen* Besitzverzichtes wurde später nicht mehr wörtlich befolgt. Die Zeit Jesu ist für den Historiker Lukas so etwas wie eine »ideale Vergangenheit«, die sich nicht 1:1 auf die Gegenwart übertragen lässt. Ohne die Apostelgeschichte wäre das Lukasevangelium unvollständig.

29. Das Lukasevangelium

Das Lukasevangelium beginnt mit einem *Prolog,* wie er in hellenistischen historischen Monografien üblich ist:

> Da nun schon viele es unternommen haben, eine Erzählung zusammenzustellen von den Ereignissen, die in unserer Zeit zum Abschluss gekommen sind, wie sie uns diejenigen überliefert haben, die von Anfang an Augenzeugen und Diener des Wortes waren, beschloss auch ich, nachdem ich allem *von Anfang an* sorgfältig nachgegangen war, es für dich *der Reihe nach* aufzuschreiben, verehrter Theophilus, damit Du die *Zuverlässigkeit* der Lehren erkennst, in denen du unterrichtet wurdest (Lk 1,1–4).

Der Anspruch des Lukas ist hoch. Zwar schreibt er wohl nicht für den Buchmarkt, sondern für christliche Gemeinden. Aber er schreibt mit dem Anspruch eines Historikers, mit leicht kritischem Blick auf seine Vorgänger und mit dem Anspruch auf *Vollständigkeit, richtige Reihenfolge* und *Zuverlässigkeit.*

Wird Lk dem eigenen Anspruch gerecht? Ich möchte diese Frage mit »Ja und Nein» beantworten:

- *»Vollständigkeit«?:* Gewiss ist das Lukasevangelium das längste und inhaltsreichste aller Evangelien. Es schildert an seinem Anfang die Geburtsgeschichten des Täufers und Jesu in den Farben der Geschichte des Gottesvolks Israel (Lk 1,5–2,40). Es endet mit der Aufnahme Jesu in den Himmel (Lk 24,50–53). Lukas unterscheidet die Himmelfahrt vom innergeschichtlich verstandenen Ereignis der Auferstehung. So können es seine hellenistischen Leser besser verstehen..
- *»Richtige Reihenfolge«?*: Das mag man bezweifeln. Lukas folgt fast ganz dem Erzählfaden des Markus. In diesen schiebt er zwei Einschaltungen mit Q- und Sondergutstexten ein: die »kleine Einschaltung« in 6,17–8,3 und die »große Einschaltung«, welche den grössten Teil des Berichts über die Reise nach Jerusalem umfasst, in 9,51–18,14. In beiden Einschaltungen stehen Q-Texte und Sondergutstexte in für uns kaum interpretierbarer Mischung. Was an dieser Abfolge »richtig« sein soll, fragt man sich.
- *»Zuverlässigkeit«?*: Die Frage ist, was damit gemeint ist. Zuverlässig sind seine Überlieferungen insofern, als Lukas sich bemüht, sie so wiederzugeben, wie Jesus sie wohl gesprochen haben könnte: Die Gleichnisse sind bei ihm nur wenig bearbeitet. Manche Überlieferungen versetzt er in eine biografische Situation im Leben Jesu zurück. Bei Doppelüberlieferungen aus Mk und Q gibt er oft beide Varianten wieder. So ist es z. B. bei der Aussendungsrede in Lk 9,1–6 und Lk 10,1–16: In dem aus Q stammenden Text Lk 10 formuliert er viel radikaler als Matthäus, weil er seinen Text nicht an die Gegenwart anpasst. Matthäus dagegen arbeitet seinem Kap. 10 Mk und Q zusammen. *Lukas weiß, dass die Zeit Jesu in der Vergangenheit liegt.* Er braucht sie nicht an die Gegenwart anzupassen, weil er in

der Apostelgeschichte zeigen wird, welche neuen Wege der Herr und der Heilige Geist mit seinem Volk gehen wird.

Wer sind die Vorgänger, d. h. die Quellen, auf die er zurückblickt? Sicher kennen wir nur das Markusevangelium. Wie das Gemisch von Q- und Sondergutstexten in den großen Einschaltungen zustande gekommen ist, ist können wir nicht sagen. Aussagen über die Quellen sind auch darum schwierig, weil Lukas ein ganz großer Stilist war. Er passt seine Sprache den jeweiligen Inhalten an. In Lk 1–2 schreibt er alttestamentlich gefärbtes Bibelgriechisch, und später, als Paulus in Athen predigt, nahezu klassisches Attisch.

Welche eigenen theologischen Akzente setzt Lukas? Wir sollten meines Erachtens nicht in erster Linie nach der eigenen Theologie des Lukas fragen. Sie war für Lukas selbst vermutlich nur das Zweitwichtigste. Er wollte in erster Linie zuverlässiger Überlieferer sein und über die vergangene Geschichte Jesu berichten. Dennoch setzt er auch eigene theologische Akzente: *Er verankert die Geschichte Jesu in der Geschichte des Gottesvolkes Israel*: Die Vorgeschichten Lk 1–2 haben im Tempel ihren geographischen Schwerpunkt. Auch die Geschichte Jesu beginnt im Tempel (Lk 2,21–52). Die Versuchung durch den Teufel findet ihren Höhepunkt wieder im Tempel (Lk 4,9–13). Die letzten Worte des Evangeliums lauten: »(Die Jünger) kehrten mit großer Freude nach Jerusalem zurück und waren die ganze Zeit im Tempel und priesen Gott« (Lk 24,52f).

Ein anderer wichtiger theologischer Akzent besteht in der *Ermahnung an die Reichen.* Jesus und seine Jünger stellt Lukas als vollständig besitzlos dar – als Spiegel für die Reichen in seiner Gegenwart. In großen thematischen Blöcken thematisiert er, wie katastrofal und sinnlos das Hängen am Besitz ist. Texte zu diesem Thema hat er in Kap. 12 (V 13–34) und in Kap. 16 gesammelt. Eindrucksvolle Sondergutstexte zu diesem Thema haben die Kirche immer wieder aufgerüttelt, man denke etwa an die Geschichten vom reichen Kornbauer (Lk 12,16–21) oder vom reichen Mann und dem armen Lazarus (Lk 16,19–31). Am Anfang der Apostelgeschichte wird dieser Akzent wiederum wichtig sein (→ Nr. 36 zum urchristlichen Kommunismus). Aber alles das gehört in die Zeit Jesu. Später gilt nur noch der Grundsatz »Geben ist seliger als Nehmen« (Apg 20,35).

30. Die johanneische Frage

Zu den johanneischen Schriften rechnet man das Johannesevangelium und die drei johanneischen Briefe. Die Johannesoffenbarung unterscheidet sich dagegen in Stil und Theologie wesentlich von den übrigen johanneischen Schriften. Der *zweite und der dritte Johannesbrief* sind echte Briefe. Sie nennen ihren Verfasser: Es ist der den Adressaten bekannte »Alte«, eine Person mit hoher Autorität. Der *erste Brief* nennt seinen Verfasser nicht. Er ist ein predigtartiger Traktat, kein Brief. Das Evangelium und drei Briefe verbindet eine ähnliche Sprache und eine ähnliche Theologie. Vielleicht stand hinter ihnen ein besonderer Kreis. Meist spricht man von der »johanneischen Schule«.

Im Johannesevangelium selbst fällt zunächst das *Kapitel 21* auf. Es ist nach allgemeiner Auffassung ein Nachtrag zum Evangelium, dessen ursprünglicher Schluss in 20,30f zu finden ist. Dieses Nachtragskapitel beschäftigt sich vor allem mit dem Verhältnis des Petrus zum sog. »*Lieblingsjünger*«. Dieser Jünger taucht besonders im zweiten Teil des Johannesevangeliums häufig auf, aber er wird nie mit Namen genannt. Er ist Jerusalemer, hat direkten Zugang zum Palast des Hohepriesters und steht Jesus besonders nahe. Nach der späteren kirchlichen Tradition ist es der Zebedäussohn Johannes. Das trifft jedoch kaum zu, denn 21,2 erwähnt die Söhne des Zebedäus und 21,7 den Lieblingsjünger – vermutlich als verschiedene Personen. Wir kennen also seine Identität nicht. Dieser Lieblingsjünger wird am Schluss des Nachtragkapitels in 21,24 indirekt zum Traditionsgaranten oder gar zum Verfasser des Johannesevangeliums gemacht. Letzteres kann er aber nicht sein, denn nach 21,23 ist er schon gestorben. Vielleicht beansprucht einer seiner Schüler im Namen seines verstorbenen Lehrers die Verfasserschaft des Evangeliums.

Im Johannesevangelium kommt der Lieblingsjünger oft zusammen mit Petrus vor. Besonders interessant ist die Erzählung vom Wettlauf der beiden zum leeren Grab in Joh 20,2–8. Der Lieblingsjünger kommt als Erster zum leeren Grab, lässt aber Petrus als Ersten eintreten. Der Lieblingsjünger besitzt offenbar den wahren, tiefen Glauben, aber billigt trotzdem Petrus eine besondere Ehrenstellung zu. Gewährt dieser Text einen Einblick in das Verhältnis der »johanneischen Schule« zur Großkirche, welche durch Petrus repräsentiert wird?

Das *Gespräch Jesu mit der Ehebrecherin (Joh 7,53–8,11)* hat eine Sonderstellung. Es ist in wichtigen alten Handschriften nicht enthalten und gehörte nicht zum ursprünglichen Text des Evangeliums (obwohl es eine authentische Jesusüberlieferung sein könnte). Auch andere kleinere spätere Zusätze und Einschübe mag es im Johannesevangelium geben, aber sie sind handschriftlich nicht als solche zu belegen. Aber schon das Nachtragskapitel 21 macht deutlich, dass Spätere das Evangelium durch Zusätze ergänzt haben. In einer besonderen Traditionsgemeinschaft, eben der »johanneischen Schule«, ist das am ehesten denkbar.

Heftig diskutiert wird heute die *zeitliche Abfolge der johanneischen Schriften.* Die meisten rechnen damit, dass der Grundstock des Johannesevangeliums, Joh 1–20, das älteste Dokument der johanneischen Schule ist und dass sich der erste Johannesbrief (→ Nr. 63) darauf zurückbezieht. Die beiden kleinen Briefe gehören zeitlich mit dem 1. Johannesbrief zusammen; das Nachtragskapitel Joh 21 könnte etwas jünger sein. Einige Forscher rechnen allerdings damit, dass die drei Briefe älter sind als das Evangelium. Nach ihnen sind der 2. und der 3. Johannesbrief die ältesten Dokumente der johanneischen Schule, gefolgt vom 1. Johannesbrief und dem Evangelium. Diese These ist meines Erachtens weniger plausibel.

Umstritten ist auch die *Verfasserfrage*: Stammen alle johanneischen Schriften vom selben Verfasser? Dieser wäre dann der in 2. und 3. Johannesbrief genannte »Alte«. Andere rechnen damit, dass der »Alte« nur die Briefe verfasst hat. Beim Johannesevangelium rechnen viele mit einem komplexen Wachstumsprozess: In der johanneischen »Schule« sei das Evangelium sukzessive erweitert und fortgeschrieben worden. Ich bin gegenüber solchen Denkansätzen sehr zurückhaltend, weil es für solche Fortschreibungen und Erweiterungen keine klaren inhaltlichen oder stilistischen Unterscheidungskriterien gibt. Ich rechne eher damit, dass das Johannesevangelium – von wenigen Zufügungen abgesehen – von einem einzigen Verfasser stammt.

Die *Abfassungszeit* lässt sich relativ klar bestimmen. Der älteste neutestamentliche Papyrus (p^{52}), der in Ägypten gefunden wurde und ein Fragment aus Joh 18 enthält, könnte etwa um 125 geschrieben worden sein. Nach einer ebenfalls ins frühe 2. Jh. zurückgehenden, wohl zuverlässigen Tradition ist das Johannesevangelium in Ephesus (Kleinasien) entstanden. Der 1. Johannesbrief ist bereits vor 150 in Kleinasien bekannt. Andererseits setzt das Johannesevangelium wahrscheinlich die Kenntnis eines oder mehrerer synoptischer Evangelien voraus. Mit hoher Wahrscheinlichkeit sind die johanneischen Schriften in einem relativ kurzen Zeitraum um oder kurz nach 100 n. Chr. entstanden.

31. Das Johannesevangelium I: Jesus als Gott auf Erden

Das Johannesevangelium beginnt mit einem *Prolog (Joh 1,1–18)*, einem Text, der wahrscheinlich älter ist als das Johannesevangelium. Er handelt vom »Wort«, dem *Logos*: »Im Anfang war das Wort, und das Wort war bei Gott, und das Wort war Gott« (1,1). Jesus wird hier mit Gottes Schöpfungswort identifiziert. Er ist präexistent, d.h. von Urzeiten an da. Das klingt erstaunlich, entspricht aber Aussagen, die wir auch in von Paulus aufgenommenen alten Bekenntnistexten finden, z.B. in Phil 2,6–9 oder in Kol 1,15–18a (→ Nr. 52; → Nr. 53). Schon ganz früh, weniger als 30 Jahre nach seinem Tod, ist also Jesus vergöttlicht worden. In drei Strophen handelt der Logos-Hymnus von der Schöpfung (1,1–4), dem Wirken des göttlichen »Wortes« in der Schöpfung (1,5.9–11) und von der Menschwerdung, welche die göttliche Herrlichkeit in menschlicher Gestalt sichtbar machte (1,14.16.18). Unterbrochen wird dieser Text durch Zusätze des Evangelisten. Sie stehen vermutlich in den Versen 6–8.12.15 und 17. Die meisten handeln von Johannes dem Täufer. Sie verbinden den Logos-Hymnus mit der in 1,19–34 folgenden Erzählung des Evangeliums. Den Höhepunkt und Abschluss des heutigen Textes bildet V 18: »Gott hat nie jemand gesehen; der einzig-geborene Gott, der im Schoß des Vaters ist, er hat Kunde gebracht«.

Diesem Anfang entspricht der Schluss des Evangeliums: Es endet mit dem Bekenntnis des Thomas, der seine Hand in die Wunden des Auferstandenen gelegt hat: »Mein Herr und mein Gott« (20,28). Das ist also die hohe Ebene, auf der wir uns im Johannesevangelium bewegen: *Jesus ist Gott*. Durch seine Wunder, die der Evangelist erzählt, blitzt immer wieder die göttliche Herrlichkeit auf. Seine wahre Identität offenbart Jesus in seinen »'Ich-bin'-Worten«, die an den biblischen Gottesnamen »ich bin, der ich bin« (Ex 3,14) erinnern. Sie werden im Lauf des Evangeliums deutlich gesteigert: vom einfachen »ich bin es« in 4,25 über das zweigipflige »ich bin die Auferstehung und das Leben« in 11,25 bis zum dreigipfligen »ich bin der Weg, die Wahrheit und das Leben« in 14,6. Zu Beginn der Passionsgeschichte, als Judas mit seinen Hilfstruppen Jesus verhaften will, fragt Jesus: »Wen sucht ihr?« Sie antworten: »Jesus, den Nazoräer«. Jesus antwortet: »Ich bin es!« Daraufhin fallen alle zu Boden und Jesus ordnet mit einem wiederholten »Ich bin es« seine eigene Verhaftung an (18,4–8). Er durchschreitet souverän seine eigene Passion. Sein letztes Wort lautet »es ist vollendet« – dann neigt er sein Haupt und stirbt (19,30).

Das Leiden Jesu spielt keine zentrale Rolle. Johannes kennt zwar die Getsemaniszene, aber er erzählt sie nicht. Nur andeutend spricht er von ihr:

> Jetzt ist meine Seele erschüttert. Und was soll ich sagen? Vater, rette mich aus dieser Stunde? Aber darum bin ich in diese Stunde gekommen. Vater, verherrliche deinen

> Namen! Da kam eine Stimme vom Himmel: Ich habe verherrlicht und ich werde von neuem verherrlichen! Das Volk, das dabeistand und es hörte, sagte, es habe gedonnert … (Joh 12,27–29).

Die Verhörszene vor Pilatus zeigt, dass der gemarterte und mit Dornen gekrönte Jesus der eigentliche Handlungssouverän ist, nicht hin und her schwankende der Statthalter Pilatus (→ Nr. 17). Sein Kreuz trägt Jesus »für sich selbst« (19,17) (→ Nr. 17); das Wort »Mein Gott, warum hast du mich verlassen« (Mk 15,34) überliefert er nicht. Dass der Gekreuzigte mit einem Schwamm voller Essigwein getränkt wurde, weiß er, aber bei ihm sagt Jesus nur »im Wissen, dass schon alles vollbracht ist, ›mich dürstet‹, damit die Schrift zum Ziele kommt« (19,28f). Wirklichen Durst hat er nicht. Jesus stirbt als Gott am Kreuz. Aus seiner Seitenwunde fließen Blut und Wasser, ein geheimnisvoller Hinweis auf den Ursprung von Eucharistie und Taufe (19,34).

Man könnte sagen: Der Gekreuzigte ist bereits der Auferstandene. *Der Karfreitag wird bei Johannes von Ostern überleuchtet und zum Tag des österlichen Siegs.* Das wird an zwei Schlüsselvokabeln deutlich, mit denen Johannes die Passion Jesu deutet: »erhöhen« und »verherrlichen«. »Erhöhen« ist eines der Bildworte, mit denen das früheste Christentum Ostern deutete (→ Nr. 19). Bei Johannes wird bereits die Kreuzigung Jesu als »Erhöhung« verstanden (3,14; 8,28). Noch wichtiger ist »verherrlichen«: »Herrlichkeit« ist ein biblisches Urwort für den «Glanz» Gottes. Bei Johannes ist nicht nur die Passion Jesu (vgl. o. Joh 12,27–29), sondern sein ganzes Wirken in den Glanz von Gottes Herrlichkeit getaucht. In der Nacht, als der Verräter Judas ihn verlassen hat, sagt Jesus in äußerster Verdichtung: »Jetzt wird der Menschensohn verherrlicht, und Gott wird in ihm verherrlicht« (13,31). Und zu Beginn des großen Abschiedsgebets sagt der zum Vater zurückkehrende Sohn: »Vater, die Stunde ist gekommen. Verherrliche deinen Sohn, damit der Sohn dich verherrlicht!« (17,1).

Verstehen das die Jünger? Der Lieblingsjünger versteht es. Von ihm heißt es: »Der das gesehen hat, bezeugt es; und sein Zeugnis ist wahrhaftig« (19,35). Und die übrigen Jünger? Von ihnen spricht das nächste Kapitel.

32. Das Johannesevangelium II: Die Missverständnisse der Jünger und der Juden

Die übrigen Jünger befinden sich nicht auf derselben Höhe wie der Lieblingsjünger. Es sind zum Teil dieselben Jünger wie bei den Synoptikern, zum Teil treten andere in den Vordergrund. Darunter ist *Thomas* (= der Zwilling), der auch Judas Thomas genannt wird. Er ist der spätere Apostel Ostsyriens, der nach den Thomasakten, einer apokryphen Apostelgeschichte aus dem 3. Jh., bis nach Indien gelangt sein soll. Ein anderer ist *Andreas*, der Bruder des Petrus. Er wird nach Joh 1,35–41 zuerst berufen und gilt als Apostel von Nordwestkleinasien, auch von Byzanz, dem späteren Konstantinopel. Nach späteren Traditionen soll er auch in den Gebieten nördlich des Schwarzen Meers und in der Ukraine gepredigt haben. Er ist für die Ostkirchen ebenso wichtig wie Petrus für die Westkirchen.

Die Jünger missverstehen Jesus immer wieder und stellen »dumme« Fragen. Ich gebe Beispiele aus der Abschiedsrede Jesu (13,31–16,33): Jesus will zum Vater gehen, aber Thomas versteht nicht, wohin Jesus geht (14,5). In Jesus *ist* der Vater offenbar geworden, aber Philippus kann sagen: »Zeige uns den Vater, das genügt uns« (14,7). Nach der ganzen langen Abschiedsrede sagen die Jünger: »Jetzt wissen wir, dass du alles weißt ... ; darum glauben wir, dass du von Gott ausgegangen bist« (16,30). Jesus sagt darauf ihre Flucht und Zerstreuung während der Passion an. Oft hat man im Johannesevangelium das Gefühl, dass sich das Gespräch zwischen Jesus und seinen Jüngern auf verschiedenen Ebenen bewegt und es darum immer wieder zu Missverständnissen kommt. Schon das johanneische Jüngerbild zeigt, dass die sog. »johanneische Schule« (→ Nr. 30) kaum ein elitärer Kreis von Christen gewesen sein kann. Ich denke viel eher, dass *das Johannesevangelium für ganz gewöhnliche Jesusanhänger geschrieben worden ist, welche durch es zu einer vertieften Glaubenserkenntnis geführt werden sollten.*

Mit ihren Missverständnissen sind die Jünger gar nicht so weit von den »Juden« entfernt. Deren Missverständnisse werden in Kap. 6 und 7 besonders deutlich. In der auf die wunderbare Speisung folgenden Brotrede (Kap. 6) murren die Juden und wenden sich gegen Jesus, der gesagt hatte: »Ich bin das Brot, das vom Himmel herabgekommen ist«. Sie sagen: »Ist das nicht Jesus, der Sohn Josefs, dessen Vater und Mutter wir kennen?« (6,41f). An einer anderen Stelle kündigt Jesus an, dass er fortgehen werde zu dem, der ihn gesandt hat, d. h. zu Gott. Die Juden aber rätseln: »Will er etwa in die griechische Diaspora gehen und die Griechen unterweisen?« (7,35). Aber auch von Spaltungen unter den Juden berichtet das Evangelium. Nicht alle unterwerfen sich der Autorität der Pharisäer und Hohepriester, die Jesus ablehnen.

Es gibt einige Stellen, die deutlich machen, *wo der tiefste Grund der Spaltung zwischen vielen Juden und den johanneischen Christen liegen könnte*: Er liegt nicht nur darin, dass Jesus am Sabbat Kranke heilt (so 5,16), sondern darin, dass er

»Gott seinen eigenen Vater nannte und sich selbst Gott gleich machte« (5,18). In Kap. 10 wird das noch deutlicher: Die Juden versuchen, Jesus zu steinigen und sagen: »Nicht wegen eines guten Werkes steinigen wir dich, sondern wegen Gotteslästerung, weil du, ein Mensch, dich zu Gott machst« (10,33). Die Juden sehen durch die Gottheit Jesu den Monotheismus gefährdet und damit ihr grundlegendes Bekenntnis zu Jahwe, dem *einen* Gott (Dtn 6,4f). Es ist derselbe Grund, weswegen später die Anhänger Mohammeds im Namen Allahs, des *einen* Gottes, zur christlichen Dreifaltigkeitslehre »Nein« sagten. Die »hohe« johanneische Christologie *musste* zu einer Spaltung unter den Juden führen, die so tief war, dass der johanneische Jesus seinen jüdischen Gegnern sogar einmal sagen kann, sie hätten den Teufel zum Vater (8,44).

Eine besondere Art von Jüngern repräsentiert der vornehme Jude Nikodemus, der nach Joh 3 nachts zu Jesus kommt. Zusammen mit Joseph von Arimathäa steht er für die *»verborgenen« Jesusjünger*, die in ihren jüdischen Synagogen verblieben waren, obwohl die Mehrzahl der johanneischen Jesusjünger sich von ihnen bereits hatten trennen müssen (9,22; 12,42; 16,2). Die Trennung der Jesusanhänger von den Synagogen vollzog sich offenbar stufenweise. Die Mehrzahl der johanneischen Gemeinden scheint sich bereits den »Griechen« zugewandt zu haben, die sich nach 12,20ff durch Vermittlung von Philippus und Andreas an Jesus gewandt hatten.

Das Johannesevangelium repräsentiert also eine Gruppe von Christen, die zur Überzeugung gekommen waren, dass der Auferstehungsglaube notwendigerweise zum Glauben an die Gottheit Jesu führen müsse. Für sie war der Prolog, der jetzt am Anfang des Evangeliums steht, ein Schlüsseltext, der diese Erkenntnis ausdrückte. Und eben diese Erkenntnis, die im Auferstehungsglauben wurzelt und in der Dreifaltigkeitslehre einen bleibenden Ausdruck fand, wurde zum Grund der Spaltung zwischen den drei großen abrahamitischen Religionen: Judentum und Islam auf der einen, Christentum auf der anderen Seite.

33. Spruchevangelien. Das Thomasevangelium

Es gibt eine Reihe von Evangelien, die nur Worte Jesu und – anders als die Spruchquelle Q (→ Nr. 23) – keinerlei biografischen Elemente enthalten. Die meisten dieser Evangelien sind gnostisch (zur sog. »Gnosis« vgl. → Nr. 70). Gnostische Texte enthalten »geheimes Wissen« in Form von Worten, welche ein himmlischer Offenbarer geoffenbart hat. In christlich-gnostischen Evangelien ist dies Jesus, der – meistens nach seiner Auferstehung – seinen Jüngern oder Jüngerinnen geheimes Wissen mitteilte. Zu den gnostischen Spruchevangelien gehören z. B. das Evangelium nach Philippus, der Dialog des Erlösers, das Evangelium nach Maria, das Judasevangelium und andere. Einige stammen aus christlich-gnostischen Schulen, andere sind entschieden antikirchlich wie z. B. das Judasevangelium, das den »Verräter« Judas als Offenbarungsvermittler wählt. Viele, aber nicht alle, wurden in einer großen Bibliothek von koptischen (koptisch = Spätform des Ägyptischen) Texten gefunden, die 1945 in Nag Hammadi in Oberägypten entdeckt wurde.

Einen Sonderfall stellt das *Evangelium nach Thomas* dar. Die längste uns bekannte Textform ist eine koptische Übersetzung, die in Nag Hammadi gefunden wurde. Sie enthält 114 Logien (= Worte). Wir kennen aber auch Fragmente griechischer Originaltexte. Sie unterscheiden sich zum Teil wesentlich von der koptischen Übersetzung. Das zeigt, dass das Thomasevangelium einen längeren Entstehungsprozess durchlaufen hat. Er fällt ins 2. Jh., was nicht ausschließt, dass einzelne Worte, vor allem solche mit Parallelen in den Synoptikern, ins 1. Jh. zurückgehen und teilweise sehr alte Fassungen von Worten Jesu aufbewahren. Es ist sogar denkbar, dass es Jesusworte gibt, die nur hier überliefert sind. Ich zitiere den Eingang des Thomasevangeliums:

> Das sind die verborgenen Worte, die der lebendige Jesus sagte; und Didymos Judas Thomas schrieb sie auf.
>
> 1 Und er sprach: »Wer die Deutung dieser Worte findet, wird den Tod nicht schmecken.«
>
> 2 Jesus sprach: »Wer sucht, soll nicht aufhören zu suchen, bis er findet. Und wenn er findet, wird er bestürzt sein. Und wenn er bestürzt ist, wird er staunen. Und er wird König sein über das All.«
>
> 3 Jesus sprach: »Wenn die, die euch vorangehen, zu euch sagen: ›Siehe, im Himmel ist das Königreich!‹, dann werden euch die Vögel des Himmels zuvorkommen. Wenn sie zu euch sagen: ›Es ist im Meer‹, dann werden euch die Fische zuvorkommen. Vielmehr: Das Königreich ist innerhalb von euch und ausserhalb von euch.« – »Wenn ihr euch erkennt, dann werdet ihr erkannt werden, und ihr werdet begreifen, dass ihr Kinder des lebendigen Vaters seid. Wenn ihr euch aber nicht erkennt, dann existiert ihr in Armut, und ihr seid die Armut.«

4 Jesus sprach: »Der Mensch, alt in seinen Tagen, wird nicht zögern, ein kleines Kind von sieben Tagen über den Ort des Lebens zu fragen, und er wird leben. Denn viele Erste werden Letzte sein. Und sie werden ein Einziger sein.«

5 Jesus sprach: »Erkenne, was vor Deinem Angesicht ist, und das, was für dich verborgen ist, wird sich dir enthüllen. Denn es gibt nichts Verborgenes, das nicht offenbar werden wird.«

Die hier abgedruckten Sprüche können einen Eindruck vom Thomasevangelium vermitteln. Sie haben teilweise Parallelen in den synoptischen Evangelien, die den Lesern vertraut waren; diese sind aber oft erweitert und dadurch verfremdet (z. B. log 2 und 5). Sie sind nicht evident wie viele Worte Jesu, sondern haben einen geheimnisvollen Tiefensinn. Darum kommt es auf die *Deutung* dieser Worte an (log 1) bzw. nach log 3 auf die *Erkenntnis.* Das Reich Gottes, der zentrale Ausdruck der Verkündigung Jesu, hat seinen zukünftigen Charakter verloren und ist etwas Innerliches geworden; es bleibt aber etwas Überindividuelles. Gnostisch sind diese Worte nicht: Die Welt ist im Thomasevangelium nicht etwas Negatives, sondern eher ein Gleichnis für die göttliche Wahrheit. Alles Spekulative fehlt. An einem Punkt sind die Logien des Thomasevangeliums aber verwandt mit der Gnosis: Es kommt alles auf die Erkenntnis an. Von den synoptischen Evangelien, aber auch vom Johannesevangelium, unterscheidet sich das Thomasevangelium grundlegend: Jedes Interesse an der Geschichte Jesu und an seiner Passion fehlt. Es genügt, dass Jesus »spricht«. Israel taucht nicht auf; das Thomasevangelium ist ein »unjüdisches« Evangelium. Es hat auch kein Interesse an einer Christologie; alle christologischen Hoheitstitel fehlen. Es genügt, dass Jesus »lebendig« ist. Es ist weder kirchlich noch sonst in irgendeiner Form gemeinschaftsbezogen, sondern vermittelt Impulse für eine individuelle Frömmigkeit.

Kurz: Es ist ein ganz besonderes Evangelium, das sich in keine Schublade einordnen lässt. Ich halte es nicht, wie einige Amerikaner, die es »the fifth Gospel« nennen, für die beste Quelle von Jesus. Aber die Beschäftigung mit ihm lohnt sich auf jeden Fall.

34. Kindheitsevangelien

Über die Kindheit Jesu erzählen die kanonischen Evangelien nichts. Nur Lukas berichtet die Episode vom zwölfjährigen Jesus im Tempel (Lk 2,41–52). Es ist verständlich, dass man später versuchte, diese Lücke aufzufüllen. Während des ganzen ersten Jahrtausends entstanden Kindheitsevangelien. Die ältesten von ihnen wurden für die Frömmigkeitsgeschichte und die christliche Kunst sehr wichtig. Sie sollen hier kurz vorgestellt werden:

Das *Kindheitsevangelium des Thomas* erzählt Wunder, welche das Jesuskind vollbracht haben soll. So soll Jesus an einem Sabbat aus Lehm zwölf Sperlinge geformt haben. Weil das als verbotene Sabbatarbeit galt, wurde er gescholten. Er klatschte in die Hände, worauf die Vögel davonflogen. – Seine Mutter schickte den sechsjährigen Jesus zum Wasserholen. Unterwegs zerbrach der Krug. Da trug Jesus das Wasser für seine Mutter in seiner Schürze nach Hause. – Andere Wunder sind ausgesprochen grausam. Einen Knaben, der Jesus an die Schulter stiess, ließ er tot umfallen. Seine Eltern, die sich deswegen bei Jesu Vater Joseph beschwerten, ließ er erblinden. Mit einer Neufassung des lukanischen Berichts vom Zwölfjährigen im Tempel endet das Kindheitsevangelium des Thomas. Es entstand gegen Ende des 2. Jh. Als seinen Verfasser gibt es den »israelitischen Philosophen Thomas« an. Das Buch wurde sehr einflussreich; sehr viele spätere Kindheitserzählungen nehmen seine Stoffe auf. Die meisten Theologen aber mögen es nicht. Der Stil sei »einfältig«; der Inhalt enthalte »wenig an Idylle«, sei »eher erschreckend« und »theologisch unerhört banal«. Das finde ich auch.

Anders steht es mit dem heute so genannten *Protevangelium* (= Erstevangelium) *des Jakobus*. Sein ursprünglicher Titel lautete inhaltlich zutreffender »*Geburt der Maria*«. Es entstand kurz nach der Mitte des 2. Jh. vermutlich in Ägypten und ist nicht eigentlich ein Kindheitsevangelium, sondern ein frühes Dokument der Marienverehrung. Als (pseudonymen) Verfasser nennt das Schlusskapitel »Jakobus«, vermutlich den Bruder Jesu. Der wirkliche Verfasser aber ist ein unbekannter Heidenchrist, der über den jüdischen Tempelkult und über die Geographie des Landes Israel nur ungenau informiert ist. Der erste Teil des Buches (Kap 1–9) erzählt die *Jugend Marias*: Das vornehme jüdische Ehepaar Joachim und Anna war kinderlos. Auf wunderbare Weise wurde Anna schwanger und schenkte – nicht wie die biblische Sarah einem Sohn – sondern einer Tochter, Maria, das Leben. Als sie drei Jahre alt war, erfüllten die Eltern ein Gelübde und gaben Maria in den Tempel. Dort wuchs sie unter Obhut der Priester auf. Als sie zwölfjährig war, versammelte der Hohepriester Zacharias die Witwer des Volkes. Maria wurde durchs Los dem Bauunternehmer Josef in Obhut gegeben. Josef hatte schon Kinder aus erster Ehe. Die traditionelle katholische Auffassung, dass die Brüder und Schwestern Jesu Kinder aus einer ersten Ehe Josefs sind, ist hier erstmals belegt. *Dahinter steht der Gedanke der dauernden Jungfräulichkeit Marias*, auch nach der Geburt Jesu.

Der zweite Teil des Buches (Kap. 10–22) erzählt die *Geburt Jesu* im Anschluss, aber auch in Überbietung von Lk 2,1–2,20 und Mt 1,18–2,12. Jesus wird nämlich nicht in einem Stall bei Betlehem geboren, sondern, ähnlich wie Zeus in der griechischen Mythologie, in einer Höhle. Die Krippe im Stall dient nur dazu, das Jesuskind vor den Häschern des Herodes vorübergehend zu verstecken. Großen Raum nimmt die Prüfung der Jungfräulichkeit Marias durch eine hebräische Hebamme ein. Neben der frommen hebräischen Hebamme tritt eine Frau namens Salome auf, welche nicht an die Jungfräulichkeit Marias glaubt. Zur Strafe wird ihre Hand verbrannt, welche dann durch das Jesuskind geheilt wird. Vielleicht sollen durch die beiden Frauen das jüdische Volk und die Heiden symbolisiert werden. Mit dem Kommen der Magier endet das Protevangelium; die Flucht nach Ägypten (Mt 2,13–23) und die Darstellung des Jesuskindes im Tempel (Lk 2,21–40) werden nicht mehr erzählt.

Das Protevangelium war ein sehr einflussreiches Buch. Es hat die ostkirchliche und die westliche Volksfrömmigkeit, die katholische Marienfrömmigkeit und auch die traditionelle katholische Marienlehre maßgeblich geprägt. Auffällig ist der soziale Aufstieg der Familie Jesu: Joachim und Anna sind vornehme, begüterte Leute; Josef ist ein Bauunternehmer. Eine große Rolle spielen Joachim und Anna mit Maria in der ostkirchlichen Ikonenmalerei und in der westlichen kirchlichen Kunst, vor allem seit dem Hochmittelalter.

4. Kapitel:
Die Anfänge des Christentums

35. Der zweite Band des Lukas: Die Apostelgeschichte

Beim Evangelium konnte Lukas auf viele Vorgänger zurückblicken und hatte entsprechend viel Stoff zur Verfügung. Anders ist es in der Apostelgeschichte. Lukas war der erste, der ein solches Buch schrieb. Er musste selbst recherchieren und hat das – vermutlich auf Reisen – auch getan. Was er dabei notiert hat, sind Namenlisten und Listen von Reisestationen. Man hat ihm auch Einzelepisoden berichtet, die er z.T. sehr ausführlich und entsprechend auch spannend berichtet, z.B. die Geschichte von der Bekehrung des Ministers aus Äthiopien in Apg 8,26–39. Zusammenhängende Quellen hat er dagegen kaum benutzt. Viele Einzelangaben, z.B. über Städte und Stadtverwaltungen, sind erstaunlich korrekt.

Je weniger Stoff, desto mehr Gestaltungsmöglichkeiten hat ein antiker Historiker. Diese kann er nicht nur nutzen, um die Leserschaft zu erfreuen, sondern auch, um den Stoffen seine eigene Tendenz aufzuprägen. Auch darin unterscheidet sich die Apostelgeschichte mindestens graduell vom Lukasevangelium.

Lukas hat zu wenig Stoff: Wichtige Episoden erzählt er darum zweimal, nämlich die Bekehrung des ersten Heiden Cornelius in Apg 10 und Apg 11,5–17 oder gar dreimal, nämlich die Bekehrung des Paulus in Apg 9,1–19, Apg 22,3–16 und Apg 26,9–20 – jedes Mal mit kleineren Variationen. Vor allem aber besteht ein ganz großer Teil der Apostelgeschichte aus *Reden*, vor allem des Petrus (8 Reden) und des Paulus (9 Reden), aber auch anderer, z.B. des Stephanus oder des Gamaliel. Sie umfassen etwa einen Drittel des ganzen Buchs. Antike Historiker schreiben in der Regel die Reden ihrer Hauptpersonen selbst. Das hat auch Lukas in der Apostelgeschichte getan und dabei die Gattung einer Rede je nach Adressaten, Situation und Redeabsicht verschieden, rhetorisch oft sehr geschickt, gestaltet. Bemerkenswert anders war es im Lukasevangelium, wo Lukas die Reden Jesu nicht selber gestaltete, sondern Jesu eigene Worte sorgfältig überlieferte. Kurz: Die Apostelgeschichte ist bei weitem das spannendste Buch des NT. Sie ist das einzige Buch im NT, das zu lesen auch Vergnügen macht. Das Bild des Urchristentums und des Paulus, welches die meisten Menschen heute haben, hat sie unauslöschlich geprägt.

Der *Inhalt der Apostelgeschichte* stellt uns vor Rätsel: Apg 1,8b scheint so etwas wie ein Programm des Buches zu umreissen: »Und ihr werdet meine Zeugen sein in Jerusalem und ganz Judäa und Samaria und bis ans Ende der Erde«. Aber am Ende des Buches ist Paulus erst in der Reichshauptstadt Rom angekommen, also eher im Zentrum als am Ende der Erde. Warum dieses Ende? Lukas scheint den Tod des Paulus vorauszusetzen (vgl. 20,24; 21,13). Von einer späteren Spanienreise des Apostels scheint er nichts zu wissen. Aber er berichtet seinen Tod nicht, sondern beendet sein Buch mit den Worten: »Er blieb zwei Jahre lang in seiner eigenen Wohnung und empfing alle, die zu ihm kamen, verkündigte das Reich

Gottes und lehrte über Jesus Christus, in aller Offenheit und ungehindert« (28,31). Warum dieser Schluss? Verlegene Exegeten haben gedacht, Lukas habe noch einen dritten Band schreiben wollen. Nein! Lukas wollte, dass seine Leser/innen an diesem offenen Schluss »arbeiten« und sich ihren eigenen Reim darauf machen. Sie sollen begreifen, dass das Evangelium und das Römische Reich miteinander kompatibel sind.

Die *Missionsreden* des Petrus und des Paulus an Juden sind sehr ähnlich: Die Petruspredigten beginnen mit einem Rückblick auf die Bibel, finden ihren Höhepunkt in einer zusammenfassenden Christusverkündigung nach dem Schema: »Ihr (Juden) habt ihn getötet, Gott aber hat ihn auferweckt« (z. B. Apg 2,23f; 3,14–18; 10,39f) und enden meist in einem Buss-Ruf. Die Pauluspredigt in der Synagoge von Antiochia in Pisidien hat fast denselben Höhepunkt (13,27–30). Die Reden sind je nach Sprecher etwas petrinisch (z. B. die sehr altertümliche Gottesknecht-Christologie 3,13.26) bzw. etwas paulinisch gefärbt (z. B. die Rechtfertigung ohne Gesetz 13,38f). Man gewinnt den Eindruck, dass Petrus und Paulus dasselbe Evangelium verkünden. Die paulinischen Heidenpredigten unterscheiden sich von diesem Schema nicht etwa, weil Paulus ein anderes Evangelium predigt als Petrus, sondern weil er den Nichtjuden zuerst das »Evangelium von Gott« (→ Nr. 20) verkünden muss. Das zeigt sich z. B. in seiner Rede auf dem Areopag in Athen (17,22–31). Es gibt also in der frühen Kirche nicht verschiedene Verkündigungen, sondern nur *eine* Verkündigung an die Juden und *eine* um die Bekehrung zu Gott erweiterte Verkündigung an die Heiden. Es gibt nur eine einzige »Lehre der Apostel« (2,42) und Paulus ist darin eingeschlossen. Dissonanzen und Spannungen gibt es zwischen den Jerusalemer Aposteln und Paulus nicht. Nur einige gläubig gewordene ehemalige Pharisäer am Apostelkonzil bilden eine Ausnahme (15,5). Wirkungsvoller kann man den großen Heidenapostel Paulus kaum in der Gesamtkirche verankern! Und das ist offenbar ein Hauptzweck der Apostelgeschichte So versteht man, was Lukas von Paulus erzählt – und was er nicht erzählt.

36. Blicke hinter das lukanische Idealbild I: Der urchristliche Kommunismus

Zu Beginn seines zweiten Bandes skizziert Lukas ein summarisches Bild der Urgemeinde:

> Sie aber hielten fest an der Lehre der Apostel, an der Gemeinschaft, am Brechen des Brotes und am Gebet. Und Furcht erfasste alle: Viele Zeichen und Wunder geschahen durch die Apostel. Alle Glaubenden aber hielten zusammen und hatten alles gemeinsam; Güter und Besitz verkauften sie und gaben vom Erlös jedem so viel, wie er nötig hatte. Einträchtig hielten sie sich Tag für Tag im Tempel auf und brachen das Brot in ihren Häusern; sie assen und tranken in Jubel und mit lauterem Herzen, priesen Gott und standen in der Gunst des ganzen Volkes (2,42–47a).

Die Lehre der Apostel, die Gemeinschaft, das Herrenmahl (= Abendmahl bzw. Eucharistie) und das Gebet – das sind die vier Pfeiler, auf denen nach Lukas die Kirche ruht. Grundlegend für das Gemeindeleben sind neben Wundern die vollständige Besitzgemeinschaft: »Alles gemeinsam« ist ein antikes Schlagwort, welches das zu jener Zeit verbreitete Ideal des Kommunismus ausdrückt. Wichtig ist für Lukas auch, dass die Gemeinde sich im Tempel trifft: Die Geschichte der Kirche beginnt im Tempel, mitten im Volk Israel an seinem heiligsten Ort. Auch die Geschichte Jesu hatte im Tempel begonnen und geendet (Lk 2,41–52; 24,53) (→ Nr. 29).

Das Ideal des urchristlichen Kommunismus wird noch in einer zweiten summarischen Skizze geschildert:

> Die Menge der Gläubigen war ein Herz und eine Seele, und nicht einer nannte von seinem Besitz etwas sein eigen, sondern ihnen war alles gemeinsam ... Keiner unter ihnen litt Not. Alle, die Besitzer von Äckern oder Häusern waren, verkauften sie und brachten den Verkaufserlös und legten ihn zu Füßen der Apostel (4,32.34f).

Was steht hinter dieser eindrücklichen und viele inspirierenden Schilderung des urchristlichen Kommunismus? Sicher zeichnet Lukas ein ideales Bild, aber vermutlich nicht einfach eines, hinter dem nichts stünde. Er überliefert in 4,36f folgende Einzelepisode:

> Joseph aber, der von den Aposteln den Beinamen Barnabas erhalten hatte, d. h. ›Sohn des Trostes‹, ein Levit aus Zypern, verkaufte einen ihm gehörenden Acker, brachte das Geld und legte es den Aposteln zu Füßen.

Warum hat Lukas diese Einzelepisode überliefert? Etwa darum, weil sie als besonders auffälliger Einzelfall in Erinnerung blieb und Lukas dann die Ausnahme zur Regel gemacht hätte? Oder darum, weil es sich hier um Barnabas handelte, der später als Paulusbegleiter eine wichtige Rolle spielte? Beide Interpretationen sind möglich. So oder so denke ich nicht, dass Lukas sein Idealbild einfach erfunden hat: Man darf nicht vergessen, dass nach Jesu Tod manche Jünger aus Galiläa nach Jerusalem zogen. Viele von ihnen konnten ihre Berufstätigkeit nicht mitnehmen, so z. B. Petrus und Andreas sowie die beiden Söhne des Zebedäus, Johannes und Jakobus ihre Fischerei, oder der Zöllner Levi sein Zollhaus. In Jerusalem waren sie mittellos. Lukas schildert auch – sicher zutreffend – den urchristlichen Kommunismus als Verbraucherkommunismus und nicht als Produktionskommunismus. Eine gemeinsame Produktion von Gütern gab es z. B. bei den Essenern in Qumran (→ Nr. 3); nur eine solche Form des Kommunismus ist über längere Zeit überlebensfähig. Die Jerusalemer Urgemeinde war darum als »die Armen« bekannt (Röm 15,26; Gal 2,10). Ihre Armut kam nicht von ungefähr. Sie mussten von den übrigen Gemeinden durch Kollekten unterstützt werden. Erstmals wurde nach Apg 11,29f eine solche Kollekte von den Antiochenern durchgeführt. Auf dem Apostelkonzil wurde Paulus eine Kollekte für Jerusalem als Bedingung für die Kirchengemeinschaft auferlegt (→ Nr. 41). Die paulinischen Gemeinden haben deshalb auf Anordnung des Paulus eine Kollekte gesammelt, und Paulus hat sie mit einer großen Delegation von Gemeindevertretern nach Jerusalem gebracht (→ Nr. 41 und 42). – Es gab aber auch Schatten auf dem Idealbild des urchristlichen Kommunismus, die Lukas nicht verschweigt. Das zeigt die Geschichte von Ananias und Sapphira in Apg 5,1–11.

Man kann hier die Redewendung »ohne Feuer entsteht kein Rauch« anwenden und folgern: Ohne *irgendeinen* geschichtlichen Anhaltspunkt gäbe es kein Idealbild des urchristlichen Kommunismus. Ausserdem muss man an die Impulse erinnern, die von der Jesustradition ausgingen: Gerade Lukas betont, dass Jesus von seinen Jüngern den Verzicht auf *alle* Besitztümer verlangt habe und gerade bei ihm ist Jesu Ablehnung von jeglichem Reichtum besonders schroff (→ Nr. 29). Aber wie der urchristliche Kommunismus im Einzelnen ausgesehen hat und wo er im Zwischenfeld zwischen Armenunterstützung in einzelnen Fällen, die es bei anderen Juden auch gab, und grundsätzlicher Besitzgemeinschaft anzusiedeln ist, ist schwer zu sagen.

37. Blicke hinter das lukanische Idealbild II: Stephanus und die Hellenisten

Lukas berichtet in Apg 6,1–7, dass es bei der Versorgung der »hellenistischen«, d. h. griechisch-sprachigen Witwen in Jerusalem zu Problemen gekommen sei. Darum hätten die Apostel einen Kreis von sieben Männern eingesetzt, die künftig die Verantwortung dafür übernehmen sollten. Unter ihnen wird Stephanus als Erster und Philippus als Zweiter genannt. Sie gelten in der Tradition normalerweise als »Diakonen«, obwohl das Wort »Diakon« in der Apostelgeschichte nirgendwo fällt; Lukas spricht nur vom »Dienst« (griech: *diakonia*) an den Tischen.

Der folgende Text, Apg 6,8–14, der über die Tätigkeit des Stephanus berichtet, passt aber nicht recht zu diesem Bild:

> Stephanus, erfüllt von Gnade und Kraft, tat große Wunder und Zeichen im Volk. Es traten aber einige aus der Synagoge der Freigelassenen (= ehemalige Sklaven), der Kyrenäer und Alexandriner und einige von denen aus Kilikien und der Provinz Asia auf und disputierten mit Stephanus. Sie vermochten aber der Weisheit und dem Geist, durch den er sprach, nichts entgegenzusetzen. Da stifteten sie einige Männer an, die sagen sollten: ›Wir haben gehört, wie er Lästerreden gegen Mose und gegen Gott geführt hat‹. Und sie wiegelten das Volk, die Ältesten und die Schriftgelehrten auf, machten sich an ihn heran, ergriffen ihn und führten ihn vor den Hohen Rat. Und sie brachten falsche Zeugen bei, die behaupteten: ›Dieser Mensch hört nicht auf, Reden zu führen gegen diese heilige Stätte und gegen das Gesetz. Wir haben nämlich gehört, wie er gesagt hat: Dieser Jesus von Nazaret wird diese Stätte zerstören und die Gebräuche ändern, die Mose uns überliefert hat‹.

Daraufhin wird Stephanus verhört. Er wird schließlich in Lynchjustiz von seinen Gegnern gesteinigt (Apg 7,54–60). Stephanus wirkt also als Wundertäter und vor allem als Verkünder und »Streitredner« (Disputant). Er disputiert mit Repräsentanten der griechisch-sprachigen Synagogen, von denen es in Jerusalem mehrere gab. Thema der Streitgespräche ist die Tora: Wahrscheinlich interpretierte Stephanus das Tora-Verständnis Jesu in einer für andere Juden anstössigen Weise. Er knüpfte vielleicht an Jesu Ankündigung der Tempelzerstörung an (→ Nr. 16) und interpretierte Jesus als Lehrer der Tora, der bei seiner Wiederkunft die Tora des Mose ändern (nicht: aufheben!) werde. Wenn Jesus wiederkommen wird, werde der Tempelkult zu Ende sein und die kultischen Teile der Tora werden nicht mehr gelten.

Man vermutet, dass dieser Vorwurf die Verkündigung des Stephanus etwa richtig wiedergibt. Die nachösterlichen Jesusjünger haben wahrscheinlich Jesu Haltung gegenüber dem Reinheits- und Kultgesetz verschieden interpretiert: Stephanus interpretierte sie ähnlich, wenn auch nicht so radikal wie später Markus (→

Nr. 24) und ganz anders als der jüdische Jesusanhänger Matthäus (→ Nr. 26). Dafür wurde ihm der Prozess gemacht und er wurde anschließend gesteinigt. Es kam nun nach Lukas zu einer Verfolgung »der Gemeinde in Jerusalem« (Apg 8,1). Der eifrigste Verfolger war Saulus/Paulus, den Lukas in Apg 8,1 als Zuschauer beim Martyrium des Stephanus beiläufig einführt.

In den folgenden Kapiteln zeigt sich aber, dass nur die »Hellenisten« verfolgt wurden und aus Jerusalem fliehen mussten. Philippus verkündigte Christus in Samarien (8,4–25) und gewann den Finanzminister aus Äthiopien für Christus (8,26–40). Nach 11,19f wichen die nach dem Martyrium des Stephanus Verfolgten bis nach Phönizien, Zypern und in die syrische Großstadt Antiochia aus (heute: Antakya in der Südtürkei). Durch sie kam es in Antiochia auch zur ersten Heidenmission. – Die zwölf Apostel aber sind nach Lukas durch diese Verfolgung überhaupt nicht betroffen. Sie bleiben in Jerusalem, wie wenn nichts geschehen wäre. Nach der Apostelgeschichte schicken sie Petrus und Johannes zu den von Philippus in Samarien gewonnenen neuen Gläubigen, um ihnen durch ihre Handauflegung auch den Heiligen Geist zu vermitteln (8,14–17). Zu den in Antiochia für Christus gewonnenen Juden und Heiden schicken sie Barnabas (→ Nr. 36). Sie selbst bleiben unbehelligt in Jerusalem.

Der Schluss scheint unausweichlich: Es gab in Jerusalem offenbar zwei Gemeinden, die aramäisch-sprachige Urgemeinde unter der Leitung der Apostel und die griechisch-sprachige Gemeinde der »Hellenisten« mit ihrer freieren Gesetzesauffassung. Nur letztere wurde verfolgt. Durch ihre Vermittlung gelangte das Evangelium nach Antiochia. Von Antiochia aus brachen dann Barnabas und Saulus zur ersten Missionsreise nach Zypern und Kleinasien auf (Apg 13–14). Lukas aber schildert diese Entwicklung auf neue Weise: Nach ihm spielen die zwölf Apostel in Jerusalem die entscheidende Rolle. Sie ordnen alles an oder heissen die neuen Entwicklungen nachträglich gut. Die »Hellenisten« werden ihnen als Beauftragte für den diakonischen Tischdienst beigeordnet. Das Bild der einigen apostolischen Urkirche unter der Leitung der 12 Apostel darf bei Lukas keine Risse bekommen. Aber dieses Bild ist ein Idealbild.

38. Was wir über die Anfänge des Christentums nicht wissen

Nach ihrer Überschrift will die Apostelgeschichte eine Geschichte *aller* Apostel sein. Das ist sie aber nicht. Über sehr vieles berichtet Lukas nicht, denn ihm geht es nur darum, wie das Christentum entsprechend der Vorsehung Gottes unter der Führung durch den Heiligen Geist von Jerusalem nach Rom kam. Dies geschieht fast ausschließlich durch Paulus. Um ihn geht es Lukas vor allem. Eigentlich könnte man sein zweites Buch als »Paulusgeschichte mit ausführlicher Einleitung« bezeichnen. Weil es unsere Hauptquelle über die Entstehung des frühen Christentums ist, ist verständlich, dass wir sehr vieles nicht wissen.

a) *Wir wissen kaum etwas über das Christentum in Galiläa*, dem hauptsächlichen Wirkungsgebiet Jesu. Dort muss es auch nach dem Tod Jesu viele Anhänger/innen Jesu gegeben haben, welche nicht nach Jerusalem zogen. Was wurde aus ihnen? Vielleicht war Galiläa das Zentrum der sog. »*Wanderradikalen*«. Nach der Aussendungsrede von Mt 10 und nach der Spruchquelle Q = Lk 10 hat Jesus zu seinen Lebzeiten Jünger zu Israel ausgesandt. Die Worte, die Jesus dabei gesprochen hat, sind vor allem bei Matthäus an spätere Verhältnisse angepasst – also muss diese Art der Verkündigung nach Jesu Tod weitergegangen sein: Jesusboten zogen mittellos, barfuss, ohne Stock und ohne Proviant durch das Land Israel (Lk 9,3; 10,4). Sie fanden Gastfreundschaft in Häusern und Städten und zogen dann weiter. Mt 10,41 spricht von wandernden Propheten, Gerechten und wandernden »Kleinen«, d. h. von gewöhnlichen Jesusanhängern, die ihre Sesshaftigkeit aufgaben. Mt 23,34 spricht von wandernden Propheten, Weisen und Schriftgelehrten. Sie waren sehr wichtig für die Verbreitung des Christentums. Sie setzten also das Wanderleben Jesu und seiner Jünger fort. Aus den gastfreundlichen Häusern und Ortschaften wurden später sesshafte Gemeinden, welche von den »Wanderradikalen« besucht wurden. Die Institution der »Wanderradikalen« blieb auch im 2. Jh. bestehen. Viel erfahren wir über Wanderpropheten und -lehrer und über die Probleme, welche die Gemeinden mit ihnen hatten, aus der um 110 in Syrien entstandenen »Didache« (→ Nr. 20). Auch aus dem 3. Jh. sind aus dem Großraum Syrien noch Wanderradikale bezeugt. Von all dem sagt Lukas nichts. Einzig ein Wanderprophet namens Agabus taucht in der Apostelgeschichte zweimal auf (11,27f; 21,10f).

b) *Wir erfahren nichts über die Ausbreitung des christlichen Glaubens ausserhalb des römischen Reichs, vor allem nichts darüber, wie das Christentum nach Ostsyrien kam.* Schon sehr früh wurde die Großstadt Edessa (heute: Urfa in der Südosttürkei) ein wichtiges Zentrum des syrisch-sprachigen Christentums ausserhalb des römischen Reichs. Das Gebiet von Edessa gehörte nur zeitweise zum römischen und später zum byzantischen Reich. Die johanneische Tradition bringt den Weg des Christentums ins östliche Syrien mit dem Apostel Thomas in Verbindung (→

Nr. 32). Der Horizont des Lukas aber überschreitet die Grenzen des römischen Reiches nicht.

c) *Wir wissen aber auch kaum etwas darüber, wie das Christentum nach Rom kam.* Als Paulus vermutlich 56 n. Chr. seinen Römerbrief schrieb, gab es dort bereits eine Gemeinde. Es handelte sich wahrscheinlich um mehrere untereinander locker verbundene Hausgemeinden. Der Kaiserbiograph Sueton bezeugt vermutlich für das Jahr 49, dass unter Juden Roms ein heftiger Streit über einen »Chrestus« ausgebrochen sei, vermutlich über »Christus«. Claudius habe deswegen (vermutlich: einige) Juden aus Rom vertrieben (→ Nr. 8). Das Christentum muss also schon sehr früh nach Rom gekommen sein.

d) *Wir wissen ebenso wenig, wann und wie das Christentum nach Ägypten kam.* Unser frühestes sicheres Zeugnis für das ägyptische Christentum ist ein Handschriftenfragment von Joh 18 aus der ersten Hälfte des 2. Jh. (→ Nr. 30). Nach 150 verfasste der ägyptische Philosoph Kelsos eine Gegenschrift gegen das Christentum; also muss es damals schon weit verbreitet gewesen sein. Gegen Ende des 2. Jh. treffen wir in Alexandria blühende Gemeinden und große christliche Schulen; die Kirchenväter Klemens und Origenes wirkten dort. Nach dem Kirchenhistoriker Euseb (4. Jh.) soll Markus, der als Schüler des Petrus galt, in Alexandria gewirkt haben (Euseb, Kirchengeschichte II 16). Die koptische Kirche führt ihre Ursprünge etwa bis ins Jahr 50 n. Chr. zurück. Das ist schon alles, was wir sagen können. Über die Anfänge des ägyptischen Christentums tappen wir im Dunkeln.

5. Kapitel: Der Apostel Paulus und seine Briefe

Vorbemerkung für die Leserinnen und Leser:
Die Abschnitte 44–56 über die Paulusbriefe (und auch das folgende Kapitel über die übrigen Briefe) sind ziemlich kompliziert. Sie enthalten detaillierte Angaben über den Inhalt der Briefe und ihre wahrscheinliche Abfassungssituation. Zwei Orientierungshilfen können bei der Lektüre helfen: Abschnitt 57 versucht, die Grundaussagen des paulinischen Evangeliums darzustellen, die allen Briefen zugrunde liegen. Die tabellarische Übersicht »Historische und literarische Probleme der paulinischen Briefe« am Schluss dieses Kapitels fasst diejenigen Hypothesen zusammen, die ich für am wahrscheinlichsten halte.

Die Paulusbriefe sind so schwierig, dass Nicht-Theologinnen und Nicht-Theologen oft denken, sie seien nur für Theologen interessant. Ich hoffe, dass das nicht stimmt. Allerdings gilt kann von der Lektüre meiner Einführungen nur profitieren, wer eine Bibel neben sich liegen hat. *Sie* möchten Mut machen, kürzere oder längere Abschnitte aus den Paulusbriefen selbst zu lesen. Es empfiehlt sich, bei der Lektüre sprachlich gute und zugleich Text-nahe Bibelübersetzungen zu brauchen, z. B. die Einheitsbibel von 2017, die Zürcher Bibel von 2007 oder die Lutherbibel von 2016. Lesen Sie, was Ihnen interessant zu sein scheint. *Man kann in den Paulusbriefen Goldkörner entdecken!*

39. Paulus, ein ganz großer und zugleich umstrittener Apostel

Vom Apostel Paulus besitzen wir die ältesten Dokumente des Neuen Testaments. Seine Briefe haben viele andere neutestamentliche Autoren zum Schreiben von Briefen angeregt (vgl. → Nr. 64). Das Schreiben von Briefen war damals das wichtigste Kommunikationsmittel zwischen den Gemeinden. Paulus hat an wichtigen Schaltstellen und Wendepunkten der Kirchengeschichte entscheidende Impulse gegeben; man denke etwa an Augustin, Luther, Calvin oder Karl Barth. Er ist der grösste Theologe des frühesten Christentums, der die Theologen aller Jahrhunderte immer wieder beschäftigte. Albert Schweitzer nannte ihn den Schutzpatron des Denkens im Christentum. Einige gehen noch weiter und nennen ihn den zweiten oder gar den eigentlichen Stifter des Christentums als eigenständiger, vom Judentum unabhängiger Weltreligion. Obwohl viele christliche Theologen das nicht gerne hören und auch Paulus selbst das nicht so sah, ist diese Einschätzung vermutlich nicht völlig falsch.

Paulus hatte Vorläufer: Das sind die sog. »Hellenisten« (→ Nr. 37), die Leute um Stephanus und Philippus. Vor allem aber ist das Barnabas (→ Nr. 36; Nr. 37), der Paulus nach Antiochia geholt hat (Apg 11,25f), wo es bereits Heidenchristen gab. Mit Paulus zusammen brach dann Barnabas zur Mission in seine Heimat Zypern und ins südliche Kleinasien auf. Lukas beschreibt diese Mission in Apg 13–14 als sog. erste Missionsreise des Paulus. Später wurde Paulus zum führenden Heidenapostel in Kleinasien und in Griechenland.

Das Missionsprogramm des Paulus umspannte die ganze Welt: Er verstand sich selbst als »priesterlichen Diener Christi Jesu für die Völker« (Röm 15,14) und sah seinen Auftrag darin, das Evangelium überall dort zu verkündigen, »wo Christus noch nicht bekannt war« (Röm 15,20). So hatte er es nach Röm 15,19 von Jerusalem ringsum bis Illyrien (= Albanien) getan. Und nun will er – so schreibt er im Jahre 56 in seinem in Korinth geschriebenen Römerbrief – über Rom, wo es bereits christliche Hausgemeinden gab, nach Spanien weiterreisen (Röm 15,23). Paulus war ein Apostel für die ganze heidnische Welt von einmaligen Dimensionen. In seinem umfassenden Missionsprogramm ist er höchstens mit Mohammed zu vergleichen. Paulus war aber nur mit ein paar Begleitern zu Fuss oder per Schiff unterwegs und missionierte die Welt nicht an der Spitze einer Armee wie später Mohammed.

Als Stifter einer neuen Religion hat sich Paulus aber nie gesehen. Er hat immer die Gemeinschaft mit den Jerusalemer Aposteln und mit Jakobus, dem Bruder Jesu, gesucht. Er ist deswegen von Korinth aus zuerst nach Jerusalem gereist, um die Kollekte, welche die heidenchristlichen Gemeinden gesammelt hatten, nach Jerusalem zu bringen. Die Gemeinschaft der weltweiten Kirche, insbesondere der Christen aus den Völkern mit der Kirche in Jerusalem, war ihm unendlich wichtig. Er ahnte aber selbst, dass dieser Besuch lebensgefährlich werden könnte und dass die Kollekte den Jerusalemern vielleicht gar nicht willkommen sein würde (Röm 15,30f). Paulus hat denn auch seinen letzten Besuch in Jerusalem mit seiner Freiheit bezahlt (→ Nr. 42). Er hat Rom nur als Gefangener erreicht. So harmonisch, wie es Lukas in der Apostelgeschichte schildert, war das Verhältnis des Paulus zu Jerusalem wohl nie.

Paulus war auch ein umstrittener Apostel. Es fällt auf, dass er sich in vielen Briefen mit Gegnern auseinandersetzen muss, die ihm in seine Gemeinden nachgereist sind und dort »ein anderes Evangelium« (Gal 1,6; 2Kor 11,4) verkünden. In Galatien handelte es sich um judenchristliche Missionare, welche von den heidnischen Galatern die Beschneidung, d.h. die volle Integration ins Volk Israel verlangten. Auch im 2. Korintherbrief waren es Judenchristen (→ Nr. 47). Im Philipperbrief wehrt sich Paulus gegen Judenchristen, die er »Hunde« und »schlechte Arbeiter« nennt. Ihnen gegenüber rühmt er sich, ein beschnittener Jude aus dem Stamm Benjamin zu sein, ein Pharisäer, untadelig in seinem Gesetzesgehorsam (Phil 3,2–6). Aber alles das habe er um Christi willen hinter sich gelassen (Phil 3,7ff). Im Römerbrief stellt er den dortigen Gemeinden, die ihn noch nicht kennen, aber sehr Verschiedenes von ihm gehört haben dürften, sein Evangelium ausführlich vor und bittet um gastfreundliche Aufnahme. Selbstverständlich ist dies offenbar nicht. Die lukanische Apostelgeschichte (→ Nr. 35) ist aus meiner Sicht ein großartiger und erfolgreicher, wahrscheinlich nötiger Versuch, Paulus als Apostel der *ganzen* Kirche zu deuten.

Umstritten war also Paulus vor allem im jüdischen Christentum. In späteren judenchristlichen Schriften des NT wird eine deutliche Distanz, vielleicht sogar eine verdeckte Polemik gegen Paulus spürbar. Im Matthäusevangelium ist Paulus vielleicht, wie einige vermuten, »der Kleinste im Reich der Himmel«, weil er Gebote »auflöst« (Mt 5,19). Darüber, wie die Johannesoffenbarung (→ Nr. 66) und der Jakobusbrief (→ Nr. 60) Paulus sehen, wird später gesprochen.

40. Die Biografie des Paulus I: Bis zur »ersten Missionsreise«

Wir kennen weder das Geburts- noch das Todesjahr des Paulus. Für seine Biografie gibt es einen einzigen chronologischen Fixpunkt: *Apg 18,12* berichtet, dass die korinthischen Juden Paulus vor den Richterstuhl des Statthalters Gallio geführt hätten. Eine Inschrift belegt, dass Gallio von Sommer 51 bis Sommer 52 in Korinth Statthalter war. Mit großer Wahrscheinlichkeit lässt sich so der anderthalb Jahre dauernde erste Aufenthalt des Paulus in Korinth auf die Jahre 50–52 festlegen. Von diesem Datum aus können die Stationen im Leben des Paulus versuchsweise datiert werden.

Saul – mit römischem Namen Paulus – war ein Jude aus dem Stamm Benjamin, aus dem auch der erste König Israels, Saul, sein Namenspatron, hervorgegangen war (Phil 3,5). Die meisten der folgenden Informationen verdanken wir der Apostelgeschichte: Paulus war ein Diasporajude aus der südkleinasiatischen Großstadt Tarsus. Nach Apg 22,3f kam er in seiner Jugend nach Jerusalem, wo möglicherweise eine Tante von ihm lebte (vgl. Apg 23,16). Dort wurde er Schüler des berühmten Rabbinen Gamaliel. Nach Apg 22,25–29 war er von Geburt an römischer Bürger. Wie für Rabbinenschüler üblich, erlernte er neben seinem Tora-Studium einen handwerklichen Beruf: Er war »Zeltmacher«.

Als junger Mann war Saul nach Apg 7,58; 8,1 Augenzeuge der Steinigung des Stephanus (→ Nr. 37). In einem Kurzbericht über sich selbst im Galaterbrief sagt er:

> Ihr habt ja gehört, wie ich einst als Jude gelebt habe: Unerbittlich habe ich die Gemeinde Gottes verfolgt und versucht, sie zu vernichten. In meiner Treue zum Judentum war ich vielen Altersgenossen in meinem Volk weit voraus, war ich doch ein Eiferer für die Überlieferungen meiner Väter (Gal 1,13f).

Saul hat die »Hellenisten« (→ Nr. 37) bis nach Damaskus verfolgt, wo sie wohl Zuflucht gesucht hatten. Nahe bei Damaskus geschah seine Christusvision. Paulus fährt weiter:

> Als es aber Gott, der mich von Mutterleib an ausgesondert und durch seine Gnade berufen hat, gefiel, mir seinen Sohn zu offenbaren, damit ich ihn unter den Völkern verkündige, da beriet ich mich nicht mit Menschen, und kehrte auch nicht nach Jerusalem zurück zu denen, die vor mir Apostel geworden waren, sondern ging nach Arabien, dann kehrte ich nach Damaskus zurück (Gal 1,15–17).

Paulus erzählt hier seine Erfahrung vor Damaskus im Stil einer Prophetenberufung; seine Formulierungen erinnern an Jes 49,1.5f. Er versteht sie als göttlichen

Auftrag: Apostel der Völker soll er sein und ihnen das Evangelium von Christus verkünden. In Phil 3,8 beschreibt er sie als totale Wende: Im Lichte »der überragenden Erkenntnis Christi Jesu« hält er jetzt alles Bisherige für wertlos, für »Dreck«. Der Kontext beider Stellen legt nahe, dass die Christusvision des Paulus nicht nur eine neue Christus-Erkenntnis bedeutete, sondern auch eine Wende in seinem Verhältnis zum jüdischen Gesetz, der Tora. Der gekreuzigte Christus trat an die Stelle der Tora, die Gekreuzigte verflucht (Dtn 27,26 = Gal 3,13). So lässt sich vermuten, dass einige Grundlinien des paulinischen Evangeliums bereits auf seine Damaskuserfahrung zurückgehen. Die Apostelgeschichte erzählt diese gleich dreimal, nämlich 9,3–16 und 22,3–11; 26,9–17 in Selbstberichten des Paulus. Auch Paulus selbst, der »berufene Apostel« Jesu Christi (Röm 1,1; 1Kor 1,1; überdeutlich Gal 1,1), kommt immer wieder auf sie zu sprechen.

Nach Jerusalem ging Paulus laut Gal 1,18 erst nach drei Jahren, um Petrus kennen zu lernen. Er blieb vierzehn Tage dort und lernte auch Jakobus, den Bruder Jesu, kennen, sah aber sonst niemanden von den Aposteln oder von der Jerusalemer Gemeinde. Im Galaterbrief betont Paulus seine Unabhängigkeit von den anderen Aposteln: Er habe sein Evangelium von Gott selbst empfangen. In 1Kor 15,3–8 (vgl. den Text in → Nr. 18) betont er dagegen seine inhaltliche Übereinstimmung mit den Jerusalemern: Seien es die Jerusalemer, sei es Paulus: sie alle verkünden das gleiche Evangelium, an das Paulus die Korinther in V 3–5 erinnert hatte.

In Gal 1 überspringt Paulus dann einen Zeitraum von vierzehn Jahren, während derer er in seiner Heimat Kilikien im südlichen Kleinasien weilte (Gal 1,21; vgl. 2,1). Es ist der Zeitabschnitt, in den die in Apg 13 und 14 von Lukas erzählte sog. erste Missionsreise von Paulus und Barnabas fiel (→ Nr. 37). Sie führte die beiden von Antiochia aus zuerst nach Zypern, dann ins Innere Kleinasiens. In Apg 13,9 nennt ihn Lukas zum ersten Mal »Paulus«; bisher hatte er ihn aus schließlich »Saul« genannt. »Paulus« ist ein ganz profaner römischer Name, vermutlich der Name, den der Apostel als römischer Bürger trug, also nicht der neue Name, den der Jude Saul als Christ bekam. Die sprichwörtliche Wendung »von Saulus zum Paulus«, welche eine totale Wende bezeichnet, setzt – zu Unrecht – genau dies voraus.

Nach den Zeitangaben des Paulus kann man seine Christusvision vor Damaskus etwa ins Jahr 33 datieren, was gut zum wahrscheinlichsten Todesjahr Jesu 30 n. Chr. passt.

41. Die Biografie des Paulus II: Vom Apostelkonzil nach Griechenland

Etwa im Frühling 48 fand in Jerusalem das sog. »*Apostelkonzil*« statt. »Konzil« nennt man diese Zusammenkunft, weil sie in den Kirchen als erstes der ökumenischen Konzilien gezählt wird. Streitpunkt war die Frage, ob es angehe, Nichtjuden ohne Beschneidung in die Christusgemeinden aufzunehmen, d. h. ohne sie zuerst ins Gottesvolk Israel zu integrieren. Lukas berichtet darüber in Apg 15,1–29, Paulus in Gal 2,1–10. Die Berichte sind etwas verschieden. Beide sind tendenziös: *Lukas* will Paulus als kirchlichen Apostel darstellen und die Einigkeit der Kirche betonen. Barnabas und Paulus gehen darum im Auftrag der antiochenischen Gemeinde nach Jerusalem. Am Konzil lässt Lukas Paulus in den Hintergrund treten: Es ist Petrus, der in Apg 15,7–11 das paulinische Anliegen, die beschneidungsfreie Heidenmission mit Worten verteidigt, die sehr paulinisch klingen. Und es ist Jakobus, der die Heidenmission für schriftgemäss erklärt. Er schlägt dann auch eine allseits akzeptierte Mindestbedingung für gemeinsame Mahlzeiten in den Gemeinden vor, das sog. »Aposteldekret« (Apg 15,19f. 23–29). *Paulus* dagegen geht es im Galaterbrief darum, seine Unabhängigkeit von den Jerusalemer Aposteln herauszustellen. Er geht darum – zusammen mit Barnabas – aus eigener Initiative »aufgrund einer Offenbarung« (Gal 2,2) in die Heilige Stadt. Er sieht sich als gleichberechtigten Verhandlungspartner mit den »Säulen«, Petrus, Johannes und Jakobus, dem Bruder des Herrn. Vom »Aposteldekret« weiß er nichts; nach ihm haben ihm die »Säulen« nichts auferlegt ausser einer Kollekte, welche die heidenchristlichen Gemeinden für die Jerusalemer Kirche sammeln sollten (Gal 2,10). Das Ergebnis des »Apostelkonzils« ist nach ihm klar: Die »Säulen« akzeptieren die Heidenmission ohne Beschneidung und geben ihm und Barnabas den Handschlag der Gemeinschaft. Sie beide sind mit dem »Evangelium für die Unbeschnittenen« beauftragt, Petrus dagegen mit dem »Evangelium für die Beschneidung« (Gal 2,7). Wie diese Abgrenzung genau zu verstehen ist, bleibt unklar.

Offen blieb auch, wie die Tischgemeinschaft in gemischten Gemeinden aussehen sollte. Wenig später wurde diese Frage in Antiochia akut (Gal 2,11–14), und es kam zum Zwist mit Petrus, Barnabas und der antiochenischen Gemeinde. Diese hatten sich durch Abgesandte des Herrenbruders Jakobus aus Jerusalem überzeugen lassen, dass es keine Tischgemeinschaft geben könne, weil jüdische Christen dadurch gegen die Tora verstoßen würden. Für Paulus aber steht die durch Christus ermöglichte Gemeinschaft zwischen Juden und Heiden über allen Vorschriften der Tora. Das »Aposteldekret«, welches das Problem gelöst hätte, war offenbar damals nicht bekannt. Es muss also aus späterer Zeit stammen und wurde von Lukas in das »Apostelkonzil« zurückverlegt.

Paulus brach mit Silas als neuem Begleiter zur Mission in Kleinasien, Makedonien und Griechenland auf. Lukas hat diese Missionstätigkeit als zweite und dritte Missionsreise ausgestaltet (Apg 16,1–21,15). Eine klare Reiserroute ist nicht mehr rekonstruierbar. In diesem Zeitraum, etwa von 48–56, hat Paulus seine wichtigsten Gemeinden gegründet und die meisten seiner authentischen Briefe geschrieben (den 1. Thessalonicherbrief, beide Korintherbriefe, den Galaterbrief, den Römerbrief und den Philemonbrief). Seine Mission ist eine gut organisierte Zentrumsmission: Er verkündet sein Evangelium in den großen städtischen Zentren, in der Hoffnung, es würde von dort ausstrahlen. Die Provinzhauptstädte Korinth und Ephesus, wo er jeweils längere Zeit blieb, waren besonders wichtig. In der nördlichen Provinz Makedonien waren Philippi und die Provinzhauptstadt Thessalonich solche Zentren (→ vgl. Karte 2). In Thessalonich konnte er allerdings nur kurze Zeit bleiben, weil nach Apg 17,1–9 die dortigen Juden ihm das Leben schwer machten.

Ein großer Mitarbeiterstab umgab Paulus: Persönliche Mitarbeiter wie Timotheus, Titus oder Silas übernahmen wichtige Aufträge im Auftrag und in Vertretung von Paulus. Sie werden auch als Mitverfasser seiner Briefe genannt. Die Gemeinden delegierten Mitarbeiter ins paulinische Missionswerk. Wir kennen die Namen von über 40 Mitarbeitern des Paulus. Nicht nur in Thessalonich, sondern auch an anderen Orten hatte Paulus zu leiden: In »Leidenskatalogen« spricht er von Schlägen, Tumulten, Gefangenschaften und davon, wie er »das Sterben Jesu am Leibe herumtrage« (2Kor 4,10; vgl. 2Kor 6,4–10). Nach Lukas begann Paulus seine Verkündigung jeweils in den örtlichen Synagogen. Ob das immer so war, ist unsicher. Sonst werden gemietete Hörsäle, öffentliche Plätze, das Zeltmachergeschäft von Priska und Aquila und natürlich Häuser von reichen Gemeindemitgliedern seine Wirkungsstätten gewesen sein. Ganz wichtig war ihm die am Apostelkonzil abgemachte Kollekte für Jerusalem, die er als Ausdruck der Gemeinschaft mit Jerusalem verstand. Er spricht verschiedentlich davon (Röm 15,25–27; 1Kor 16,1–4; 2Kor 8–9). Mit vielen Abgesandten der Gemeinden brachte er schließlich eine große Geldsumme nach Jerusalem.

42. Die Biografie des Paulus III: Jerusalem, Rom und das Ende

Paulus hatte geahnt, dass sein Besuch in Jerusalem schwierig und vielleicht lebensgefährlich sein würde. Das deutet er in Röm 15,30f an. Die Situation in der Stadt war nicht mehr dieselbe wie zehn Jahre vorher. Der erste jüdische Krieg (→ Nr. 5) stand vor der Tür; radikale Kräfte wurden in Israel immer einflussreicher. Der Herrenbruder Jakobus und die Jerusalemer Kirche hatten gegenüber ihren Mit-Juden einen schweren Stand. Sie mussten vorsichtig sein. Jakobus wurde wenige Jahre später, im Jahre 62 n. Chr., vom Hohepriester – illegitimerweise – hingerichtet, als gerade kein Statthalter da war – übrigens unter Protest der Pharisäer. Lukas berichtet in Apg 21,18–40, dass Jakobus Paulus gebeten habe, einige Nasiräer – das sind Menschen, die ein zeitlich befristetes Gelübde für eine besondere Form von Askese geleistet hatten – auf seine Kosten auszulösen. Dabei sei es aufgrund falscher Gerüchte zu einem Tumult im Tempel und in der Stadt gekommen und Paulus sei von einer römischen Truppe in Schutzhaft genommen worden. Was an dieser dramatischen Schilderung historisch ist, ist schwer zu sagen. Auffällig ist, dass Lukas die Kollekte für die Jerusalemer Gemeinde gar nicht erwähnt. Viele Neutestamentler nehmen deshalb an, dass ihre Übergabe an die Jerusalemer Gemeinde gescheitert sei.

Die folgenden Kapitel 22–26 der Apg enthalten mehrere vom Historiker Lukas (→ Nr. 35) gestaltete Anklagereden gegen Paulus und die Verteidigungsreden des Paulus. Immer sind dabei die Juden die Bösewichte, während die Römer Paulus beschützen. Diese Kapitel sind zum Lesen spannend, aber historisch wohl eher wertlos. Als historischer Kern scheint sich herauszustellen, dass Paulus vom Statthalter Felix als potentieller Unruhestifter zwei Jahre lang in Schutzhaft hingehalten wurde, möglicherweise in der Hoffnung auf Schmiergeld (Apg 24,26f). Sein Prozess wurde erst von seinem Nachfolger Festus, der vielleicht im Jahr 58 sein Amt antrat, wieder aufgenommen. In dieser letzten Phase des Prozesses hat Paulus als römischer Bürger an den Kaiser appelliert (Apg 25,10f). Hat ihn Festus als Unruhestifter verurteilt? Das sagt der Römerfreund Lukas nicht. Trotzdem ist das meines Erachtens eine wahrscheinliche Hypothese: Aus welchem Grund hätte Paulus sonst *vor* einer Verurteilung an den Kaiser appelliert?

Der Häftling Paulus wurde wohl im Herbst 58 nach Rom verschifft. Lukas schildert diese Seereise in Apg 27,1–28,14 auf dramatische Weise: Sie gerieten in die gefürchteten Winterstürme, mussten in Malta überwintern und erreichten Rom wohl erst im Frühling 59.

Nach dem wichtigen Bericht von *Apg 28,16–31* lebte Paulus zwei volle Jahre in Rom in einer eigenen Mietwohnung, allerdings unter Hausarrest mit einem Soldaten als Bewacher. Dort konnte er auch Besuche empfangen. Falls der Philipperbrief in Rom geschrieben worden ist, würden diese Angaben bestätigt (→ Nr. 52).

Darüber hinaus weckt aber der lukanische Bericht viele Fragen: Warum berichtet Lukas nur über Gespräche des Paulus mit römischen Juden, aber nichts über seine Kontakte mit der römischen Gemeinde, der er sich doch in seinem Römerbrief ausführlich vorgestellt hatte? Wollten die römischen Christen nichts mit diesem Häftling zu tun haben? Und vor allem: Warum schließt Lukas sein Buch in 28,31 mit der Feststellung, Paulus habe in seiner Mietwohnung »vom Herrn Jesus Christus in aller Offenheit und ungehindert« lehren können? Warum berichtet er nichts über den Ausgang des Prozesses gegen ihn? Wusste er, dass Paulus von Kaiser Nero zum Tode verurteilt wurde und wollte das nicht sagen, weil es seiner römerfreundlichen Grundhaltung widersprochen hätte? Wir wissen es nicht und können nur Vermutungen anstellen.

Jedenfalls scheint es mir eher unwahrscheinlich, dass Paulus noch einmal in Freiheit leben und seinen in Röm 15,22–24 formulierten Plan, von Rom aus nach Spanien zu reisen und dort das Evangelium zu verkünden, verwirklichen konnte. Allerdings schreibt der Verfasser des 1. Clemensbriefes aus Rom, Paulus sei vor seinem Martyrium »bis an die Grenze des Westens« gekommen (1Clem 5,7). Dieser Brief ist ein Brief der römischen Gemeinde an die Gemeinde von Korinth, der kurz vor 100 n. Chr. geschrieben wurde. Sein Verfasser Clemens war vielleicht der Gemeindesekretär der römischen Hausgemeinden. Mit der »Grenze des Westens« ist wohl Spanien gemeint. Aber warum sollte Lukas eine allfällige Freilassung des Paulus verschwiegen haben, die doch ausgezeichnet in sein römerfreundliches Konzept gepasst hätte? Wir wissen auch das nicht.

Ganz unwahrscheinlich ist, dass Paulus ein weiteres Mal die Gemeinden in Kleinasien besuchen konnte, wie es der 1. Timotheusbrief voraussetzt, der in Ephesus geschrieben sein will (→ Nr. 56). Auch Lukas schließt das aus: In der Abschiedsrede an die Ältesten von Ephesus in Milet sagt ihnen Paulus, sie würden ihn nie wiedersehen (Apg 20,25).

Kurz: Das Ende des großen Völkerapostels verliert sich im Dunkel der Hypothesen und Vermutungen.

43. Die paulinischen Briefe

Paulus hat eine spezielle Briefform erschaffen, die weder dem griechischen, noch dem jüdischen Brieftypus entspricht, den »Apostelbrief«. Der *Briefeingang* enthält die Absenderangabe: »Paulus, berufener Apostel Christi Jesu ... » und die Angabe der Adressaten, zum Beispiel »an die Gemeinde Gottes in Korinth ...« (1Kor 1,1). Dann folgt ein spezieller Segenswunsch: »Gnade sei mit euch und Friede von Gott, unserem Vater, und vom Herrn Jesus Christus« (1Kor 1,3). Als Nächstes folgt in den meisten Briefen eine zum Teil ausführliche und immer der Gemeindesituation angepasste Danksagung: »Ich danke meinem Gott unablässig für euch, für die Gnade Gottes, die euch in Christus Jesus gegeben wurde« (1Kor 1,4). Die Danksagung kann auch die Form eines Lobpreises haben wie z. B. im 2. Korintherbrief.

Auch der *Briefschluss* folgt einem festen Schema: Nach den oft ausführlichen Schlussgrüssen und der Aufforderung zum wechselseitigen Gruss mit dem »heiligen Kuss« folgt jeweils ein feierlicher Schlusssegen. »Heilig« wird dieser Kuss, der vermutlich mit einer Umarmung verbunden war, wohl nicht deshalb genannt, weil er von erotischen Küssen unterschieden werden muss, sondern weil er in der Gemeinde der »Heiligen« praktiziert wurde. Im 2. Korintherbrief lautet der Schlusssegen: »Die Gnade des Herrn Jesus Christus und die Liebe Gottes und die Gemeinschaft des Heiligen Geistes sei mit euch allen« (2Kor 13,13). Dieser in die Liturgie vieler Kirchen eingegangene Segenswunsch und die ausführlichen Grüsse lassen vermuten, dass die Paulusbriefe in den Gemeindeversammlungen vorgelesen wurden. Sie hatten nicht nur die Aufgabe, die Verbindung der Gemeinden mit dem abwesenden Apostel zu stärken, sondern auch die Gemeinschaft der Gemeindeglieder untereinander und mit anderen paulinischen Gemeinden, deren Grüsse Paulus übermittelt.

Unter den im Neuen Testament enthaltenen dreizehn paulinischen Briefen gibt es unbestritten authentische Briefe und Briefe, deren Authentizität von den meisten Wissenschaftler/innen bezweifelt wird, nicht nur von protestantischen, sondern auch von vielen katholischen und manchmal sogar von einigen orthodoxen. Das Stichwort »unechte Paulusbriefe« lässt heutige Leser meistens an Fälschungen denken. Hier muss man aber vorsichtig sein: In der Antike gab es kein »Copyright«. Dass Mitarbeiter und Schüler im Auftrag ihrer Lehrer oder im Namen ihrer verstorbenen Lehrer Briefe schrieben, war allgemein akzeptiert. Von solchen »Schülerbriefen«, zu denen einige nicht authentische Paulusbriefe gehören, sind eigentliche Fälschungen zu unterscheiden, die auch in der Antike verpönt waren. Von einer bewussten »Fälschung« kann man am ehesten dann sprechen, wenn ein Text durch fingierte Echtheitsmerkmale dem Leser seine Echtheit plausibel zu machen sucht.

Unbestritten authentische Paulusbriefe sind der Römerbrief, der erste Korintherbrief, der zweite Korintherbrief (vielleicht ein aus mehreren Brieffragmenten zusammengesetzter Brief), der Galaterbrief, der Philipperbrief (vielleicht auch ein zusammengesetzter Brief), der erste Thessalonicherbrief und der Philemonbrief. Nach mehrheitlicher oder fast einhelliger Meinung als nicht authentisch angesehen werden der Kolosserbrief, der Epheserbrief, der zweite Thessalonicherbrief und die sog. »Pastoralbriefe« (erster und zweiter Timotheusbrief, Titusbrief).

Ich werde im Folgenden so vorgehen, dass ich zunächst die authentischen Paulusbriefe in ihrer vermutlichen chronologischen Reihenfolge bespreche. Diese ist in manchen Fällen völlig klar, in anderen Fällen aber umstritten. Insbesondere die chronologische Einordnung des Galaterbriefs ist sehr schwierig; klar ist nur, dass er vor dem Römerbrief geschrieben worden sein muss. Auch der Philipper- und der Philemonbrief werden zeitlich sehr unterschiedlich eingeordnet. Obwohl die Chronologie der Briefe oft unsicher ist, ist meines Erachtens die chronologische Anordnung am sinnvollsten, weil sie erlaubt, auch eventuellen Entwicklungen und Veränderungen im paulinischen Denken auf die Spur zu kommen.

Im heutigen biblischen Kanon sind die Paulusbriefe nach formalen Grundsätzen angeordnet: Zuerst stehen die Gemeindebriefe, dann die Briefe an Einzelpersonen. Innerhalb der beiden Gruppen sind die Briefe nach ihrer Länge angeordnet. Mit der Anordnung ist keine inhaltliche Gewichtung der Briefe verbunden. Der Römerbrief steht also nicht deshalb am Anfang der Paulusbriefe, weil er als der wichtigste Paulusbrief galt, sondern weil er der längste Paulusbrief ist.

44. Der erste Thessalonicherbrief

Nach seinem ersten Aufenthalt in Philippi kam Paulus mit Silas und Timotheus nach Thessaloniki, der Hauptstadt der römischen Provinz Makedonien. Er wirkte dort eine kurze Zeit, lebte von seiner eigenen Hände Arbeit (2,9) und verkündete das Evangelium von Gott (2,2.8). Nach seinem – unfreiwilligen – Weggang aus der Gemeinde schickte er von Athen aus Timotheus nach Thessaloniki, um sich nach der Lage in der Gemeinde zu erkundigen (3,1). Seinen Brief schrieb er, nachdem Timotheus mit guten Nachrichten aus Thessaloniki zu ihm zurückgekehrt war (3,6). Diese Angaben passen gut zu denen von Apg 18,5. Deshalb können wir annehmen, dass Paulus den 1. Thessalonicherbrief in der ersten Zeit seines Aufenthalts in Korinth geschrieben hat, also wohl im Jahre 50. Dieser Brief ist somit das älteste Dokument des Neuen Testaments.

Im ersten Teil seiner sehr langen *Danksagung* blickt Paulus in einer Formulierung, die stark von jüdischer Bekehrungssprache geprägt ist, zurück auf die Bekehrung der Thessalonicher. Er erinnert sie daran,

> wie ihr euch von den Götzen weg Gott zugewandt habt, um dem lebendigen und wahren Gott zu dienen und um auf seinen Sohn aus dem Himmel zu warten, den er von den Toten auferweckt hat, Jesus, der uns rettet vor dem kommenden Zorn (1,9f).

Die Bekehrung zum wahren Gott ist hier eng verbunden mit der Erwartung des Endgerichts und der Rettung aus diesem Gericht durch den »Sohn«, wenn er bei seiner Parusie (= Wiederkunft) am Ende der Weltzeit wiederkommt.

Dem entsprechen die *Probleme mit der Endzeit*, welche die Thessalonicher haben. Paulus geht auf sie in *4,13–5,11* ein: Einige Gemeindeglieder sind schon verstorben, und die Thessalonicher fürchten nun, die bereits Verstorbenen könnten verloren sein, weil sie die endzeitliche Rettung nicht mehr erlebten. Paulus tröstet sie, indem er ihnen klarmacht, dass die bereits Verstorbenen keinen Nachteil gegenüber den jetzt noch Lebenden haben werden (4,13–18). In 5,1–11 erinnert er sie daran, dass der Zeitpunkt des Endes ungewiss sei; der Tag des Herrn komme – so formuliert er mit den Worten des Jesusgleichnisses Lk 12,39f – wie ein Dieb in der Nacht (5,2). Sie aber bräuchten keine Angst zu haben, denn durch ihren Glauben an den Tod Jesu für alle Menschen seien sie zu Kindern des Lichtes geworden (5,5). Nicht nur die Thessalonicher, sondern auch Paulus selbst rechnete damit, die Wiederkunft Jesu noch zu erleben (4,17). Zehn Jahre später, als Paulus den Philipperbrief schrieb, dachte er darüber vielleicht anders.

Es fällt auf, wie traditionell »apokalyptisch« (→ Nr. 65) Paulus in diesem frühen Brief denkt. In späteren Briefen, im 2. Korintherbrief und vor allem im Philipperbrief, formuliert er viel persönlicher; seine Theologie *könnte* sich an diesem Punkt gewandelt haben. Hat Paulus die neu bekehrten Heiden in Thessaloniki dadurch, dass er ihnen jüdisch-apokalyptische Erwartungen verkündete, überfordert? Kamen ihre Probleme mit den Verstorbenen von da her?

Gibt es weitere mögliche *Wandlungen in der paulinischen Theologie*? Es fällt auf, dass wichtige Themen seiner Theologie, wie etwa »Gesetz«, »Rechtfertigung«, »Kreuzestheologie« und »Sünde« in diesem frühen Brief nicht vorkommen. Auch die extrem negativ, fast antisemitisch klingenden Äusserungen über die Juden in 2,14–16 sind einmalig und widersprechen frontal dem, was Paulus später in Röm 9–11 sagen wird. Das hat einige Forscher zur Frage geführt, ob man im Blick auf den 1. Thessalonicherbrief von einer besonderen, »frühpaulinischen« Theologie sprechen müsste. Hier liegt das wichtigste Interpretationsproblem des Briefes. Obwohl man bei einem so kurzen Brief aus dem, was Paulus *nicht* sagt, keine eindeutigen Schlüsse ziehen kann, ist diese Frage berechtigt.

Bei späteren Briefen werden wir beobachten, dass Paulus oft sehr situationsbezogen denkt und seine theologischen Aussagen im Gespräch mit Gemeindegliedern, Mitarbeitern und Gegnern entwickelt. Wo es nötig ist, kann er sie auch revidieren. Erstaunlich ist auch, wie viele verschiedene Denkkategorien Paulus in seinen verschiedenen Briefen braucht: Neben Rechtfertigungsaussagen kennt er partizipative Aussagen, die von der Teilhabe an der Wirklichkeit Christi sprechen und manchmal fast mystisch klingen. Um die Bedeutung des Todes Jesu zu erläutern, braucht er fast ein Dutzend, meist biblisch geprägte Kategorien. Nur etwas gibt es meines Erachtens nicht, nämlich ein *System* der paulinischen Theologie. Dass die reformatorischen Theologen und vor allem ihre orthodoxen Nachfahren aus der Rechtfertigungslehre ein solches System konstruierten, stellt ein großes Problem dar und hat viel zur Verhärtung der konfessionellen Fronten in der Neuzeit beigetragen.

45. Der erste Korintherbrief: Blicke auf eine ganz junge Gemeinde I

Der 1. Korintherbrief gibt Einblicke in das Leben, den Gottesdienst und die sozialen Strukturen einer jungen Gemeinde. Paulus hatte sie im Jahre 50 gegründet (→ Nr. 41). Sie bestand mehrheitlich aus Heidenchristen; aber auch einige Judenchristen gehörten zu ihr, z. B. der Synagogenvorsteher Krispos (Apg 18,8; 1Kor 1,14). Den 1. Korintherbrief schrieb Paulus etwa im Jahre 54 von Ephesus aus. Schon früher hatte er der Gemeinde einen Brief geschrieben (5,9). Die Gemeinde hatte darauf geantwortet und Paulus Fragen gestellt. Stephanas, der Erstbekehrte in Korinth, weilte mit einer Delegation bei Paulus und brachte ihm diesen Gemeindebrief. Der 1. Korintherbrief enthält u. a. die Antworten des Paulus auf diese Fragen: »Was das betrifft, wovon ihr geschrieben habt« (7,1).

Diese Antworten bestimmen den Aufbau vor allem im zweiten Teil. Sie sind mit der Präposition »über« eingeleitet: Über die Ehelosigkeit (7,1), über die unverheirateten jungen Frauen (7,25), über das Opferfleisch (8,1), über die Geistesgaben (12,1), über die Kollekte für Jerusalem (16,1). Aber nicht alles passt in dieses Schema. Schwierig einzuordnen ist z. B. Kap. 11, wo Paulus zunächst über den Schleier spricht, den Frauen im Gottesdienst tragen müssen (11,2–16), und dann über Probleme bei der Feier des Abendmahls (11,17–34). Schwierig einzuordnen sind auch Kap. 5, 6, 9 und 15. Das hat zur Vermutung geführt, dass Teile des Briefs aus dem früheren Brief stammen könnten, den Paulus in 5,9 erwähnt hatte. Der 1. Korintherbrief wäre dann ein von einem späteren Herausgeber zusammengesetzter Brief. Aber solche Überlegungen haben nicht zu einem plausiblen Resultat geführt. Kurz: Kein Vorschlag, wie man den Aufbau des Briefes verstehen könnte, überzeugt vollständig. Darum beschränke mich darauf, einzelne Kapitel darzustellen, zu fragen, was für Blicke in die Situation und die Probleme in der Gemeinde sie erlauben, und zu skizzieren, was Paulus darauf antwortet.

Am Anfang des Briefs kommt Paulus in *Kap. 1,1–4,21* ungefragt auf etwas zu sprechen, was er nicht von der offiziellen Gemeindedelegation gehört hat: In der Gemeinde gab es Spaltungen, welche ihm von »Leuten (aus dem Haus) der Chloe« (1,11) hinterbracht worden waren: Verschiedene Gruppen beriefen sich auf ihre jeweiligen Lehrer, die einen auf Paulus, andere auf Apollos (einen judenchristlichen Lehrer aus Alexandria), andere auf Petrus, wieder andere gar auf »Christus«. »Ist etwa Christus geteilt?«, fragt darum Paulus in 1,13. Im folgenden zentralen Abschnitt 1,18–25 entfaltet er das *»Wort vom Kreuz«*: Es ist »Torheit«, nicht Weisheit. Paulus wendet sich damit gegen Korinther, die denken, sie seien durch Christus »reich im Reden und aller Erkenntnis« geworden (1,5). Die Torheit des Wortes vom Kreuz macht nicht nur die Weisheit der Griechen, sondern auch die christliche Weisheit dieser Korinther zunichte. Gott hat darum in Korinth nicht viele Gebildete, Vornehme und Mächtige berufen, sondern vor allem »kleine«

Leute (1,26–31). In 3,1–4 lässt Paulus die korinthischen »Weisen« unsanft auf den Boden der Realität fallen: Diese Superklugen sind in Wirklichkeit Anfänger und haben mit ihren Streitereien die Einheit Christi und der Gemeinde zerstört. In 3,5–15 und in 4,1–15 spricht Paulus über die Apostel, auf die sich die Korinther berufen, vor allem über sich und Apollos. Die Apostel sind nur Diener, die pflanzen; alles Wachsen und Gedeihen kommt aber von Gott. Sie sind, so sagt er in 4,8–13, »die Letzten«, schwach, ohne Ansehen und von allen ausgelacht.

In *Kap. 5–6* geht es um Probleme neu bekehrter Heiden. Dazu gehören sexuelle Fragen: Darf man noch Prostituierte besuchen oder in der Ehe »fremdgehen«? Die Antwort des Paulus ist eindeutig: Der menschliche Körper ist nicht für die »Unzucht« da, sondern ein »Tempel des Heiligen Geistes« (6,12–20). Eine andere Frage ist, ob man Rechtsstreitigkeiten noch vor heidnische Richter bringen dürfe (6,1–11). Paulus lehnt das entschieden ab, besonders, wenn es um Rechtsstreitigkeiten unter Gemeindegliedern geht. Das Beste wäre, so sagt er im Sinne der Bergpredigt, Unrecht zu erleiden und gar keine Rechtshändel zu haben (6,7). Wenn das nicht möglich sei, solle man einen Schiedsrichter aus der Gemeinde um Vermittlung bitten.

Von *Kap. 7* an geht es um Fragen des Gemeindebriefs: Die Korinther vertraten offenbar die Meinung, angesichts des nahen Endes der Welt sei es gut, überhaupt nichts mit Frauen zu tun zu haben und nicht mehr zu heiraten (7,1). Paulus widerspricht: Das wäre eine Überforderung. Eheleute sollen miteinander Sexualverkehr haben. Seine eigene Ehelosigkeit ist ein *besonderes* Charisma, das nicht jeder hat. Darum sollen auch Männer oder Frauen, die einen nicht-christlichen Ehepartner haben, sich nicht scheiden lassen, es sei denn, der heidnische Partner wünsche dies (7,10–17). Was die jungen, unverheirateten Frauen betrifft, so fände es Paulus zwar gut, wenn sie ledig blieben. Wenn sie dies aber nicht könnten, sollten ihre Väter sie verheiraten; sie würden damit keine Sünde begehen (7,25–38).

46. Der erste Korintherbrief: Blicke auf eine ganz junge Gemeinde II

Taufe und Geistempfang waren für viele Korinther wichtig. Die Taufe verstanden sie als ein so wirksames Sakrament, dass sich einige sogar für verstorbene Familienangehörige taufen ließen (15,29). Die Erfahrung des Geistes versetzte manche in einen Zustand vermeintlich vollkommener Heilsgewissheit: »Erkenntnis« (1,5; 8,1; 12,8) und »geistliche Machtvollkommenheit« (8,9) waren sehr wichtig, da sie doch alle durch *einen* Geist in *einen* Leib hineingetauft worden waren, den Leib Christi (12,13). Unter den Geistesgaben gaben sie der »Weisheitsrede« und der »Zungenrede« (= ekstatisches Lallen) besonderes Gewicht.

In *Kap. 8–10* geht es um die Frage des Fleischgenusses. Fast alles Fleisch auf dem Markt wurde damals in einem Tempel geschlachtet und war in diesem Sinn »Götzenopferfleisch«. Dürfen es Christen essen? Die sog. »Starken« in Korinth bejahen diese Frage, weil sie aufgrund ihrer »Erkenntnis« wissen, dass die heidnischen Götter nicht existieren. Die sog. »Schwachen« aber haben noch Angst vor ihnen und verzichten darauf. Paulus sagt den »Starken«: »Die Erkenntnis *bläht* auf, die Liebe aber *baut* auf« (8,1). Darum sollen sie auf das Gewissen der »Schwachen« Rücksicht nehmen, sonst versündigen sie sich an Christus, der auch für jene gestorben ist. – Darf man als Christ noch Einladungen zu Heiden annehmen? Paulus rät, ohne Bedenken hinzugehen (10,23–33). Wenn aber jemand sie darauf aufmerksam machen würde, dass das Fleisch »Götzenopferfleisch« sei, so sollten sie aus Rücksicht auf denjenigen, der sie darauf angesprochen hatte, auf den Fleischgenuss verzichten.

In *11,17–34* geht es um das Abendmahl. Zum Abendmahl gehörte damals eine Sättigungsmahlzeit. Für viele Korinther, offenbar vor allem die Reichen unter ihnen, war das Sakrament das Einzige, was zählte. Deshalb nahmen sie ihr eigenes Mahl vorweg und warteten nicht auf die Armen und Sklaven, die erst später kommen konnten. Das Sakrament war ihnen also wichtiger als die Solidarität. Paulus warnt sie: Es geht nicht, dass bei der Feier des Abendmahls die einen hungrig, andere aber schon satt oder gar betrunken sind. Solidarität gehört für Paulus zwingend zur Feier des Herrenmahls. Gott habe die unsolidarischen Korinther bereits bestraft, z. B. durch Krankheiten.

Kap. 12–14 handeln von den Geistesgaben. Gegenüber den korinthischen »Geistmenschen« betont Paulus, dass *alle*, die sich zu Christus als Herrn bekennen, Geistträger sind (12,1–3), nicht nur solche mit ganz besonderen Geistesgaben, wie z. B. Zungenrede und ihre Auslegung, Prophetie oder Krankenheilungen. Alle Geistesgaben bezeichnet Paulus pointiert als *Gnaden*gaben, d. h. als von Gott *geschenkte* Gaben. Sie müssen daran gemessen werden, ob sie zum »Nutzen« *aller* gebraucht werden (12,7) und ob sie die *ganze* Gemeinde »aufbauen« (14,3–5), auch ihre »gewöhnlichen« Mitglieder. Darum ist ihm verständliche Prophetie wichtiger als unverständliche Zungenrede. – Der sakramentale Leib Christi, zu dem die Korinther durch ihre Taufe gehören, müsse auch als Organismus funktionieren, in dem ein Glied auf das andere angewiesen ist und alle Glieder zu einander Sorge tragen (12,12–31). Deshalb ist für Paulus die Liebe, die für *alle* möglich ist, die grösste Gnadengabe. In der Mitte von Kap. 12–14 steht das großartige »hohe Lied der Liebe« (1Kor 13). Das folgende Kapitel 14 ist deshalb lesenswert, weil es Einblicke in die korinthischen Gottesdienste gibt: Da ging es sehr spontan, sogar chaotisch zu und her (vgl. z.B. 14,26–33); von einem Leiter des Gottesdienstes, der für seinen geordneten Ablauf oder für das Abendmahl verantwortlich gewesen wäre, hören wir nichts.

Kap. 15 behandelt die künftige Auferstehung. Vielleicht dachten einige Korinther, sie seien bereits vollständig erlöst und »geistlich auferstanden«. Mit einer künftigen Auferstehung des Leibes, die ihnen Paulus verkündet hatte, konnten sie nichts anfangen. Aber gerade um die Auferstehung des *Leibes* geht es Paulus in diesem schwierigen Kapitel. Auf die Frage »Wie werden die Toten auferweckt? In was für einem Leib werden sie kommen?« (15,35) betont er, dass der künftige Auferstehungsleib ganz anders sein werde als der jetzige Leib, so verschieden, wie das Samenkorn vom Weizen (15,37–44).

Ein besonderes Problem stellen im 1.Korintherbrief die *Frauen* dar: Nach 11,5 durften sie in der Gemeindeversammlung sprechen, jedoch nur mit einem Schleier. Aber in 1Kor 14,33b–35 steht, dass sie schweigen sollen, ähnlich wie später in 1Tim 2,11f. Heute denkt die Mehrheit der Spezialisten, diese Verse seien ein späterer Zusatz. Zu 11,5 ergäbe sich sonst ein unerträglicher Widerspruch. 11,2–16 mit seiner Anhäufung unterschiedlichster, sehr zeitbedingter Argumente für einen Schleier bleibt aber ein argumentativ schwieriger Text. Verrät die unwirsche Schlussbemerkung des Paulus »wenn jemand meint, darüber streiten zu müssen ... » (11,16), dass auch er das gespürt hat? Hatte der orientalische Jude Paulus (wie viele Orientalen heute) mit der modischen Freizügigkeit, welche in westlichen Großstädten herrschte, seine Mühe?

47. Der zweite Korintherbrief I. Überblick

Der 2. Korintherbrief ist der persönlichste Brief des Apostels. Ich beginne mit einem Überblick über seinen Inhalt:

Nach dem *Briefeingang* (1,1f) folgt ein Lobpreis Gottes (1,3–11). Der *erste Hauptteil Kap 1,12–7,16* ist in seinem Aufbau schwierig. Die *Abschnitte 1,12–2,13; 6,11–7,16* könnte man mit «Konflikt und Versöhnung mit den Korinthern« überschreiben. Paulus wehrt sich in 1,12–22 gegen den Vorwurf der Unzuverlässigkeit. Er war nicht – wie er versprochen hatte – selbst nach Korinth gekommen, sondern hatte »unter vielen Tränen« einen Brief, den sog. »Tränenbrief« (2,4; vgl. 7,8), geschrieben. Vermutlich ist dieser Brief nicht erhalten. Wahrscheinlich hatte ihn sein Mitarbeiter Titus nach Korinth gebracht (vgl. 7,6). Bei einem vorangegangenen zweiten kurzen Besuch des Paulus in Korinth, dem sog. »Zwischenbesuch«, war es nämlich zu einem Zwischenfall gekommen: Ein Gemeindeglied hatte ihn schwer gekränkt (2,5), was ihn zur sofortigen Abreise veranlasste. Der Fehlbare wurde dafür aber von der Mehrheit der Gemeinde bestraft (2,6). Jetzt bittet Paulus, dem Schuldigen zu verzeihen (2,7f). Der Schluss dieses Abschnitts (6,11–13; 7,2–16) enthält eine berührende Bitte um vollständige Versöhnung mit der Gemeinde. Sie wurde für Paulus möglich, nachdem Titus ihm gute Nachrichten aus Korinth gebracht hatte.

In diesen »Versöhnungsbrief« eingelagert sind zwei Textabschnitte, die wohl nicht zu ihm gehören: Den *Abschnitt 2,14–6,10* könnte man mit »der apostolische Dienst des Paulus im neuen Bund« überschreiben: Paulus hat keine Empfehlungsbriefe nötig, denn die Gemeinde selbst ist sein Empfehlungsbrief. Dieser »Brief« ist nicht mit Tinte, sondern aus dem Geist Gottes geschrieben (2,14–3,6). Nach einer auf Christus bezogenen Auslegung von Ex 34,29–35 in Kap. 3 (→ Nr. 48) dankt Paulus für das ihm anvertraute Evangelium: Für ihn ist es eine Wiederholung des Schöpfungsakts in seinem Herzen, eine Erfahrung der Erleuchtung (4,1–6). In 4,7–5,10 schildert er eindrücklich, was das Evangelium vom Tod und der Auferstehung Jesu für sein eigenes Leben bedeutet: Es ist ein Schatz in irdenen Gefässen. Er, der leidende Apostel, »trägt das Sterben Jesu an seinem Leib herum« (4,10). Aber er will nicht auf das Sichtbare schauen (4,18) und sehnt sich nach der Herrlichkeit der Auferstehung und seiner himmlischen Heimat (5,1–10) (→ Nr. 48). Seine Aufgabe als Apostel ist die Verkündigung der Versöhnung mit Gott, die durch Christus geschehen ist (5,11–6,10). – Ebenfalls in den ersten Hauptteil eingelagert ist der kurze *Abschnitt 6,14–7,1*, der Licht und Finsternis einander gegenüberstellt.

Der *zweite Hauptteil* umfasst *Kap. 8 und 9.* Diese Kapitel handeln von der Kollekte für die Gemeinde in Jerusalem, zu der sich Paulus auf dem Apostelkonzil verpflichtet (→ Nr. 41) und die er auch in Korinth angeordnet hatte (1Kor 16,1–4). Hier geht es aber nicht wie dort um technische Details der Durchführung und auch nicht nur um eine eindringliche Empfehlung der Kollekte – das ist vor allem in Kap. 8 wichtig –, sondern auch um ihre inhaltliche und geistliche Bedeutung: Sie ist ein Dank für den Reichtum des Evangeliums, das die Gemeinden von Jerusalem empfangen haben und führt alle Christusgläubigen in Jerusalem, Kleinasien und Griechenland – Juden und Heidenchristen – zur Fürbitte füreinander und zum gemeinsamen Lobpreis Gottes (9,11–15).

Mit dem Beginn des *dritten Hauptteils Kap. 10–12,13* ändert sich der Ton abrupt. Man nennt diesen Abschnitt den *»Kampfbrief«*, weil Paulus sich hier mit Gegnern auseinandersetzt, die von außen in die Gemeinde gekommen sind. Es sind Judenchristen (11,22). Paulus spricht in 11,5; 12,11 von »übergroßen Apostel«: Ob er damit den Selbstanspruch der Gegner karikiert oder ob die Gegner sich auf die Jerusalemer Apostel beriefen, muss offenbleiben. Anders als die Gegner im Galaterbrief (→Nr. 49) haben sie wohl nicht die Beschneidung der christusgläubigen Heiden gefordert. Offensichtlich legten sie auf Zeichen und Wunder großen Wert. Ihnen gegenüber stellt sich Paulus als *schwachen Apostel* dar. In seiner rhetorisch und inhaltlich eindrücklichen *»Narrenrede« (11,16–12,13)* zählt er nicht etwa seine eigenen Stärken und seine ekstatischen Erfahrungen auf, sondern die Gefahren und Nöte, die er zu bestehen hatte. Mit ekstatischen Erfahrungen könnte auch er auftrumpfen, aber er tut es nicht. Vielmehr distanziert er sich subtil sogar von seiner Entrückung in den dritten Himmel und ins Paradies, die er einmal erlebt hatte: Er spricht in 12,1ff nicht in der Ich-Form, sondern von »einem Menschen« (12,2). Sehr direkt spricht er dagegen von seiner Schwachheit: Er erwähnt eine Krankheit, von der ihn Christus trotz intensiver Gebete nicht befreit hat (12,7f). Paulus weiß, dass Gottes Kraft in der Schwachheit ihre Vollendung erreicht (12,9).

Im *Schlussteil 12,14–13,13* kündigt Paulus seinen dritten Besuch in Korinth an. Dieser Schlussteil passt gut zum «Versöhnungsbrief». Mit Schlussermahnungen und dem Segen endet der Brief (13,11–13).

48. Der zweite Korintherbrief II: Hypothesen und Einzeltexte

.Die literarischen Probleme des Briefes sind fast unlösbar. Besonders schwierig sind Kap. 10–13. Der Übergang von Kap. 9 zu Kap. 10 ist so abrupt, dass Neutestamentler, welche die Einheitlichkeit des Briefes vertreten, sich mit »Diktierpausen« und »schlaflosen Nächten» des Paulus behelfen mussten. Auch der Aufbau des ersten Hauptteils Kap 1–7 ist schwer erklärbar. Ich habe deshalb von in ihn »eingelegten« Texten gesprochen (→ Nr. 47). Wer mit der Einheitlichkeit des Briefes rechnet, muss die ständigen Wechsel von Themen und Blickpunkten in Kap. 1–7 erklären. Das ist sehr schwierig. Die wahrscheinlichste Erklärung ist deshalb die Hypothese, dass der 2. Korintherbrief ein von einem späteren Herausgeber zusammengesetztes Dokument ist. Seine Grundlage ist der »Versöhnungbrief« (1,1–2,13; 6,11–7,16; 12,14–13,13?), den Paulus wohl kurz vor seinem letzten Besuch in Korinth, also kurz vor dem Römerbrief (→ Nr. 50), aus Makedonien schrieb (2,12f) (55 oder Anfang 56). Das Verhältnis zur Gemeinde war damals wieder harmonisch. – Die übrigen Briefteile, nämlich die Abhandlung über den apostolischen Dienst des Paulus 2,14–6,10, der Abschnitt 6,14–7,1, die Kollektenkapitel 8–9 und der Kampfbrief 10,1–12,13 sind zeitlich nicht sicher einzuordnen. Dafür gibt es mehrere Vorschläge, aber keiner hat sich klar durchgesetzt. Es ist deshalb schwierig, die nicht ganz einfache Geschichte der Beziehungen des Paulus zu den Korinthern vollständig darzustellen.

Auffällig ist, dass die Apostelgeschichte von all den Problemen, die Paulus mit den Korinthern hatte, dem Zwischenbesuch, der Kränkung, dem »Tränenbrief« und dem Kampf mit den judenchristlichen Gegnern, nichts berichtet. In das Bild, das Lukas von Paulus geben will, passt das nicht.

Ich weise noch auf zwei wichtige Einzeltexte hin:

2Kor 3,4–18 ist eine auf Christus bezogene Auslegung des Bibeltexts Ex 34,29–35. Dieser Bibeltext erzählt, wie Moses mit den Gesetzestafeln vom Berg Sinai herabstieg. Sein Gesicht strahlte von göttlichem Glanz; Mose legte darum eine Hülle auf sein Gesicht. In 2Kor 3,4–18 geht es um den neuen Bund, den Gott durch Christus aufgerichtet hat. Paulus knüpft an die Feststellung an, dass die Korinther sein »Empfehlungsbrief« sind, der durch den Geist Gottes nicht auf Steintafeln, sondern in lebendige Herzen geschrieben ist (3,1–4). Er formuliert als Grundsatz: »Der Buchstabe tötet; der Geist aber macht lebendig« (3,6). Im Folgenden »spielt« er mit Ex 34,29–35 und legt diesen Text von Christus her ganz neu aus: Wenn schon der alte Bund mit seinen steinernen Gesetzestafeln, der doch zur Verurteilung führte, in göttlichem Glanz geschah, um wie viel mehr dann der neue Bund, der zur Gerechtigkeit führt, in seinem überragenden Glanz! Paulus deutet die Hülle, die Mose auf sein Gesicht legte, auf die Hülle, welche für die Israeliten in der Gegenwart auf der Lektüre des Alten Testaments liege: Sie könnten nicht erkennen, worauf die Bibel ziele, nämlich auf Christus. Mit Worten von Ex 34,34 fährt dann Paulus fort: »'Sobald (Israel) aber zum *Herrn* (= Christus) umkehrt, wird die Hülle weggenommen« (3,16). Dann legt er diese Textstelle aus: »Der *Herr* aber, das ist der Geist; wo aber der Geist des Herrn (wirkt), da ist Freiheit« (3,17).

Ist mit dem »Buchstaben« das *Gesetz* gemeint? Die Assoziation liegt nahe. Paulus wird daran denken, dass das Gesetz die Sünde zwar feststellen und verurteilen, aber nicht beseitigen kann. In diesem Sinn ist es tötender Buchstabe (3,6). Zugleich aber ist der Bibeltext Ex 34,29–35 die Grundlage des ganzen Abschnitts 3,4–18. Als Basis dieses Textes ist die *Schrift* gerade *nicht* tötender «Buchstabe». Paulus unterscheidet also zwischen der Bibel, der »Schrift«, und dem »Buchstaben«, bzw. dem Gesetz. – Dieser Text wurde für das christliche Verständnis des Alten Testaments während Jahrhunderten grundlegend.

- In *2Kor 5,1–10* spricht Paulus in eindrücklicher Weise vom Tod und von seiner eigenen Zukunft bei Gott. Er spricht nicht, wie in 1Thess 4 und 1Kor 15, von der Wiederkunft Christi und seiner Hoffnung, diesen Tag selbst noch zu erleben, sondern von seinem Leben im Glauben, nicht im Schauen (5,7). Er spricht von seiner Sehnsucht, aus seinem irdischen Körper auszuwandern und heimzukehren zum Herrn, der ihn nicht »nackt« lassen, sondern mit einem »himmlischen Haus« »bekleiden« wird (5,1–3) – die Bilder gehen hier etwas durcheinander. Paulus weiß, dass er sein Sterben nicht in der eigenen Hand hat. »Darum setzen wir auch alles daran, ob zu Hause (d.h. bei Christus) oder in der Fremde (d.h. in der Welt) so zu leben, dass er Wohlgefallen an uns hat« (5,9). Paulus spricht also hier nicht weltanschaulich-apokalyptisch wie in 1Thess 4,13ff und in 1 Kor 15. Viele Neutestamentler denken, dass die Zukunftserwartung des Paulus sich in ganz kurzer Zeit grundlegend geändert habe. Ich selber denke eher, dass er hier persönlich formuliert, nicht weltanschaulich. 2Kor 5,1–10 zeigt dann, worin für ihn der existenzielle Sinn der weltanschaulichen Zukunftserwartungen besteht.

49. Der Galaterbrief

Wer sind die Galater? Die »Galater« sind Kelten (der Wortstamm ist im Griechischen und im Deutschen derselbe!), die sich etwa um 280 v. Chr. im Zentrum Anatoliens in den Gebieten rings um die heutige Hauptstadt der Türkei, Ankara, niedergelassen hatten. Augustus schuf nach dem Tode des letzten galatischen Königs die römische Provinz Galatien. Sie umfasste auch südlich davon gelegene Gebiete, die Paulus zusammen mit Barnabas bereits auf der sog. ersten Missionsreise (Apg 13–14) missioniert hatte (vgl. → Karte 2). Richtet sich nun der Galaterbrief an die Gemeinden in der damals noch ziemlich abgeschiedenen und durch Strassen wenig erschlossenen *Landschaft Galatien* im Norden oder an die Gemeinden in der *Provinz Galatien* im Süden? Im ersten Fall müsste man den Brief relativ spät ansetzen, denn Paulus kann keltische Gemeinden in Zentralanatolien erst während seines Aufenthaltes in Ephesus gegründet haben (etwa zwischen 52 und 54). Im letzteren Fall aber ginge die Gründung der Gemeinden bereits in die Zeit der sog. ersten Missionsreise (→ Nr. 40), d. h. auf die Jahre 46–47 zurück. Der Galaterbrief könnte dann bereits vor den Korintherbriefen geschrieben worden sein. Die Frage ist für das Verständnis der Rechtfertigungslehre wichtig. Sie wird im Galaterbrief erstmals entfaltet. Ist sie schon früh ein Teil der paulinischen Theologie? Oder ist sie eine Neuentwicklung in der galatischen Krise?

Leider ist die Frage kaum sicher zu entscheiden. In den Korintherbriefen wird aber noch keine ausgebildete Rechtfertigungslehre vorausgesetzt. Ausserdem wäre es sehr merkwürdig, wenn Paulus die Gemeinden in der südlich von Galatien gelegenen Landschaft Lykaonien, die ethnisch nichts mit den galatischen Kelten zu tun hatten, mit »unverständige Galater« anreden würde (3,1), Ich entscheide mich deshalb mit der Mehrzahl der Forscher für die Landschaftshypothese.

Also muss Paulus seine Rechtfertigungslehre wohl erst relativ spät, nämlich im galatischen Konflikt, entwickelt haben. Dazu genötigt wurde er durch judenchristliche Gegner, welche in die Gemeinden gekommen waren. Sie forderten die galatischen Heidenchristen auf, sich beschneiden zu lassen und dadurch zu Gliedern des Volkes Israel zu werden. Nur dann könnten sie Jünger des Juden Jesus sein. Auch den jüdischen Festkalender sollten sie halten (vgl. 4,10). Diese Gegner gleichen den »Leuten von Jakobus«, welche im antiochenischen Konflikt (→ Nr. 41) eingegriffen und die Tischgemeinschaft von Juden- und Heidenchristen verhindert hatten. Manches spricht dafür, dass auch die im Galaterbrief bekämpften Gegner aus Jerusalem kamen.

Ihnen gegenüber entwirft Paulus seine *Rechtfertigungslehre*. In 2,16 formuliert er ihr Grundprinzip: *»Kein Mensch wird aufgrund der Werke des Gesetzes (= Werke, die das Gesetz befiehlt) gerecht gesprochen, sondern (nur) durch den Glauben an*

Christus Jesus.« In 2,17 wiederholt er dieses Prinzip. In Gal 3 folgt der Schriftbeweis: Wie in 2Kor 3,4ff, aber anders als die meisten Juden unterscheidet Paulus zwischen »Schrift« (= Bibel) und »Gesetz«. Die »Schrift« spricht davon, dass Abraham aufgrund seines Glaubens bei Gott Anerkennung fand (Gen 15,6 = Gal 3,6) und dass *alle* Völker durch Abraham gesegnet werden (Gen 12,3 = Gal 3,8). Insofern ist die Schrift »Verheißung«. Das »Gesetz« aber, d. h. die Tora von Mose, ist erst später gekommen, nämlich 430 Jahre nach Abraham (3,17). Es kann nicht gerecht sprechen, sondern nur die Sünde feststellen. Die Verheißung ist wie ein gültiges Testament, das durch keinen nachträglichen Zusatz umgestoßen werden kann. Das später gekommene Gesetz hat also nur eine beschränkte Gültigkeit und Aufgabe: Es hält die Menschen im Gefängnis der Sünde fest (3,23). Es gleicht dem Aufpasser-Sklaven (griech.: *paidagogos*!), der unmündige Kinder mit seiner Rute auf dem Weg in die Schule begleitete und dafür sorgte, dass sie nicht auf Abwege gerieten (3,24).

Aber nachdem Christus gekommen ist, wurde alles anders: In Gal 3,26–28 sagt Paulus:

> Ihr seid alle Söhne und Töchter Gottes durch den Glauben in Christus Jesus. Ihr alle, die ihr auf Christus getauft wurdet, habt ja Christus angezogen. Da ist weder Jude noch Grieche, weder Sklave noch Freier, weder Männliches noch Weibliches. Ihr alle seid *einer* in Christus Jesus.

Gal 5,6 fasst seine Argumentation zusammen:

> In Christus Jesus gilt weder die Beschneidung etwas, noch die Unbeschnittenheit, sondern (allein) der Glaube, der durch die Liebe wirksam ist (5,6).

Im *ethischen Schlussteil des Briefes (5,13–6,10) geht es um die Freiheit.* Sie muss durch die Liebe bestimmt sein:

> Denn das ganze Gesetz hat seine Erfüllung in einem einzigen Wort gefunden: Liebe deinen Nächsten wie dich selbst! (5,14).

Das ist für Paulus das »Gesetz Christi« (6,2). Während er in 1Kor 7,19 vom »Halten der Gebote« (Mehrzahl!) sprach, konzentriert das »Gesetz Christi« die Tora auf ein einziges Gebot, das Liebesgebot. Das ist eine radikale Vereinfachung, aber auch eine radikale Reduktion der Tora mit ihrer Vielzahl von ethischen Geboten.

Karte 2: Kleinasien u
Römische Provinzen und

echenland
Sinope
PONTUS
BITHYNIA
GALATIA
CAPPADOCIA
olossae
LYCIA
CILICIA
Tarsus
SYRIA
Antiochia

Abb. 5: Römische Straße zwischen Antiochia und Chalkis, Nordsyrien

50. Der Römerbrief I: Abfassungssituation, Aufbau und Grundaussagen

Abfassungsort und Abfassungszeit: Paulus schrieb den Römerbrief bei seinem letzten Aufenthalt in Korinth im Jahre 56, kurz vor seiner Abreise nach Jerusalem, wo er der Mutterkirche die Kollekte übergeben wollte. Da er noch nie in Rom war, wollte er den römischen Christen sich und seine Theologie vorstellen. Er bittet sie um Gastfreundschaft, weil er von Rom aus nach Spanien reisen möchte (Röm 15,24–29). Die römischen Christen werden sehr Verschiedenes über ihn gehört haben. Darum beginnt er seinen Brief mit einem Glaubensbekenntnis (Röm 1,3f), der ihm und den Römern *gemeinsamen* Glaubensbasis.

Aufbau: Seine theologischen Grundgedanken entwickelt er im *ersten Hauptteil Röm 1–8* wie im Galataerbrief am Leitfaden der Rechtfertigungslehre, die er dort erstmals erläutert hatte. Der Aufbau von Röm 1–8 ist nicht ganz durchsichtig. Nach der Danksagung folgt in Röm 1,16f die These des Briefes:

> Ich schäme mich nicht für das Evangelium: Es ist nämlich eine Kraft Gottes für jeden, der glaubt, für die Juden zuerst und auch für die Griechen. Gottes Gerechtigkeit wird nämlich in ihm offenbart, aus Glauben zum Glauben, wie geschrieben steht: ›Wer aus Glauben gerecht ist, wird leben‹ (Zitat aus Hab 2,4).

Zunächst zeigt Paulus in *Röm 1,18–3,20,* dass alle Menschen Sünder sind. Am Schluss dieses Abschnittes, in Röm 3,20, wiederholt er zusammenfassend den Grundsatz von Gal 2,16f: »Kein Mensch wird aufgrund von Werken des Gesetzes gerecht gesprochen« (3,20). Ohne Christus sind Heiden und Juden Sünder. In Röm 1,18–3,20 versucht er, das empirisch zu zeigen. Dabei wird man den Eindruck nicht los, dass er mit einer Art Systemzwang argumentiert: Alle Heiden sind Sünder und voller Laster, unter denen die Homosexualität prominent ist (1,18–32). Aber auch alle Juden sind Sünder und Gesetzesübertreter (2,1–24). Hier gerät Paulus in Selbstwidersprüche, weil er, um die Sünde der Juden zu zeigen, das Beispiel von Heiden anführt, welche das Gesetz von Natur aus halten – und dies, nachdem er in 1,18–32 von der Sünde *aller* Heiden gesprochen hatte. Deutlich wird jedoch, dass für ihn Sünde *Übertretung* des Gesetzes ist. Das ist anders als bei Luther, für den der Kern der Sünde gerade im *Halten* des Gesetzes, in der »eigenen Gerechtigkeit« (= Selbstgerechtigkeit) des frommen Menschen besteht.

Im zentralen Abschnitt *3,21–31* nimmt Paulus die These von 1,16f wieder auf:

> Jetzt aber ist unabhängig vom Gesetz die Gerechtigkeit Gottes offenbar geworden, bezeugt durch das Gesetz und die Propheten, die Gerechtigkeit Gottes durch den Glauben an Jesus Christus für alle, die glauben (3,21f).

Es folgt in *Kap. 4* der »Schriftbeweis«, ähnlich wie im Galaterbrief anhand der Gestalt Abrahams, des Vaters *aller* Glaubenden. In *Röm 5,1–11* beginnt Paulus die Konsequenzen hervorzuheben, welche die Rechtfertigung hat: Es sind der Friede mit Gott und die endgültige Rettung vor Gottes Zorn im letzten Gericht. Aber erst in *Röm 8* führt er diesen Gedanken zu Ende. Zwischen Röm 5,12 und 7,25 wird der Gedankengang unklar: Manche hatten den Eindruck von Exkursen, die inhaltlich aber sehr wichtig sind.

In *Kap. 9–11* denkt Paulus darüber nach, was die Offenbarung der Gerechtigkeit Gottes in Jesus Christus für Israel bedeutet, das ihn in seiner großen Mehrheit ablehnte. Dieser Abschnitt ist nur schon darum wichtig, weil er in keinem früheren paulinischen Brief vorbereitet ist. Röm 9–11 sind ein für Paulus selbst ganz neuer Denkversuch (→ Nr. 51).

In *Kap. 12–15,13* folgt der *»ethische Teil«* des Briefes. Der Aufbau des Römerbriefs ist somit ähnlich wie der des Galataerbriefs und des nachpaulinischen Epheserbriefs. Zu Beginn steht der Kernsatz vom neuen, den Tempelkult überflüssig machenden Gottesdienst in der Welt:

> Bringt euren Leib dar als lebendiges, heiliges, Gott wohlgefälliges Opfer – dies sei euer vernünftiger Gottesdienst! Passt euch nicht dem Schema dieser Welt an, sondern verwandelt euch durch die Erneuerung eures Sinns, damit ihr prüfen könnt, was der Wille Gottes ist: das Gute, das Wohlgefällige und Vollkommene (Röm 12,1f).

Die Mitte der nun folgenden ethischen Grundaussagen für die Gemeinde in 12,3–13,14 ist die Liebe: »Bleibt niemandem etwas schuldig, ausser, dass ihr einander liebt, denn wer den andern liebt, hat das Gesetz erfüllt« (13,8). In *Röm 14,1–15,13* spricht Paulus ähnlich wie in 1Kor 8,1ff von den »Starken« und den »Schwachen« in der Gemeinde. Die »Starken« sind diejenigen, die, wie Paulus selbst, sich von den Forderungen der jüdischen Reinheitsgesetze frei wissen: »Nichts ist an sich unrein, sondern nur für den, der es für unrein hält« (Röm 14,14). Die »Schwachen« sind die, die Speisegesetze halten oder aus Furcht vor Verunreinigungen gar kein Fleisch essen. Viele Indizien sprechen dafür, dass Paulus bei ihnen an die Judenchristen denkt. Paulus, selbst ein »Starker«, macht sich auch hier zum Anwalt der »Schwachen«: Wenn um einer Speise willen ein schwacher Bruder zweifelt und den Glauben verliert, hat der »Starke« die Liebe zerstört. Auch für den »schwachen« Bruder ist Christus gestorben.

51. Der Römerbrief II: Die gegenüber dem Galaterbrief neuen Akzente

Wie im Galaterbrief geht es im Römerbrief um die Rechtfertigungstheologie. Paulus setzt sich in ihm aber immer wieder mit *judenchristlichen Einwänden* auseinander: Die bedingungslose Gnade mache die Ethik überflüssig (3,8; 6,1.15). Paulus zerstöre das Gesetz, die Tora (3,31), ja, er mache es zur Sünde (7,7). Er hebe den heilsgeschichtlichen Vorrang des Gottesvolkes Israel auf (3,1). Man spürt, dass Paulus vor der Reise nach Jerusalem stand, vor welcher er sich fürchtete (15,30f). Darum haben einige Jerusalem den »heimlichen Adressaten« des Römerbriefs genannt.

Worin bestehen die neuen Akzente gegenüber dem Galaterbrief? Deutlicher als im Gal ist wird *Bedeutung der Rechtfertigung für das endzeitliche Gericht.* In 5,9 schreibt Paulus: »Nun, da wir gerecht gesprochen sind durch sein Blut, werden wir durch ihn gerettet werden vor dem (göttlichen) Zorn«. Kap. 8 führt das aus. Es beginnt mit dem programmatischen Satz: »Es gibt also keine Verurteilung für die, die in Christus Jesus sind« (8,1). Der Schluss des Kapitels entfaltet jubelnd, dass nichts die Gerechtfertigten von der Liebe Gottes trennen kann (8,31–39).

Gegenüber dem Galaterbrief ist neu, dass Paulus *Gott ins Zentrum seiner Rechtfertigungsaussagen* stellt. Nur im Römerbrief spricht er von der »Gerechtigkeit *Gottes*«, nämlich in der Themaangabe 1,16f und in 3,5.21.25f und in 10,3. »Gerechtigkeit« meint für ihn nicht die formale Gerechtigkeit eines Richters, der über menschliche Verfehlungen urteilt. Die »Gerechtigkeit Gottes« ist vielmehr etwas Positives: Der Ausdruck bezeichnet Gottes gutes Wesen und sein gütiges Handeln für die Menschen. Durch Christi Sühnetod wird offenbar, wer Gott *ist* und was er *tut*. Der Satz »... damit er gerecht *sei* und den, der aus dem Glauben an Jesus lebt, gerecht *mache*« (3,26) klingt fast wie eine »Definition« Gottes. – Luther verstand wohl Paulus falsch, wenn er meinte, »Gottes Gerechtigkeit« sei Gottes *Gabe* an den einzelnen Menschen. Davon spricht Paulus auch, und zwar im Philipperbrief. Er bezeichnet die Gabe Gottes dort aber anders, nämlich als »Gerechtigkeit *aus* Gott«, d.h. Gerechtigkeit, die von Gott her kommt (Phil 3,9). Im Römerbrief aber kann er »Gottes Gerechtigkeit« sogar als heilbringende *Macht* verstehen. Ihr hat sich Israel nicht unterworfen, als es versuchte, an Christus vorbei seine eigene Gerechtigkeit aufzurichten (10,3). »Eigene Gerechtigkeit« ist nicht, wie Luther meinte, die »eigene Gerechtigkeit« des frommen Individuums. Paulus denkt im Römerbrief heilsgeschichtlich, nicht vom Individuum her.

Neue Akzente gegenüber dem Gal zeigen sich im *Verständnis des Gesetzes.* Im Galaterbrief hatte er nur seine negative Funktion betont. Im Römerbrief dagegen versucht er, auch seine positive Seite deutlich zu machen. Er will das Gesetz nicht abschaffen, sondern »aufrichten« (3,31). Als Teil der »Schrift« bezeugt es Gottes Gerechtigkeit in Christus (3,21). Es ist also nicht nur die Instanz, die den Menschen in seiner Sünde festhält. Auch im Römerbrief ist die Liebe die Erfüllung des Gesetzes (Röm 13,8–10). Aber Paulus spricht nicht, wie in Gal 5,14, von der Reduktion der Tora auf ein einziges Wort, sondern er spricht neben dem Liebesgebot auch von den zehn Geboten. In 9,4 gehört die Gesetzgebung zusammen mit der Gottessohnschaft, den Bundesschlüssen, dem Tempelkult und den Verheißungen zu den Privilegien, die Gott seinem Volk Israel schenkte. Deutlich unterscheidet er in 7,7ff die Tora von der Sünde: In 4,15 und 5,13 hatte er wie im Galaterbrief betont, dass man erst durch das Gesetz die Sünde erkennen könne. In Röm 7 betont er nun, dass das Gesetz selber nicht Sünde sei. Vielmehr ist das Gebot »heilig, gerecht und gut« (7,12) und – so sagt er in 7,14 – sogar »geistlich«.

Die wichtigste Neuerung besteht in Röm 9–11. Hier spricht Paulus in ganz neuer Weise vom *Gottesvolk Israel*: Es *bleibt* Gottes erwähltes Volk. Gott nimmt die Berufung Israels nicht zurück; seine Berufung Israels und seine Gaben für es sind »unbereubar« (11,29). In 1Thess 2,14–16 hatte es geheissen, dass Gottes Zorn endgültig über die Juden gekommen sei. In Gal 6,16 hatte Paulus *die Kirche* als »Israel Gottes« bezeichnet, als ob es Israel nicht gäbe. In Röm 11,26 aber sagt er: »*Ganz* Israel wird gerettet werden« – durch Christus, der als Retter vom Zion kommen wird. Hier denkt er das, was Rechtfertigung allein aus Gnade bedeutet, konsequent bis zum Ende. Sie gilt gerade auch für Israel, das in seiner Mehrheit Jesus ablehnt. Diese positive Aussage über Israel ist – leider – einmalig im Neuen Testament.

Kurz, der Römerbrief ist ein großartiges Dokument: Er enthält zwar nicht die »endgültige« Fassung der paulinischen Theologie. Dazu ist er zu sehr ein situationsgebundener Versuch des Gesprächs mit dem Judenchristentum. Großartig ist er für mich vor allem, weil er zeigt, dass Paulus imstande war, seine eigenen theologischen Aussagen zu entwickeln und zu revidieren – und dies in kürzester Zeit. Paulus war ein gesprächsfähiger, selbstkritischer und eben darin großartiger Theologe.

52. Der Philipperbrief

Abfassungsort: Paulus schrieb den Philipperbrief aus der Gefangenschaft. Er war während längerer Zeit in Haft. Das zeigt 1,25–29: Dort schreibt er über den Philipper Epaphroditus, den die Gemeinde als ihren Gesandten mit einer Unterstützung zum gefangenen Apostel gesandt hatte. Dieser wurde dann todkrank, sodass sich die Heimatgemeinde um ihn große Sorgen machte. Nachdem er wieder gesund geworden ist, will ihn Paulus demnächst zusammen mit Timotheus nach Philippi schicken (1,19.28). Seine Haftbedingungen sind relativ locker: Er kann Besuche empfangen, Briefe schreiben und das Evangelium fördern. Der Ausgang des Prozesses gegen ihn ist offen; er kann sowohl mit einem Freispruch als auch mit einem Todesurteil enden (1,20). Das alles passt am ehesten zur Gefangenschaft des Paulus in Rom, wie sie Apg 28,16.30f schildert (→ Nr. 42). Ein enger Kontakt zur Gemeinde in Philippi war von Rom aus gut möglich; eine Landreise dorthin dauerte auf exzellenten Strassen nur etwa vier Wochen (vgl. → Abb. 5). Am wahrscheinlichsten scheint mir deshalb, dass der Philipperbrief aus der römischen Gefangenschaft geschrieben wurde. Das wird auch von der altkirchlichen Tradition vorausgesetzt. Dazu passt, dass der Brief die »Freigelassenen des Kaisers« (4,22) erwähnt. Von der Kollekte spricht er nicht: Wenn er von Rom aus geschrieben worden wäre, ist das verständlich, weil ihre Übergabe zum Zeitpunkt der Briefabfassung bereits gescheitert war. – Andere denken freilich, dass der Brief aus dem Gefängnis in Caesarea geschrieben wurde, wo Paulus ebenfalls lange inhaftiert war. Dagegen spricht aber, dass Paulus jetzt ernsthaft mit einer Hinrichtung rechnete; in Caesarea dagegen hatte er sie durch seine Appellation an den Kaiser noch verhindern können. – Eine dritte Möglichkeit wäre, den Brief in eine Gefangenschaft in Ephesus zu versetzen. Eine solche hat es vermutlich gegeben, obwohl die Apostelgeschichte nichts davon berichtet und auch Paulus selbst nie von einer längeren Gefangenschaft in Ephesus spricht. Sie kann aber vermutlich aus dem Philemonbrief erschlossen werden (→ Nr. 53).

Einheitlichkeit des Briefes. Zwischen Phil 3,1a und 1b gibt es einen abrupten Übergang: Paulus beginnt gegen judenchristliche Gegner zu polemisieren, welche nach Philippi gekommen sind; sie sind mit denjenigen des »Kampfbriefes« 2Kor 10–13 verwandt. In *Phil 3,4–6* blickt er auf sein Leben als gesetzestreuer Jude zurück: Er war darauf stolz gewesen; aber aufgrund der Erkenntnis Christi hält er es nun für wertlos, ja für »Dreck«. In 3,7–11 skizziert er sein neues Leben als Christ mit Kategorien der Rechtfertigungslehre. Seine Aussagen entsprechen insofern reformatorischem Verständnis, als Paulus hier von der Gerechtigkeit als *Gabe* Gottes spricht. Darum sagt er: »Gerechtigkeit *aus* Gott« (Phil 3,9) und nicht »Gerechtigkeit Gottes« wie im Römerbrief (→ Nr. 51). Sie entsprechen aber insofern nicht reformatorischem Verständnis, als sich die Aussage der Gerecht*sprechung* durch das Wort mit dem Gedanken der Gerecht*machung* verbindet: Rechtfertigung bedeutet zugleich *Anteilhabe* an Christus: Paulus wird mit Christus »gleichgestaltet« in seinem Tod und hofft, mit ihm zur Auferstehung zu gelangen (3,10f). Er ist noch nicht am Ziel des Laufs seines Lebens. Er hat »den Siegespreis«, der ihm verheissen ist, noch nicht ergriffen, sondern jagt ihm nach, als von Christus Ergriffener (3,12–14). – Polykarp, Bischof von Smyrna, schreibt später in seinem in den ersten Jahrzehnten des 2. Jh.s entstandenen Philipperbrief in 3,2 von Briefen (Mehrzahl!), die Paulus an die Philipper geschrieben habe. Ist 3,1b–4,1 ein Fragment eines früheren Briefs, den spätere Herausgeber in den aus Rom geschriebenen Philipperbrief eingeschoben haben? Das ist gut möglich.

In dem aus der Gefangenschaft geschriebenen Briefteil Phil 1,1–3,1a; 4,2–23 ist auffällig und eindrücklich, wie oft gerade hier von »Freude« die Rede ist. *Zwölfmal kommt der Wortstamm »Freude/sich freuen« in diesem Brief vor.* Die Freude überstrahlt die Gefangenschaft des Apostels, der seiner möglichen Hinrichtung entgegenblickt. Er möchte sterben und bei Christus sein (1,23), aber er weiß, dass es vielleicht nötiger ist, dass er noch am Leben bleibt, für seine Gemeinden und für das Evangelium.

Ein sehr wichtiger Text ist *Phil 2,6–11*. Hier nimmt Paulus wohl einen alten Bekenntnistext auf, der von der Erniedrigung und der Erhöhung Christi spricht. Nach diesem Text war Christus ein Gottwesen. Aber er gab seine Gottheit preis und nahm die menschliche Gestalt eines Sklaven an. Er erniedrigte sich und nahm den Tod auf sich. Aber Gott erhöhte ihn über alle und »schenkte ihm den Namen, der höher als jeder Name ist«: Nun kann ihn der ganze Kosmos als den Herrn der Welt bekennen. Der Text zeigt zusammen mit Joh 1,1–18 und Kol 1,15–20, dass Jesus schon in vorpaulinischer Zeit vergöttlicht wurde. Das ist sehr auffällig. Vermutlich hängt die Vergottung Jesu mit dem Glauben an seine Auferstehung zusammen, die als Erhöhung zu Gott verstanden wurde (→ Nr. 19).

53. Der Philemon- und der Kolosserbrief

Der gefangene Paulus schreibt den *Philemonbrief*, weil Onesimus, ein Sklave des christlichen Hausbesitzers Philemon, entlaufen und zu ihm gekommen ist. Im Gefängnis hat ihn Paulus für den christlichen Glauben gewonnen (Vers 10). Adressat/innen sind Philemon, Apphia (offenbar eine Mitarbeiterin in der Hausgemeinde des Philemon) und Archippus, der in Kol 4,17 Diakon genannt wird. Über die Gründe der Flucht des Onesimus wissen wir nichts. Paulus schickt ihn zu seinem Herrn zurück und gibt ihm den Brief als Empfehlungs- und Schutzschreiben mit. Dass Philemon sein Haus in Kolossae hatte, einer mittelgroßen Stadt im Lykostal, etwa 25km entfernt von der heute von Touristen vielbesuchten Bäderstadt Hierapolis (heute: Pammukale) und dem benachbarten Laodizea, können wir nur indirekt erschließen. Ist das so, dann liegt eine Abfassung in dem etwa 300km entfernten Ephesus nahe. Paulus bittet Philemon, seinen nun zum christlichen Bruder gewordenen Sklaven Onesimus in Liebe aufzunehmen. Allerdings wünscht er sich, dass ihn Philemon wieder als Helfer und Diener zu ihm zurückschicken würde (Vers 13f). Dass dies geschehen ist, können wir vielleicht aus Kol 4,9 erschließen. Um die Freilassung des Onesimus, was aus heutiger Sicht die wichtigste Frage wäre, bittet Paulus nicht. Die Sklaverei war für Paulus wie für die meisten Leute in der Antike eine Gegebenheit und kein brennendes Problem. Phm 23 enthält eine Grussliste mit 5 Namen. Alle kommen in der ausführlicheren Grussliste von Kol 4,10–14 wieder vor.

Der *Kolosserbrief* wird heute von den meisten Interpreten als ein nach dem Tod des Paulus geschriebener Schülerbrief (→ Nr. 43) angesehen. Dafür gibt es sehr überzeugende Gründe: Sein Stil ist wortreich und assoziierend, reich an Genetivverbindungen und Wiederholungen. Der Stil des Paulus dagegen ist knapp und syntaktisch klar. Paulus hat die Sätze, die er diktierte, im Voraus genau überblickt; der Verfasser des Kolosserbriefs dagegen lässt sich von Assoziation zu Assoziation treiben. Dazu kommen deutliche Unterschiede in der Theologie: Im Kolosserbrief ist das Mitauferstehen mit Christus bereits in der Taufe geschehen (2,12f; anders Röm 6,3–11). Wie Paulus kennt auch der Kolosserbrief die Vorstellung von der Kirche als Leib Christi; Christus ist aber hier erstmals das Haupt des Leibes (1,18). Das Apostelbild des Briefs ist eigenartig: In 1,24 lesen wir, dass an den Leiden Christi noch etwas fehle, was der Apostel durch sein eigenes Leiden »stellvertretend voll mache«. Das hätte Paulus kaum von sich sagen können! Die Beurteilung theologischer Unterschiede ist natürlich eine Ermessensfrage, zumal jeder Paulusbrief sein eigenes theologisches Profil hat. Aber trotzdem ergibt sich ein ziemlich deutliches Bild: Diesen Brief *kann* Paulus nicht selbst geschrieben haben. Die meisten Neutestamentler meinen deshalb, dass ein Schüler des Paulus diesen Brief geschrieben habe.

Die Hypothese eines nachpaulinischen Schülerbriefes ist aber auch schwierig.

Zwischen 80 und 90 hat der Verfasser des Epheserbriefs den Kolosserbrief als Hauptquelle für seinen zweiten Briefteil benutzt (→ Nr. 54). Er hat ihn zweifellos für echt gehalten. Ist es denkbar, dass sich der Kolosserbrief in den doch überschaubaren Gemeinden Kleinasiens in so kurzer Zeit als echter Paulusbrief durchgesetzt hat? Die Grussliste von 4,10–14 ist überdies so ähnlich wie die des sicher echten Philemonbriefs, dass sie kaum von einem anderen als von Paulus stammen kann.

Vielleicht bietet eine Hypothese einen Ausweg, die von einigen Gelehrten vertreten wird: Der Kolosserbrief könnte ein Mitarbeiterbrief sein, der zu Lebzeiten des Paulus in seinem Auftrag geschrieben wurde. Als Verfasser käme in erster Linie der 1,1 als Mitverfasser genannte Timotheus in Frage. Geschrieben worden wäre er dann 54/55, ein paar Monate nach dem Philemonbrief, vielleicht auch in Ephesus. Aber auch das ist nicht mehr als eine Hypothese.

In den Gemeinden des oberen Lykostals, die nicht so weit vom Siedlungsgebiet der Galater entfernt sind, gab es eine judenchristliche Bewegung, die einige Gemeinsamkeiten mit den Gegnern des Galaterbriefs aufweist. Im Einzelnen ist ihre »Philosophie« (2,8) nicht mehr rekonstruierbar. »Paulus« bekämpft sie durch seine Grundthese vom kosmischen Christus, die er von *Kol 1,15–20*, dem Schlüsseltext des Briefes, her entfaltet. Dieser Text ist ein traditionelles Christuslied mit zwei Strophen. »Paulus« nimmt es auf und fügt ein paar Zusätze ein: Christus ist »Abbild Gottes«, »Erstgeborener der ganzen Schöpfung«, eine kosmische Gestalt, »durch den und auf den hin alles geschaffen ist« (1,15–17). Er »ist *vor* allem; alles hat in ihm Bestand; und er ist das Haupt des Leibes« [Zusatz: der Kirche] (17–18a). Er ist der »Erstgeborene aus den Toten«. Er umschließt die ganze Fülle des Kosmos; in ihm haben die Versöhnung und der kosmische Friede der irdischen und himmlischen Mächte ihren Grund (18b–20). Der kosmische Christus von Kol 1,15–20 schlägt eine Brücke zu allen Frömmigkeitsformen, die das Göttliche nicht personifizieren, sondern mit der Natur identifizieren.

54. Der Epheserbrief

Briefempfänger: Der sog. Epheserbrief trägt seinen Namen zu Unrecht: Die Empfänger-Adresse in Eph 1,1 lautet: »Paulus, Apostel Christi Jesu durch den Willen Gottes an die Heiligen in ... und Gläubigen, die an Christus Jesus glauben«. Dort, wo der Name der Stadt, in der die Briefempfänger wohnen, stehen sollte, haben die besten alten Handschriften eine Lücke. Man nimmt deshalb an, dass der Epheserbrief ein Rundschreiben ist, das an verschiedene Gemeinden gerichtet war, vielleicht auch an Ephesus. Es gibt denn auch im Brief kaum Nachrichten über eine konkrete Gemeindesituation. Ebenso sind die Ermahnungen, die in seinem zweiten Teil (Kap. 4–6) stehen, sehr allgemein. Das passt in die nachapostolische Zeit: In der Zeit nach dem Tod der Apostel, deren Autorität in der *ganzen* Kirche galt, entstand ein Autoritätsvakuum. Es wurde durch »apostolische« Briefe aufgefüllt, die nicht an eine einzelne Gemeinde gerichtet waren, sondern an ein grösseres Kirchengebiet oder an die ganze Kirche (< Nr. 64). Zu diesen Briefen gehört auch der zwischen 80 und 90 geschriebene Epheserbrief.

Aufbau: Der Brief besteht, ähnlich wie der Römer- und der Galaterbrief, aus zwei Teilen, einem lehrhaften, »dogmatischen« (Eph 1–3) und einem ethischen Teil, der Ermahnungen enthält (Eph 4–6). Aber Eph 1–3 ist keine »dogmatische« Belehrung: Kap. 1 ist ein Lobpreis, gefolgt von einem Dankgebet (1,3–14.15–23). Kap. 3 schließt in umgekehrter Reihenfolge mit einem Dankgebet und einem Lobpreis (3,14–19.20f). Den dazwischenliegenden Teil könnte man mit »Einst und jetzt. Erinnerung an Paulus« überschreiben: Der Verfasser erinnert die heidenchristlichen Gemeinden daran, dass sie aus ihrem sündigen Leben als Heiden gerettet worden sind (2,1–10). Jetzt leben sie nicht mehr getrennt vom Gottesvolk Israel. Durch Christus, der »unser Friede« ist (2,14), wurde die Trennmauer zwischen Juden und Heiden, die im Gesetz bestand, abgebrochen. So sind die Heiden zu Gliedern der Kirche, des neuen Gottesvolkes, geworden (2,11–22). Die Kirche ist für den Verfasser ein kosmischer Bau mit Christus als oberstem Stein (2,10f) bzw. ein kosmischer Leib mit Christus als Haupt (1,22f). Dies alles geschah durch das Wirken des Paulus, der als »Gefangener Christi« (3,1) schreibt. Er hat den Heiden und dem ganzen Kosmos das Geheimnis Christi verkündet und ist darum im Gefängnis (3,1–13).

Stil: Der Stil dieser Kapitel ist wortreich und überschwänglich: Endlos lange Satzperioden ohne klare Struktur mit vielen Synonymen, Relativsätzen und locker angefügten Infinitiven folgen aufeinander. Hörerinnen und Hörer, denen dieser Text vorgelesen wird, können gar nicht anders als sich in den überschwänglichen Lobpreis und den Dank hineinziehen lassen und den Brief mitbetend auf sich wirken lassen. Sowohl der Stil, als auch einzelne Vorstellungen, wie die der Kirche als kosmischer Raum, erinnern an den Kolosserbrief, vor allem immer wieder an Kol 1,15–20 (→ Nr. 53). Von einer durchgehenden Abhängigkeit vom Kolosserbrief kann aber nicht gesprochen werden. Dasselbe gilt für die Theologie des Epheserbriefs: Im Mittelpunkt steht nicht der gekreuzigte, sondern der erhöhte Christus. Wie in Kol 2,12 sind die Gläubigen bereits jetzt mit Christus auferstanden und in den Himmel erhöht worden (Eph 2,5f).

Die Ermahnungen Kap. 4–6: Dieser Überschwang wird korrigiert durch die Bedeutung der Ermahnungen, die umfangreicher sind als der ganze erste Briefteil. In diesen Kapiteln werden die Gläubigen durchwegs auf der Erde und nicht im Himmel platziert. Ihr Lebenswandel soll sich von dem der Heiden unterscheiden. Sie sind Kinder des Lichts; Güte, Gerechtigkeit und Wahrheit sollen ihr Leben bestimmen (5,8f). Ihr Zusammenleben in den Häusern, zwischen Frau und Mann, Kindern und Eltern, Sklaven und Herren soll sich nach dem Modell Christi richten (5,21–6,9). Sie sind mit der Waffenrüstung Gottes ausgerüstet und sollen gegen die Machenschaften des Teufels und gegen die Übermacht des Bösen in der Welt kämpfen (6,10–17).

Das Verhältnis zum Kolosserbrief ist im zweiten, ermahnenden Teil des Briefes anders als in Eph 1–3. Eph 4,17–6,9 ist eine erweiterte Neuausgabe der Ermahnungen von Kol 3,5–4,1. Nur schon darum kann der Epheserbrief nicht von Paulus stammen: Dass Paulus in dieser Art und Weise sich selbst abgeschrieben hätte, ist kaum denkbar. Gut vorstellbar ist aber, dass ein Schüler des Paulus möglichst nahe bei den Worten seines Lehrers bleiben wollte. Warum aber benutzte er dazu gerade den Kolosserbrief? Das ist schwer zu sagen, zumal der Verfasser auch andere Paulusbriefe kannte, z. B. den Römerbrief. Denkbar ist, dass der Epheserbrief ebenso wie der Kolosserbrief in Kleinasien geschrieben worden ist und sich vor allem an Gläubige in Kleinasien richtete. Sicher ist nur, dass der Verfasser den Kolosserbrief für einen echten Paulusbrief gehalten hat.

55. Der zweite Thessalonicherbrief

Der kurze 2. Thessalonicherbrief ist ein eigenartiges Dokument. In vielen einzelnen Formulierungen ist er wörtlich gleich wie der 1. Thessalonicherbrief. Auch den Aufbau des 1. Thessalonicherbriefs hat der Verfasser in manchem nachgeahmt, sodass man annehmen muss, dass er diesen Brief vor Augen hatte, als er seinen eigenen schrieb. Ähnlich wie beim Epheserbrief (→ Nr. 54) spricht das gegen paulinische Verfasserschaft. Inhaltlich korrigiert der Brief, was im 1. Thessalonicherbrief über die Endzeit und die Wiederkunft Christi steht. In 2,2 ermahnt der Verfasser die Adressaten, sich nicht verwirren zu lassen – weder durch eine Prophezeihung noch durch ein »Wort« (d.h. eine Lehre), noch durch einen »Brief – und wäre er auch von uns«: Man solle nicht meinen, dass der Tag des Herrn schon da sei. Einige Gelehrte überlegen, ob der in 2,2 genannte Brief nicht der 1. Thessalonicherbrief sein könnte. In 1Thess 4,13–18 steht zwar nicht, dass der Tag des Herrn schon da sei, aber immerhin, dass er sehr nahe sei und dass Paulus ihn selbst noch erleben werde. Das wird von 2Thess 2,1–12 korrigiert: Vor dem Tag des Herrn kommen zuerst die Drangsale der Endzeit, wo das Böse übermächtig wird. Der Antichrist wird herrschen. In traditioneller Weise wird er »Mensch der Gesetzlosigkeit« genannt. Aber auch er kommt noch nicht gleich, denn es gibt etwas (oder jemanden – im griechischen Text bleibt das offen), das (oder: der) ihn »aufhält« (2,6f). Die Auslegungsgeschichte dieses Textes zeigt ein endloses Rätselraten darüber, was mit dem »Aufhalter« gemeint sein könnte. Viele denken an Gott, der die Geschichte nach seinem Zeitplan lenkt. Andere denken an den römischen Staat, der das Chaos noch bändigt. Wir wissen es nicht, denn der Verfasser formuliert bewusst geheimnisvoll. Wie auch immer: Die Leserschaft soll wissen, dass Christi Wiederkunft nicht in naher Zukunft zu erwarten ist, sondern erst, wenn Gott es will. 2Petr 3,1–10 beschäftigt sich mit der gleichen Problematik (→ Nr. 62).

Im ethischen Teil 3,6–15 geht es um Gemeindeglieder, die angesichts der nahen Wiederkunft aufgehört haben zu arbeiten und die »unnütze Dinge treiben«. Mit Hinweis auf Paulus, der sich von seiner Arbeit als Zeltmacher ernährt hat, sagt der Verfasser: »Wenn jemand nicht arbeiten will, soll er auch nicht essen!« (3,10).

Der Brief endet mit einem eigenhändig geschriebenen Schlussgruss des Paulus (3,17f). Er ist so betont, wie sonst nur – aus jeweils besonderen Gründen – im Galater- und im Kolosserbrief. Vielleicht soll damit die »Echtheit« des Briefes bekräftigt werden.

Die Abfassungszeit des Briefes lässt sich nicht festlegen. Vermutlich wurde er kurz vor 100 n.Chr. geschrieben. Auch seine Empfänger kennen wir nicht. Es können die Thessalonicher sein oder irgendwelche Gemeinden, in denen der 1. Thessalonicherbrief bekannt war.

Was hat dieser Brief heutigen Menschen noch zu sagen? In einem direkten Sinn vermutlich wenig. Die meisten heutigen Menschen teilen seine apokalyptischen Zukunftsvorstellungen nicht mehr. Die Übermacht des Bösen und die Versuche, seine Herrschaft noch aufzuhalten, kennen wir aber in der heutigen Welt auch, nur auf ganz andere Weise. Vielleicht lautet die Botschaft des Briefes für heutige Menschen: Lasst Euch nicht ins Bockshorn jagen! Jeder soll an seinem Ort seine Arbeit tun und seine Aufgaben erfüllen. Man verzichte auf Endzeitspekulationen, denn Gottes Handeln, das treu und verlässlich ist, hat seine eigene Zeit.

56. Die sog. »Pastoralbriefe« (1/2 Timotheusbrief; Titusbrief)

Abfassungsort, Abfassungszeit: Der Ausdruck »Pastoralbriefe« (lat. *pastor* = Hirt) stammt aus dem 18. Jh. Er passt gut, denn im 1. Timotheusbrief und im Titusbrief geht es wesentlich um Fragen der Gemeindeleitung und der Gemeindeordnung. Die drei Briefe stammen fast sicher vom selben Verfasser. Er verfügt über ein reiches und für Paulus in vielem untypisches Vokabular. Neue Schlüsselbegriffe tauchen auf, z. B. »gesunde Lehre« (1Tim 1,10; Tit 2,1), »Tradition«, verstanden als Depot, das es unverfälscht zu bewahren gilt (1Tim 6,20; Tit 1,12.14), oder »Frömmigkeit« für den persönlichen praktizierten Glauben. »Erlöser« wird zum wichtigsten christologischen Titel. Der *1. Timotheusbrief* ist angeblich in Ephesus geschrieben worden (1Tim 1,3); er setzt aber eine Situation voraus, die mit den Angaben der Paulusbriefe und der Apostelgeschichte nicht zu vereinbaren ist (→ Nr. 42). Der Abfassungsort des *Titusbriefs* ist Nikopolis in Nordwestgriechenland (Tit 3,12). 1Tim und Tit sind eine Instruktion an Amtsträger und durch sie an deren Gemeinden. Der *2. Timotheusbrief* dagegen ist eine Art Testament des gefangenen Paulus. Er will in Rom geschrieben worden sein, kurz vor seinem Tod (vgl. 2Tim 4,6–9.21).

Wer diese Briefe für authentisch hält, muss annehmen, dass Paulus nach seiner (ersten) Gefangenschaft in Rom nochmals freigekommen ist und wieder in den Osten zurückkehren konnte. Aber das wird nur noch selten vertreten. Die meisten halten die Briefe für pseudonyme Schreiben, welche um 100 n. Chr. oder noch etwas später entstanden sind. Für eine solche Spätdatierung spricht auch, dass der christliche Glaube bereits eine Familientradition geworden ist; »Paulus« erinnert Timotheus an den »ungeheuchelten Glauben« seiner Großmutter und seiner Mutter (2Tim 1,5).

Gemeindeordnung: Die Briefe zeigen, wie sich die Ortsgemeinden in der 2. und 3. christlichen Generation institutionalisiert haben. Sie werden durch Episkopen (= Bischöfe) geleitet. Ihnen zur Seite stehen Diakonen. Auch das aus dem Judenchristentum stammende Ältestenamt kennt »Paulus«; aber Bischöfe und Diakonen sind ihm wichtiger. Um das Bischofsamt und das Diakonenamt kann man sich bewerben. 1Tim 3,1–7.8–13 halten fest, welches die Anforderungen für diese Ämter sind. Unbescholtenheit, eine gute Ehe, wohlerzogene Kinder (!) und Fähigkeit zum Lehren sind wichtig. Bischöfe und Diakonen werden bezahlt. – Finanziell unterstützt werden auch die Witwen: Es gibt eine Witwenkasse, aus welcher die Gemeinde den Lebensunterhalt ihrer Witwen bezahlt, aber nur der älteren, die nicht von ihren Kindern unterstützt werden können (1Tim 5,9–16). – In der Gemeinde gibt es christliche Hausbesitzer, welche Sklaven haben (1Tim 6,2). Darum ist eine spezielle Ermahnung an die Reichen nötig (1Tim 6,17–19). – Die Frauen sollen sich ihren Männern unterordnen. Das wird mit der Sündenfallgeschichte begründet: Eva wurde verführt, nicht Adam. Frauen dürfen nicht lehren, sondern sollen durch Kindergebären selig werden (1Tim 2,8–15). – Die vielfältigen Charismen der Frühzeit, wie sie 1Kor 12–14 bezeugt sind (→ Nr. 46), kennen diese Briefe nicht mehr. »Charisma« ist in 1Tim 4,14 die dem Gemeindeleiter Timotheus bei seiner Amtseinsetzung unter Handauflegung durch die Ältesten verliehene »Amtsgnade«. Wahrscheinlich wurden die Gemeindeleiter damals bereits ordiniert. 1Tim 6,13–16 könnte ein Teil eines Ordinationsformulars sein.

Irrlehrer: In den Gemeinden gibt es Irrlehrer. Sie sind Judenchristen (Tit 1,10) und lehren jüdische »Fabeln« (Tit 1,14; vgl. 1Tim 1,4). Sie kommen nicht von außen, sondern leben *in* den Gemeinden; »Paulus« kennt Namen (2Tim 2,17; 4,14; 1Tim 1,20). Sie wirken in den Häusern (Tit 1,11) und predigen Enthaltsamkeit (1Tim 4,3f). Mit ihnen soll man nicht diskutieren (Tit 3,10). 1Tim 6,20 spricht von der »fälschlich sogenannten Gnosis«. In der Tat kann man die Gegner als Vertreter einer Frühform der späteren christlichen Gnosis (→ Nr. 70) verstehen.

Der *2. Timotheusbrief* – das Testament des Paulus – ist ein ganz besonderes Schreiben: Alle haben den gefangenen Paulus verlassen; nur Lukas ist noch bei ihm. Seine erste Verteidigung vor Gericht hatte er ganz allein zu bestehen. Sie war offensichtlich erfolgreich. »Paulus« bittet – fast rührend – Timotheus, zu ihm zu kommen und seinen Mantel und Pergamentblätter mitzubringen (2Tim 4,13). Ist das alles nur Brieffiktion oder gibt es hier auch Überlieferungen aus der mündlichen Tradition? Können wir vielleicht aus 2Tim 4,9–18 erschließen, dass die römische Gemeinde dem gefangenen Apostel keinen Beistand geleistet hat? Wir wüssten es gerne, stehen mit solchen Fragen aber an der Grenze zur Spekulation.

Der Verfasser kennt authentische Paulusbriefe. Sicher bekannt sind ihm Röm und 1Kor, vielleicht auch 2Kor, Phil und Kol. Man hat deshalb vermutet, dass die Pastoralbriefe als Vorspann für eine neue Edition *aller* Paulusbriefe mit dem Ziel geschrieben worden seien, Paulus als kirchlichen Apostel zu legitimieren. Diese Hypothese ist ansprechend, bleibt aber unbeweisbar.

57. Grundaussagen des paulinischen Evangeliums

Nach dem Durchgang durch die Texte bleibt für mich der Eindruck einer ungeheuren Kreativität: Paulus war ein theologischer Vulkan, der in ständigem Gespräch mit Mitarbeitern, Gemeinden und Gegnern die vielfältigen theologischen Ansätze im frühesten Christentum aufnahm, kreativ weiterentwickelte, neu auslegte, neue Ansätze und Denkformen entwickelte, sie revidierte und in ganz unterschiedlichen Situationen wirksam werden ließ. Es fällt mir schwer, so etwas wie »*die*« paulinische Theologie darzustellen. In diesem Reichtum spiegelt Paulus das gesamte Urchristentum, das – bewegt durch Jesu Leben, Sterben und seine Auferstehung – vor allem mit Hilfe der Bibel eine große Vielfalt von Interpretationen des Christusgeschehens entwickelte. Umso wichtiger ist die Frage, ob es bei Paulus Grundaussagen gibt, die sich durch alles hindurchziehen. Ich versuche, einige anzudeuten:

1. *Christus als Mitte und Zentrum.* Paulus scheint die ganze Fülle urchristlicher Bekenntnisse und Christusinterpretationen aufzunehmen: das »ökumenische« Bekenntnis in 1Kor 15,3–5; die Zwei-Stufen-Christologie Davidsohn/Gottessohn in Röm 1,3f; Erniedrigung (Menschwerdung) und Erhöhung (Vergottung) in Phil 2,6–11 etc. Er macht die unterschiedlichsten frühchristlichen Interpretationen des Todes Jesu fruchtbar und deutet Jesu Tod z. B. im Lichte des Versöhnungstages (Röm 3,24), der Opferung Isaaks (Röm 8,32) oder des Passah-Lamms (1Kor 5,7). *In all dem erweist er sich als kirchlicher Theologe: Er erfindet keine eigene Christologie,* sondern nimmt frühchristliche Ansätze auf und schlägt damit Brücken zu anderen: zu seinen Gemeinden, zu Bekannten und zu Unbekannten, die ihm skeptisch gegenüberstehen. Der lebendige Herr Jesus Christus, der ihm vor Damaskus begegnete, bleibt die Mitte seines Lebens und Denkens.

2. *Universalität und Bedingungslosigkeit der Gnade.* Paulus hat vor Damaskus erfahren, dass der erhöhte Christus gerade ihm, dem Verfolger seiner Gemeinde, erschienen ist. Gerade ihn hat er zum Apostel für die Heiden berufen. Diese Grunderfahrung, die sein Leben bestimmte, führte ihn zur Einsicht in die Universalität und Bedingungslosigkeit von Gottes Gnade. *Gottes grenzenlose Gnade gilt für alle, für Juden und Nichtjuden.* Der Gott Israels ist der Gott *aller* Menschen. Die Erwählung Israels, die Gabe der Tora, Beschneidung oder Unbeschnittenheit werden zwar nicht bedeutungslos, sind aber letztlich zweitrangig. Wichtiger als das alles ist die universale, alle Grenzen sprengende Gnade, welche durch Christus allen Menschen geschenkt ist.

3. *Die durch Christus ermöglichte neue Gemeinschaft von Juden und Heiden steht über den durch die Tora gesetzten Grenzen dieser Gemeinschaft.* Das zeigt sein Einsatz für die Sammlung der Kollekte, die für ihn ein sichtbarer Ausdruck dieser Gemeinschaft war. In Antiochia leistete er Petrus entschlossen Widerstand, als

dieser sich von den Abgesandten des Herrenbruders Jakobus dazu bewegen ließ, die Tischgemeinschaft mit den nicht-jüdischen Geschwistern aufzugeben (Gal 2,11–14). Um dieser Gemeinschaft willen nahm er einen vorübergehenden Bruch mit Barnabas und Petrus in Kauf. Die Kirche als Gemeinschaft von Juden und Heiden war für ihn ein direkter Ausdruck der Wirklichkeit Christi und des Geistes: »Wir *alle* wurden in *einem* Geist in *einen* Leib getauft« (1Kor 12,13), den Christusleib. *Alle* Getauften haben Christus angezogen und sind »in Christus« (Gal 3,26f). Die Unterschiede zwischen Juden und Nicht-Juden werden in dieser Christuswirklichkeit irrelevant.

4. *Eine gemeinschaftsbezogene Ethik der Liebe ist für Paulus grundlegend.* Sie entspricht der bedingungslosen Liebe Gottes, welche Christus zeigt. Diese Liebe gilt insbesondere den christlichen Geschwistern und entspricht so der Wirklichkeit Christi in seinem Leib, der Kirche. Sie reicht aber auch über die Kirche hinaus und gilt sogar ihren Verfolgern (Röm 12,14).

Negativ heißt das, dass die Rechtfertigungslehre nicht d e r Schlüssel zum paulinischen Evangelium ist, sondern eine seiner Entfaltungsmöglichkeiten. Paulus hat sie vor allem im Dialog mit jüdischen Jesusanhängern entworfen. Wir stellen sie heute vor allem deshalb in den Mittelpunkt, weil sie im Römerbrief argumentativ breit entfaltet wird und durch die Reformatoren ins Zentrum ihrer Auseinandersetzung mit der Kirche gerückt wurde. Eine andere Entfaltungsmöglichkeit des paulinischen Evangeliums ist das »Wort vom Kreuz« (1Kor 1,18–3,23). Wieder andere sind die Identifikation Christi mit dem Geist (vgl. 2Kor 3,17) oder das »In Christus« und das »Mit Christus«. Diese – fast ›mystisch‹ anmutenden – Aspekte des paulinischen Evangeliums hat Paulus leider nirgendwo zusammenhängend entfaltet. *Die* paulinische Theologie gibt es also vermutlich nicht. Ich denke, dass die Genialität des Paulus nicht zuletzt darin besteht, dass er das Evangelium der grenzenlosen Gnade Gottes in verschiedenen Dialogsituationen in ganz unterschiedlicher Weise theologisch reflektieren konnte. Gerade dadurch ist er zum »Schutzpatron des Denkens« (→ Nr. 39) im Christentum geworden.

58. Epilog: Bilanz und selbstkritischer Rückblick auf Paulus

Wir fragten: Ist Paulus der zweite oder gar der eigentliche »Stifter« des Christentums? (→ Nr. 39). Jesus selbst war ja *nicht* der »Stifter« des Christentums, sondern ein Jude, der sich zu Israel gesandt wusste und nur zu Israel (→ Nr. 14). Erst durch seine Erhöhung erhielt er einen Namen, der »höher als alle Namen« ist (Phil 2,9f; → Nr. 52). Und erst durch seine Auferstehung und seine Erhöhung zum Herrn der Welt, dem »alle Gewalt gegeben ist im Himmel und auf Erden« (Mt 28,18; (→ Nr. 19), wurde der Grund gelegt, auf dem die Mission und das Denken des Paulus überhaupt möglich wurden. Wir sahen aber auch, dass Paulus selbst die Zumutung, so etwas wie zweiter oder gar eigentlicher »Stifter« der Weltreligion Christentum zu sein, energisch zurückgewiesen hätte. Er verstand sich als von Gott berufener Apostel des Herrn Jesus Christus und als Glied seiner weltweiten, aus Juden und Nichtjuden bestehenden Kirche. Dass er sich so verstand, entspricht seinem Glauben an Christus. Dieses Selbstverständnis des Paulus war aber schon zu seinen Lebzeiten umstritten. Vor allem jüdische Jesusgläubige waren anderer Meinung (→ Nr. 39).

Urteilt man von außen, so muss man sagen, dass es ohne Paulus wahrscheinlich keine Weltreligion Christentum gegeben hätte. In diesem Sinn war Paulus tatsächlich so etwas wie zweiter »Stifter« oder sogar eigentlicher »Stifter« der Weltreligion Christentum. Wenn Theologen das energisch bestreiten, so entspricht das meines Erachtens nicht nur der Überzeugung des Paulus, sondern auch ihrer eigenen Glaubensüberzeugung.

Ich habe in mein Pauluskapitel bewusst nicht nur die authentischen Paulusbriefe, sondern auch Briefe seiner Schüler einbezogen, vor allem den Epheserbrief und die Pastoralbriefe. Ausführlich habe ich vom zweiten Band des lukanischen Werks, dieser »Paulusgeschichte mit ausführlicher Einleitung«, gesprochen (vgl. → Nr. 38). Vor allem Lukas und den Pastoralbriefen haben wir es zu verdanken, dass Paulus als *kirchlicher* Apostel von der ganzen Weltkirche akzeptiert wurde. Sie haben dafür die entscheidenden Weichen gestellt. Ihre Bedeutung für die Wirkungsgeschichte des Paulus ist unendlich groß und ich möchte in keiner Weise in den großen Chor der vor allem protestantischen Stimmen einstimmen, welche Lukas und die Pastoralbriefe gegenüber dem »echten« Paulus abwerten.

Blicke ich auf meinen eigenen Versuch einer Gesamtinterpretation der paulinischen Theologie zurück (→ Nr. 57), so gestehe ich gern, dass er keinen Anspruch auf Objektivität erheben kann und will, sondern in manchem persönlich und »kontextuell« (d. h. situationsbestimmt) ist. Wahrscheinlich ist er der Versuch eines protestantischen Theologen, von Paulus her das von der Reformation bestimmte und in deutschsprachigen protestantischen Kirchen dominierende Bild des Paulus als Rechtfertigungstheologen kritisch und selbstkritisch zu hinterfragen. Ich habe immer wieder versucht, auch andere, von uns Protestanten gerne übersehene oder verdrängte Aspekte des paulinischen Denkens darzustellen oder wenigstens anzudeuten. Die Rechtfertigungslehre ist für mich nicht der Inbegriff des paulinischen Denkens, sondern *eine* im Dialog vor allem mit dem Judenchristentum entwickelte Entfaltungsmöglichkeit des paulinischen Evangeliums, *eine* neben anderen. Dass Paulus sie in seinem Römerbrief, mit dem er die nächste Etappe seiner Weltmission, seine Spanienreise vorbereiten wollte, ausführlich entfaltet hat, zeigt, dass sie ihm sehr wichtig war. Die Kirche, die universale Gemeinschaft von Juden und Heiden, für die Paulus sein Leben aufs Spiel setzte, habe ich als »direkten Ausdruck der Wirklichkeit Christi und des Geistes« interpretiert (→ Nr. 57). Damit bin ich vom protestantischen Verständnis der Kirche als »Geschöpf des Wortes« ziemlich weit entfernt: Ich denke, dass für Paulus die Kirche viel wichtiger war als für die meisten Protestanten.

Ich betone nochmals: Dies ist *mein* Versuch einer Gesamtinterpretation des paulinischen Denkens. Die Nicht-Theologen unter meinen Leserinnen und Lesern, an die sich dieses Büchlein vor allem richtet, kann ich nur bitten, diesen Interpretationsversuch nicht höher zu bewerten als das, was er ist: ein Versuch.

Theologinnen und Theologen unter meinen Leserinnen und Lesern werden gemerkt haben, dass meine Denk- und Interpretationsversuche mehrmals Gedankenanstösse der Paulusinterpretation Albert Schweitzers aufnehmen. Ich erwähne das hier ausdrücklich, weil diese bei heutigen Paulusinterpreten nicht gerade hoch im Kurs steht.

Historische und literarische Probleme der paulinischen Briefe

Zusammenfassung der von mir vorgeschlagenen hypothetischen Lösungsvorschläge

Brief	Verfasser	Adressaten	Literarische Besonderheiten	Abfassungsort und -zeit
Römerbrief	Paulus	Hausgemeinden in Rom		Korinth, 56
1Korintherbrief	Paulus	Gemeinde in Korinth	Enthält *eventuell* einzelne Kap. aus einem früheren Brief	Ephesus, 54
2Korintherbrief	Paulus	Gemeinde in Korinth	vermutlich von einem späteren Herausgeber aus verschiedenen Briefteilen zusammengesetzter Brief; die übrigen Briefteile wurden in den Rahmen des »Versöhnungsbriefs« (1,1–2,13; 6,11–7,16; 12,14–13,13?) eingefügt.	Versöhnungsbrief: Mazedonien, Ende 55 oder Anfang 56; übrige Briefteile: nicht rekonstruierbar
Galaterbrief	Paulus	vermutlich Gemeinden in der *Landschaft* Galatien		Vermutlich Ephesus, etwa 54/55
Epheserbrief	Paulusschüler	Gemeinden vor allem in Kleinasien	Rundbrief	Abfassungsort unbekannt; etwa zwischen 80 und 90
Philipperbrief	Paulus	Gemeinde in Philippi	vermutlich von einem Herausgeber zusammengesetzter Brief; der polemische Brieftteil 3,1b–4,1 ist in den Gefangenschaftsbrief 1,1–3,1a; 4,2–23 eingefügt	Der Gefangenschaftsbrief stammt am ehesten aus der römischen Gefangenschaft; nach 59; der polemische Briefteil ist älter
Kolosserbrief	Paulusschüler (oder Mitarbeiter)	Gemeinde in Kolossae	Schülerbrief oder zu Lebzeiten des Pls vom Mitabsender Timotheus geschriebener Brief	wenn Schülerbrief: zwischen 60 und 70; wenn Mitarbeiterbrief etwa 54/55 aus Ephesus?
1Thessalonicherbrief	Paulus	Gemeinde in Thessaloniki		Korinth, 50 ältester Text des NT

Brief	Verfasser	Adressaten	Literarische Besonderheiten	Abfassungsort und -zeit
2Thessalonicherbrief	Paulusschüler	an Gemeinden, denen 1Thess bekannt war	Schülerbrief oder bewusste Fälschung	um 100
»Pastoralbriefe« (1+2 Timotheusbrief; Titusbrief)	Paulusschüler	Leiter der Ortsgemeinden im ganzen von Pls geprägten Kirchengebiet	Schülerbriefe oder bewusste Fälschungen	um 100 oder kurz nach 100
Philemonbrief	Paulus	Philemon und seine Hausgemeinde; vermutlich in Kolossae		um 54, vermutlich aus Ephesus

6. Kapitel: Die übrigen Briefe

Vorbemerkung für die Leserinnen und Leser: Für dieses Kapitel gilt Ähnliches wie für das vorausgehende. Ich habe deshalb auch diesem Kapitel eine Tabelle angefügt, welche einen Überblick über die von mir zu Grunde gelegten historischen und literarischen Grundannahmen enthält. Da diese Briefe weniger bekannt sind als die Paulusbriefe, habe ich eine zusätzliche Spalte eingefügt, welche Hinweise auf besonders lesenswerte Texte gibt. Sie sind entweder historisch interessant oder theologisch wichtig und enthalten »*Goldkörner*«.

59. Der Hebräerbrief

In diesem Brief ist fast alles rätselhaft – nicht nur für Nicht-Theologen, sondern auch für Fachleute. In der Alten Kirche galt er im Osten oft als Paulusbrief; im Westen dagegen wurde er nur zögernd in den Kanon aufgenommen. In Eusebs Kirchengeschichte (um 330) lesen wir: »Wer ... diesen Brief tatsächlich geschrieben hat, weiß (allein) Gott« (VI 25,14). Durch den Briefschluss (13,22–25) gibt der Verfasser seinem Brief eine paulinische Färbung. Aber am Anfang beginnt er nicht wie ein Brief, sondern wie eine Abhandlung. Er selbst versteht seinen Text als »Wort des Zuspruchs« (13,22). Das griechische Wort für »Zuspruch« kann sowohl »Trost« wie »Ermahnung« bedeuten. Dem entspricht, dass der Hebräerbrief eine Belehrung mit tröstender *und* ermahnender Absicht ist. Der *Verfasser* muss ein bedeutender christlicher Lehrer gewesen sein, der über eine ungeheure Bibelkenntnis verfügte, sich in der antiken Rhetorik auskannte und das beste Griechisch des ganzen NT schrieb. Einiges deutet darauf hin, dass der Brief in Rom geschrieben sein könnte.

An wen ist der Brief gerichtet? Die spätere Überschrift »An die Hebräer« sagt kaum etwas über die Briefempfänger; sie entspricht dem Inhalt des Briefes nicht und wurde vielleicht aus den vielen Bibelzitaten erschlossen. Er richtet sich an Gemeinden, die ermahnt werden müssen, weil sie nachlässig geworden sind (12,12). Etliche Gemeindeglieder besuchen die gottesdienstlichen Versammlungen nicht mehr (10,25). Sie warnt der Verfasser: *Es ist unmöglich, dass Christen, die einmal erleuchtet worden sind, den Heiligen Geist empfangen und das Wort Gottes geschmeckt haben, aber dann vorsätzlich sündigen, ein zweites Mal Buße tun können* (6,4–6; 10,26). Die Lehre von der Unmöglichkeit einer zweiten Buße war der Hauptgrund, weswegen Luther den Hebräerbrief, ebenso wie den Jakobusbrief und die Offenbarung, nicht zu den Hauptbüchern des Neuen Testaments rechnete (→ Nr. 72): Menschliche Sünde kann nach Luther niemals Gottes Gnade begrenzen.

Der Brief besteht aus drei Teilen. Den *ersten Teil (1,1–4,13)* könnte man mit «die Offenbarung des Wortes Gottes durch den Gottessohn» überschreiben. Er vertieft den Gemeinden vertraute Aussagen über Christus. Der Anfang 1,1–4 erinnert an Joh 1,1–18 oder Phil 2,6–11 (→ Nr. 31; Nr. 52). Kap. 1f betont die Erhabenheit des Gottessohns über die Engel. Hat der Brief sich mit Leuten auseinanderzusetzen, die den erhöhten Jesus für einen Engel hielten? Viele Bibelstellen im ersten Teil sind den Gemeinden vertraut, nicht zuletzt aus Paulusbriefen. Daneben gibt es Aussagen, welche nur im Hebräerbrief vorkommen: Dazu gehört der Gedanke der Verwandtschaft von Erlöser und Erlösten (2,11–18). Die Kirche ist das wandernde Gottesvolk, dem eine himmlische Sabbatruhe verheissen ist. In diese ist das alte Gottesvolk Israel unter der Führung Josuas noch nicht eingegangen (4,1–11). Auch im ersten Teil wird der praktische Zweck des »Wortes des

Zuspruchs« deutlich: Die Warnungen vor Zurückbleiben und Abfall (3,12f), vor Ungehorsam und Unglauben (3,18f; 4,6) sind wichtig.

Der *zweite Teil des Briefes (4,14–10,31)* enthält die *Unterweisung für reife*, d.h. fortgeschrittene *Christen* (6,1). In ihr blickt der Verfasser zurück auf das Judentum mit seinem Gesetz, dem Tempelkult und seinem irdischen Hohepriester: Es ist für ihn nur ein »Abbild und Schatten« der himmlischen Dinge (8,5; 10,1). Christus dagegen ist der *himmlische Hohepriester*, der zur Rechten Gottes sitzt, *nach der Weise Melchisedeks* (5,6–10; 7,1–4). Melchisedek ist jener geheimnisvolle Priesterkönig von Gen 14,18f, von dem man nach Hebr 7,3 weder Vater noch Mutter kennt. Durch Christus ist auch die *Verheißung des neuen Bundes aus Jer 31,31–34* wahr geworden. Dieser Text wird in 8,8–12 vollständig zitiert. Der erste Bund aber ist durch den neuen Bund zum »alten Bund« geworden und – nach 8,13 – »nahe am Verschwinden«: Hebr 8,13 ist eines jener Bibelworte, welche später das Verhältnis des herrschenden Christentums zum Judentum, das meistens gerade noch geduldet wurde, sehr belastet haben. – Die Bibel, welche der Verfasser in seiner großen Gelehrsamkeit immer wieder zitiert, ist für ihn Gottes eigenes Wort (1,1) oder das Wort des Heiligen Geistes (3,7). Aber das gilt nur für die christlich interpretierte Bibel, welche die jüdische Interpretation durch das Volk Israel endgültig abgelöst hat.

Viele Ermahnungen sind im *dritten, ethischen Teil des Briefes (10,32–13,17)* konzentriert. Für die Datierung wichtig ist die Mahnung an die Gemeindeglieder zum Gehorsam gegenüber ihren »Vorstehern«, die ihnen das Wort verkündigen und »über ihre Seelen wachen« (13,7.17). Sie und andere Mahnungen weisen auf eine Entstehung in einer relativ späten Zeit hin, etwa gegen 100 n.Chr. Auch die Sicht des Judentums im Hebräerbrief weist auf eine spätere Zeit: Von der entscheidenden Frage der paulinischen Zeit, ob die an Jesus Glaubenden auch zum Gottesvolk Israel gehören müssen, ist nichts mehr zu spüren. Die alttestamentlichen Väter hatten zwar den Glauben, aber die Verheißung haben sie nicht erlangt (Kap. 11).

60. Der Jakobusbrief

Verfasser und Abfassungszeit: Die Adresse Jak 1,1 lautet: »Jakobus, Knecht Gottes und des Herrn Jesus Christus, an die zwölf Stämme in der Zerstreuung: Seid gegrüsst!« Die »zwölf Stämme« bezeichnen hier nicht das aus zwölf Stämmen bestehende Volk Israel, sondern die universale Kirche. Schon dieser Briefeingang macht es unwahrscheinlich, dass der Herrenbruder Jakobus (→ Nr. 41; Nr. 42) der Verfasser ist (obwohl das immer noch von konservativen Gelehrten vertreten wird). Vielmehr eignet sich der Herrenbruder Jakobus, der Leiter der Jerusalemer Mutterkirche, der in der späteren Tradition als »der Gerechte« bekannt war, als Pseudonym für diesen durch und durch ethischen Brief. Er ist wohl erst einige Zeit nach der Hinrichtung des Herrenbruders (62 n.Chr.) geschrieben worden – sicher nicht vom damals zerstörten Jerusalem aus. Die mutmaßliche Abfassungszeit ist gegen 100 n.Chr. Der Verfasser ist ein unbekannter christlicher Lehrer (vgl. 3,1), der ein gutes, gepflegtes Griechisch schreibt. Die Briefform und die oft wiederholte Anrede »Brüder« oder »meine Brüder« erleichterten die Aufnahme des Textes: Der Jakobusbrief musste, wie »echte« Briefe, in den Gemeinden vorgelesen werden. Trotzdem zählte er lange zu den »umstrittenen« Texten (→ Nr. 70). Er wurde erst im 4. Jh. überall als kanonisch akzeptiert.

Gliederung: Oberflächlich gelesen wirkt der Jakobusbrief wie eine ungeordnete weisheitliche Spruchsammlung, z.B. dem biblischen Buch der Sprüche vergleichbar. Er ist aber sehr gut gegliedert: Die Gliederung erfolgt durch Leitworte, die in späteren Abschnitten wiederaufgenommen und ausgeführt werden.

Das wichtigste Thema im Jakobusbrief ist der Gegensatz zwischen Armen und Reichen in der Kirche. Warnungen an die Reichen ziehen sich durch den ganzen Brief. Der Reiche samt seinen Geschäften wird wie die Blume des Grases vergehen (1,9–11). 2,1–13 warnen vor Parteilichkeit: Man soll einen Reichen, der mit einem prächtigen Kleid und goldenen Ringen in die Gemeindeversammlung kommt, nicht höher achten als einen Armen. Es kam offenbar auch vor, dass reiche Gemeindeglieder arme Brüder vor Gericht zogen. Das ist nach 2,6f eine Lästerung des Namens Christi. Solchen Reichen droht 3,13: »Das Gericht wird erbarmungslos sein gegen den, der keine Barmherzigkeit geübt hat.« 4,13–18 geisselt das Selbstvertrauen der Reichen, die in andere Städte ziehen, dort Handel treiben und Gewinn machen, ohne daran zu denken, dass sie jederzeit sterben können. 5,1–6 kündigt ihnen kommendes Elend an: Ihr Reichtum wird verfaulen, ihr Gold und Silber verrosten. »Der Lohn der Arbeiter, die eure Felder gemäht haben, den ihr ihnen vorenthalten habt, schreit zum Himmel, und die Hilferufe der Erntearbeiter sind dem Herrn der Heerscharen zu Ohren gekommen« (5,4). Das ist nicht nur Rhetorik, sondern spiegelt reale Probleme in der Gemeinde, sonst wäre die Kritik an den Reichen kein so zentrales Thema. Offensichtlich gab es gegen Ende des 1. Jh.s reiche Kaufleute in den Gemeinden. Das führte zu sozialen Spannungen. Die Pastoralbriefe bezeugen das ebenfalls (1Tim 6,6–10.17–19). Auch die schroffe Kritik am Reichtum im Lk-Ev wird auf diesem Hintergrund verständlich (→ Nr. 29). *Die sozialen Missstände waren meines Erachtens das wichtigste Problem in den Gemeinden*, wichtiger als alle theologischen Fragen. Gerade darin besteht die Aktualität dieses Briefes in unserer heutigen, vom Nord-Süd-Konflikt zerrissenen Welt.

Am bekanntesten wurde der Jakobusbrief durch den polemischen Abschnitt 2,14–26 über die Zusammengehörigkeit von Glauben und Werken, der sich gegen Paulus zu richten scheint. Ein Glaube ohne Werke ist in sich tot (2,17). In 2,23 wird Gen 15,6 zitiert: »Abraham glaubte Gott, und es wurde ihm zur Gerechtigkeit angerechnet« in einem Wortlaut, der fast identisch ist mit Röm 4,3 und Gal 3,6. Er verbindet aber Gen 15,6 mit der Versuchung, die Abraham zu bestehen hatte, als er auf Geheiss Gottes seinen Sohn Isaak als Opfer darbrachte (Gen 22 = Jak 2,21). Der Jakobusbrief steht damit in biblisch-weisheitlicher Tradition: Recht verstandener Glaube ist für ihn ein Gehorsam gegenüber Gott, der sich in der Versuchung bewährt. Anders war es im Römerbrief: Für Paulus hieß Glaube, sich allein auf Gottes Gerechtigkeit zu verlassen und auf jedes Pochen auf eigene Werke zu verzichten. Dass Glaube nicht menschliche Passivität bedeutet, sondern aktiv gelebt werden muss, hatte Paulus anders ausdrückt. – Wie ist das Verhältnis des Jakobusbriefs zu Paulus zu bestimmen? Es ist möglich, dass sein Verfasser sich mit Paulus auseinandersetzen wollte. Zwar missverstand er ihn. Aber sein Eindruck, die paulinische Rechtfertigungslehre führe zu menschlicher Passivität, kommt nicht von ungefähr. Schon Paulus hatte gegen diesen Vorwurf zu kämpfen (vgl. Röm 6,1). In der Sache entspricht die These des Paulus, der Glaube sei durch die Liebe wirksam (Gal 5,6), etwa dem, was der Jakobusbrief mit dem »vollkommenen Gesetz der Freiheit« (1,25) meint: das Gebot der Nächstenliebe. Paulus und »Jakobus« stehen sich in dieser Frage theologisch nicht fern.

61. Der erste Petrusbrief

Verfasser, Abfassungsort, Abfassungszeit: Der Brief richtet sich an die Christinnen und Christen in den römischen Provinzen Bithynien–Pontus, Galatien, Kappadozien und Asien, d. h. im nördlichen, westlichen und zentralen Kleinasien (vgl. → Karte 2). Sie leben als Fremdlinge in der Diaspora (= der Welt), d. h. als kleine Minderheit in der heidnischen Gesellschaft (1,1). Er ist in Kleinasien schon um 120 bekannt. Dass Petrus sein Verfasser war, wurde in der Alten Kirche nie bezweifelt. Dennoch gilt der Brief heute fast allgemein als pseudonym: Von einem Augenzeugen des Lebens und der Passion Jesu kann er kaum stammen: Der Verfasser zitiert die Bibel nach der Septuaginta (→ Nr. 4). Der Brief ist in sehr gutem Griechisch geschrieben, während der historische Petrus in Rom Markus als Dolmetscher brauchte (→ Nr. 24). In 5,1 bezeichnet der Verfasser sich als »Mit-Ältesten« – für Petrus wäre das sehr eigenartig. Die im 1. Petrusbrief vorausgesetzte Situation weist in die letzten Jahrzehnte des 1. Jahrhunderts, am ehesten in die Zeit des Kaisers Domitian (81–96 n. Chr.). Damals war die Situation der christlichen Minderheit in Kleinasien sehr schwierig: Die Verehrung des Herrschers als Gott hatte dort schon eine lange Tradition, und ein Opfer im Kaisertempel galt als selbstverständlicher Loyalitätsbeweis. Domitian, der sich selbst als »Herr und Gott« bezeichnete, hat das eher gefördert als gebremst. Ob es unter ihm zu einer regelrechten Christenverfolgung kam, ist umstritten, aber sicher kam es zu Übergriffen. – Als Abfassungsort nennt 1 Petr 5,13 »Babylon«: »Babylon« galt im Alten Testament als ein Ort großer Sünde; in der zur selben Zeit geschriebenen Offenbarung ist »Babylon« ein Deckname für das »Sündenbabel« Rom. Der Abfassungsort ist also wohl Rom. Ob das wirklich so war oder ob das Teil der Brieffiktion ist, bleibt offen.

Situation der Gemeinden in ihrer heidnischen Umwelt. Sie war prekär: Von Heiden werden die Christen als Übeltäter verleumdet (2,12). Weil sie sich von ihrem früheren Lebenswandel als Heiden distanzieren, werden sie von diesen gescholten und verlästert (4,4). Christliche Sklaven werden ermahnt, auch ungerechten und »verkehrten« Herren gehorsam zu sein (2,18). Christliche Frauen, die in Mischehen leben, sollen ihren heidnischen Männern untertan sein und versuchen, sie durch ihren Lebenswandel zu gewinnen, ohne viel Worte zu machen (3,1f). Um des Namens Christi willen werden die Christen beschimpft (4,14). Harmlos war es nicht, Christin oder Christ zu sein. Die Situation erinnert an diejenige, welche der jüngere Plinius, der von 111 n. Chr. an römischer Statthalter in Nordwestkleinasien war, in seinem berühmten Brief über die Christen an den Kaiser Traian voraussetzt (Brief 10,96): Die Christen waren rechtlos; schon durch die bloße Zugehörigkeit zum christlichen Glauben machten sie sich strafbar. Wenn sie angezeigt wurden, wurden sie hingerichtet. Nach Plinius waren die Christen in seinen Provinzen sehr verbreitet, nicht nur in den Städten, sondern auch schon in den Dörfern. Der Kaiser hieß in seiner Antwort sein Vorgehen grundsätzlich gut (Brief 10,97): Eine allgemeine Regel gebe es nicht. Aufspüren solle man die Christen nicht, aber auf eine Anzeige hin solle man diejenigen, die bei ihrem Glauben blieben, hinrichten lassen. Nur auf anonyme Denunziationen solle man nicht eingehen.

Wozu ruft der 1. Petrusbrief in dieser Situation die Gemeinden auf? Er stellt ihnen das Bild des leidenden Christus vor Augen, »der für euch gelitten hat, der euch ein Beispiel hinterlassen hat, damit ihr seinen Spuren folgt« (2,21). Auch er hat schuldlos gelitten. Er schmähte nicht, wenn er geschmäht wurde und hat am eigenen Leib die Sünden der Menschen ans Holz hinaufgetragen (2,22–24). Leiden gehört also zum Christsein. Wichtig ist, dass man für gute Taten leidet, um so vielleicht unwissende Menschen zu gewinnen und den Unverständigen den Mund zu stopfen (2,15). Aus dieser Überzeugung heraus ruft der Verfasser die Gemeinden zu einem guten Lebenswandel auf, damit die Heiden sich vielleicht durch die guten Werke der Christen überzeugen lassen. Für das »Recht-tun« zu leiden ist Gnade bei Gott (2,20; 3,17). Der 1. Petrusbrief entwickelt auf dieser Grundlage eine Ethik, die wir heute als recht konservativ empfinden: Es ist eine Ethik der Unterordnung unter die »menschliche Ordnung« des Staates, den Kaiser und seine Statthalter (2,13f), und der Anpassung an die Normen der damaligen Gesellschaft. Dass der Verfasser die Ordnung des römischen Staates als (nur!) »menschlich« bezeichnet, ist bemerkenswert: Paulus hatte in Röm 13,1 geschrieben, dass jede staatliche Gewalt von Gott eingesetzt sei. Alle diese Ermahnungen klingen wenig aufregend. Aber hatten diese Gemeinden, die rechtlos in einer feindlichen heidnischen Umwelt lebten und wohl jederzeit mit dem Martyrium rechnen mussten, überhaupt eine andere Möglichkeit als die, sich anzupassen und im Rahmen des Möglichen das Gute zu tun?

62. Der Judasbrief und der zweite Petrusbrief

Hans Küng (→ Nr. 72) schrieb einmal, wenn man eine neutestamentliche Schrift nicht als Evangelium verstehen könne, so solle man sie wenigstens ausreden lassen. So geht es mir beim Judasbrief und teilweise auch beim 2. Petrusbrief. Ich behandle beide Briefe gemeinsam, weil der Hauptteil des Judasbriefs in 2Petr 2,1–22 aufgenommen und neu bearbeitet wird.

Der *Judasbrief* ist der ältere der beiden Briefe. Er will von »Judas ... dem Bruder des Jakobus« geschrieben sein und richtet sich an die »Geliebten und für Jesus Christus bewahrten Berufenen«. Nach Mk 6,3 ist mit Jakobus wohl der Herrenbruder Jakobus gemeint. In Vers 3–16 polemisiert »Judas« gegen christliche Gegner; in Vers 17–22 ermahnt er die Gemeinde. Wer die Gegner sind und was ihr Anliegen ist, ist schwer erkennbar: Seine Polemik besteht vor allem darin, immer wieder zu betonen, dass die Gegner dem Gericht verfallen seien. Er bekämpft sie, indem er sie beschimpft und auf die klassischen Sündergestalten des AT verweist, angefangen mit Kain (Vers 11). Er wirft ihnen auch einen ausschweifenden Lebenswandel vor. Damals war das ein üblicher, aber meistens grundloser Vorwurf der Polemik gegen Andersdenkende. Dabei benutzt er auch in der Bibel nicht bekannte Traditionen des Frühjudentums, z. B. den Streit des Erzengels Michael mit dem Teufel um den Leichnam des Mose in Vers 9. In Vers 14f zitiert er einen längeren Text aus dem jüdischen Henochbuch, das nicht in der Bibel enthalten ist (→ Nr. 65). Die Tradition ist für ihn, ähnlich wie für die Pastoralbriefe (→ Nr. 56), sehr wichtig: Der Glaube ist »den Heiligen ein für alle Mal überliefert« (Vers 3) und wird der »heiligste Glaube« (Vers 20) genannt. Auf die Zeit der Apostel blickt er zurück (Vers 17f). Manche halten den Judasbrief für einen echten Brief mit konkreten, aber nicht mehr bekannten Adressaten, andere für einen polemischen Traktat in der Form eines apostolischen Briefs. Die wahrscheinlichste Abfassungszeit liegt kurz vor 100 n. Chr.

Der *2. Petrusbrief* gibt in seinem in paulinischem Stil formulierten (→ Nr. 43) Briefeingang »Simeon Petrus, Knecht und Apostel Jesu Christi« als seinen Verfasser an. In 3,1 verweist er auf seinen früheren Brief, also den 1. Petrusbrief. In 1,12–15 blickt er auf seinen nahe bevorstehenden Tod. Der Brief hat also, ähnlich wie der 2. Timotheusbrief, den Charakter eines Testaments. In 1,12–16 führt »Petrus« sich als Augenzeugen der Majestät Christi ein: Er hat die Verklärung Jesu auf dem »heiligen Berg« miterlebt und berichtet darüber in einer Fassung, die Mt 17,2–8 nahesteht. In den folgenden Versen erinnert er an die prophetischen Weissagungen der Bibel. Sein Verständnis der biblischen Prophetie ist bemerkenswert: »Keine Weissagung der Schrift verdankt sich einer eigenen Deutung (der Zukunft). Niemals ist eine Weissagung durch den Willen eines Menschen hervorgebracht worden« (1,20f). Vielmehr waren die Propheten von Gott inspiriert.

Kapitel 2 enthält die aus dem Judasbrief übernommene Polemik gegen die Irrlehrer. Der Verfasser hat sie bearbeitet: Anspielungen auf nachbiblische jüdische Traditionen und das Zitat aus dem Henochbuch hat er entfernt. Die Beschimpfungen der Gegner und die Gerichtsandrohungen aber bleiben. In 2,22 schließt er mit einem Sprichwort: Die Gegner, die vom überlieferten heiligen Gebot abgefallen sind, gleichen einem Hund, der wieder zurückkehrt zu dem, was er ausgespuckt hat. Deutlicher als im Judasbrief wird, dass die Verehrung von Engeln ein wichtiger Streitpunkt war: Die Gegner »lästern« die Engel, obwohl diese ihnen an Macht weit überlegen sind (2,10f).

Erst im dritten Kapitel wird das Hauptproblem des Briefes angesprochen: In der Endzeit werden Spötter auftauchen, die an der Wiederkunft Jesu zweifeln. Sie sagen: »Was ist nun mit der Verheißung seines Kommens? Seit die Väter entschlafen sind, bleibt ja alles, wie es war, vom Anfang der Schöpfung an« (3,4f). Die Antwort des 2. Petrusbriefs ist bemerkenswert: Gott verzögert die Verheißung nicht. Aber Gottes Zeit ist nicht Menschenzeit: »Ein Tag ist beim Herrn wie tausend Jahre, und tausend Jahre sind wie ein Tag« (3,8). Aus Langmut, um den Menschen eine Chance zu geben, hat Gott die Wiederkunft Christi verzögert. Der Verfasser ersetzt die Naherwartung durch eine »Stets-Erwartung«: Jederzeit soll man mit der Parusie (= Wiederkunft) rechnen, auch nach tausend Jahren.

In 3,15f wird deutlich, dass dieser Brief in das Umfeld des Paulus gehört. Der Verfasser erwähnt die Briefe »unseres geliebten Bruders Paulus«. In ihnen stehe manches, was nur schwer verständlich sei. Das werde von den Unwissenden und Ungefestigten »verdreht«. Offenbar beriefen sich auch die Gegner auf Paulus.

Der Brief ist das späteste Dokument des NT. Man setzt seine Abfassungszeit zwischen 110 und 140 n. Chr. an.

63. Die Johannesbriefe

Überblick: Die drei Johannesbriefe sind in ähnlicher Sprache formuliert und stammen aus demselben Milieu wie das Johannesevangelium, nämlich aus der »johanneischen Schule« (→ Nr. 30). Umstritten sind vor allem die Fragen nach dem Verfasser und nach der zeitlichen Abfolge der joh Schriften. Beide Fragen sind in → Nr. 30 besprochen. Der Verfasser des zweiten und des dritten Johannesbriefs nennt sich *»der Alte«* – die Übersetzung »der Älteste« ist missverständlich, weil dieses Wort meistens die Mitglieder eines Gremiums von Ältesten bezeichnet. Er ist eine Einzelgestalt von hoher Würde und Autorität. Seine Identität war den Empfängern bekannt. Ob »der Alte« auch den 1. Johannesbrief verfasst hat, muss offen bleiben.

Die drei Briefe haben einen unterschiedlichen Charakter. Der *1. Johannesbrief* ist ein längeres Lehr- und Mahnschreiben ohne briefliche Einleitung und ohne Briefschluss. Im Text stehen aber immer wieder Anreden wie »meine Kinder« oder »Geliebte«. Er beginnt mit einem Prolog (1,1–4), der auf Joh 1,1–18 (→ Nr. 31) zurückverweist. Aber er zeigt eine wichtige Bedeutungsverschiebung: »Was von Anfang an war« (1,1) bezieht sich nicht mehr auf den Uranfang der Welt wie in Joh 1,1, sondern auf den Anfang der Gemeinde. Dem entsprechen andere Bedeutungsverschiebungen: Aus dem »neuen Gebot« der Geschwisterliebe (Joh 13,34) ist ein »altes Gebot, das ihr von Anfang an hattet«, geworden (2,7). Das sind Hinweise darauf, dass der 1. Johannesbrief *nach* dem Joh-Ev geschrieben wurde. – *5,14–21* wird von vielen als Nachtrag angesehen. Hier geht es u. a. um die »Sünde zum Tode« (5,16f), für die es keine Fürbitte mehr gibt, vermutlich den Abfall vom Glauben. Ist dem so, so kann man den Brief noch genauer datieren: Der Anfang 1,1–4 bezieht sich zurück auf den joh Prolog; der letzte Vers vor dem Nachtrag, 5,13, bezieht sich wahrscheinlich zurück auf den ursprünglichen Schluss des Joh-Ev in 20,31. *Der 1. Johannesbrief (und wohl auch der 2. und der 3. Johannesbrief) ist also wahrscheinlich nach dem Joh-Ev, aber vor dem Nachtragskapitel Joh 21 geschrieben worden.*

1Joh 2,18–27 erlaubt einen Blick in die Nachgeschichte der joh Gemeinden: Offensichtlich hat es eine Spaltung gegeben. Der Verfasser polemisiert gegen Leute, die »von uns ausgegangen sind«, obwohl sie nicht »zu uns gehören«. Sie leugnen »den Vater und den Sohn« (2,22). Er bezeichnet sie als »Antichristen«. 4,2f und 2Joh 7f machen deutlich, um was es ihnen ging: Sie leugnen, dass Jesus Christus »im Fleisch gekommen ist«. Im Joh-Ev ist unklar und bis heute umstritten, ob die Menschwerdung oder die Gottheit Jesu das Wichtigste ist. Diese Unklarheit musste später geklärt werden: Der Verfasser der Briefe betont die Wichtigkeit der Menschwerdung. Für seine Gegner war sie nicht zentral. Etwas später (um 110 n.Chr.) bekämpft Ignatius, welcher Bischof von Antiochia war, Leute, die behaupten, dass Christus nur zum Schein gelitten habe (Brief an die Smyrnäer

4,2; an die Trallianer 9,1f). Man nennt sie »Doketen« (von griech. *dokeomai* = scheinen). Die Gegner im 1.Johannesbrief sind wohl Vorläufer solcher »Doketen«. Für den Verfasser aber ist die Menschwerdung von großer Bedeutung: Ihm ist der Kampf gegen die Sünde und die Ethik wichtig – und darum auch der Mensch Jesus.

Ein ganz besonderer Text ist 1Joh 4,7–21. Er spricht von der Liebe, die von Gott ausgeht:

> Jeder, der liebt, ist aus Gott geboren, und er erkennt Gott.
> Wer nicht liebt, hat Gott nicht erkannt, denn Gott ist Liebe.
> ...
> Ihr Lieben, wenn uns Gott so geliebt hat, so sind auch wir verpflichtet, einander zu lieben.
> Niemand hat Gott je gesehen. Wenn wir aber einander lieben, bleibt Gott in uns, und seine Liebe ist unter uns zur Vollendung gekommen (4,7f.11f).

Wer den Bruder nicht liebt, und behauptet Gott zu lieben, ist ein Lügner (4,20). Bruderliebe ist im 1. Johannesbrief etwas sehr Konkretes: Sie schließt den eigenen Geldbeutel ein: »Wer in der Welt sein Auskommen hat« und angesichts seines notleidenden Bruders »sein Herz verschließt – wie kann da die Liebe Gottes in ihm bleiben?« (3,17).

Der zweite und der dritte Brief sind kurze Gelegenheitsbriefe. Der »Alte« wendet sich im *2. Johannesbrief* an »die auserwählte Herrin und ihre Kinder« (2Joh 1) – eine Bezeichnung für eine Gemeinde und ihre Mitglieder. Er mahnt sie, am »alten« Gebot der Liebe festzuhalten und warnt sie vor den Irrlehrern, welche Jesu Menschwerdung ablehnen.

Der *3. Johannesbrief* zeigt einen Konflikt besonderer Art. Der »Alte« schreibt an einen christlichen Mitbruder namens Gaius (3Joh 1), ein von ihm für den Glauben gewonnenes »Kind«. Er war wohl ein Mitglied der Hausgemeinde eines gewissen Diotrephes. Diotrephes war kein Freund des »Alten«: Er hatte Wandermissionare, welche der »Alte« ausgesandt hatte, nicht aufgenommen. Anhänger des »Alten« konnte er aus der Gemeinde ausschließen (3Joh 10). War Diotrephes nur ein Leiter einer Hausgemeinde, der auf sein Recht als Hausherr pochte? Oder war er ein angehender monarchischer Gemeindebischof, der seine Disziplinargewalt durchsetzte? Je nach dem ging es nur um harmlose Rivalitäten oder um viel mehr.

64. Rückblick: Die »katholischen« Briefe und Paulus

In manchen Bibelübersetzungen werden die »übrigen Briefe« als »katholische Briefe« bezeichnet. Das ist teilweise irreführend. Geht man vom ursprünglichen Sinn des Wortes »katholisch« (= »allgemein«, »umfassend«) aus, so sind »katholische Briefe« an die *ganze* Kirche oder an grössere Kirchengebiete gerichtete Briefe. Solche Briefe sind der Epheserbrief, die Pastoralbriefe, der Jakobusbrief, die beiden Petrusbriefe und der Judasbrief. In eingeschränktem Sinn könnte man vielleicht auch den 2. Thessalonicherbrief, den Hebräerbrief und den 1. Johannesbrief als »katholische Briefe« bezeichnen. Sicher keine »katholischen« Briefe sind dagegen der zweite und der dritte Johannesbrief.

An die ganze Kirche gerichtete Briefe waren nach dem Tod der Apostel nötig: Die Apostel hatten eine gesamtkirchliche Autorität. Nach ihrem Tod entstand ein »Autoritätsvakuum« (→ Nr. 54). Dieses wurde zunächst durch »katholische« Briefe, später mehr und mehr durch die Bischöfe aufgefüllt. Die Bischöfe verstanden sich schon früh im 2. Jh. als Nachfolger der Apostel, welche die Apostel selbst eingesetzt hatten (= apostolische Sukzession).

Zutreffender ist es meines Erachtens, die in Kap. VI vorgestellten Briefe als »nachpaulinische Briefe« zu bezeichnen. Das gilt nicht nur in einem zeitlichen, sondern auch in einem viel grundsätzlicheren Sinn: Ohne die Briefe des Apostels Paulus gäbe es auch die meisten der »übrigen Briefe« nicht. Es fällt auf, dass manche von ihnen den Briefstil der Paulusbriefe bewusst übernehmen, besonders in den Präskripten und Briefschlüssen: Das gilt für den Hebräerbrief (→ Nr. 59), den 2. Petrusbrief (→ Nr. 62) und den Judasbrief. Manche Briefe bezeugen auf andere Weise den direkten oder indirekten Einfluss der Paulusbriefe: Das gilt in unterschiedlicher Weise für den 2. Petrusbrief (3,15f) und den Jakobusbrief (2,14–26). Theologisch steht der 1. Petrusbrief in großer Nähe zu Paulus. Dass auch die Johannesoffenbarung literarisch als Brief gestaltet ist (→ Nr. 64) könnte ebenfalls mit den Paulusbriefen zusammenhängen. So bezeugen viele der »übrigen Briefe« indirekt den großen Einfluss der paulinischen Briefe schon um die Wende vom 1. zum 2. Jh. n.Chr. Offenbar empfand man in der nachapostolischen Zeit in der Kirche ein großes Bedürfnis, nicht nur Briefe des Apostels Paulus, sondern auch solche der übrigen Apostel zu besitzen. Bei der Bildung des Kanons setzte sich diese Tendenz fort (vgl. → Nr. 69; Nr. 70).

Nur die drei johanneischen Briefe sind von Paulus unberührt. Sie gehören einem anderen urchristlichen Traditionskreis an, der sog. »johanneischen Schule« (→ Nr. 30).

Historische und literarische Probleme der »übrigen Briefe«

Zusammenfassung der von mir vorgeschlagenen hypothetischen Grundannahmen

Brief	**Verfasser**	**Adressaten**	**Literarische Besonderheiten**	**Abfassungsort u. -zeit**	**Wichtige Texte**
Hebräerbrief	unbekannter christlicher Lehrer	unbekannte Gemeinden der 2. oder 3. Generation	Tröstende und ermahnende Abhandlung mit Briefschluss	vielleicht Rom, gegen 100 n. Chr.	4,14–5,10: Christus himmlischer Hohenpriester wie Melchisedek 6,1–11: keine zweite Buße 8,1–13: alter u. neuer Bund
Jakobusbrief	pseudonym	die ganze Kirche	Sammlung von weisheitlich-ethischen Texten	Abfassungsort unbekannt, gegen 100 n. Chr.	1,13–18: die Versuchung 1.19–27: Täter des Worts 2,14–26; Glaube und Werke 3,1–12: Ambivalenz der Zunge 5,1–6: gegen die Reichen
1Petrusbrief	pseudonym	Gemeinden im nördlichen, westlichen und zentralen Kleinasien		Abfassungsort Rom? Zeit des Kaisers Domitian ca. 85–95	2,1–10: allgemeines Priestertum 2,13–17: Staat als menschliche Ordnung 2,18–25: Der leidende Christus als Vorbild 4,12–19: Ermahnung zum Leiden als Christ
2Petrusbrief	pseudonym	alle Gläubigen	als Testament des Petrus gestaltet; benutzt den Judasbrief in Kap 2	zwischen 110 und 140; spätestes Dokument des NT	3,1–10: Tausend Jahre sind bei Gott wie ein Tag 3,15–17: die schwer verständlichen Briefe des Pls

Brief	Verfasser	Adressaten	Literarische Besonderheiten	Abfassungsort u. -zeit	Wichtige Texte
1Johannesbrief	Mitglied der »joh Schule«, evt. »der Alte«	johanneische Gemeinden	Lehr- und Mahnschreiben, aber mit Anreden an die Adressaten im Text	evt. Ephesus? nach dem Joh-ev, aber vor dem Nachtragskapitel Joh 21 kurz nach 100?	2,18–26; 4,1–6: Spaltung der joh Gemeinde 4,7–21: Gott ist die Liebe
2Johannesbrief	»der Alte«	eine joh. Gemeinde	kurzer Gelegenheitsbrief	kurz nach 100	
3Johannesbrief	»der Alte«	Gaius, Mitglied der Hausgemeinde des Diotrephes	kurzer Gelegenheitsbrief	kurz nach 100	V 9–11: über Diotrephes
Judasbrief	pseudonym	alle Gläubigen	echter Brief oder kurzer polemischer Traktat	kurz vor 100	

Abb. 6: Fragmente einer Kolossalstatue des vergöttlichten Kaisers Domitian. Izmir, Archäologisches Museum.

7. Kapitel: Die Offenbarung

65. Jüdische Apokalypsen und die Offenbarung des Johannes

»Apokalypse« ist ein griechisches Wort und heißt »Offenbarung«. Das Wort bezeichnet auch eine im Frühjudentum verbreitete Literaturgattung. Frühjüdische Apokalypsen sind die nächsten Verwandten der Offenbarung des Johannes. Mit ihnen hat sie vieles gemeinsam, unterscheidet sich aber auch charakteristisch von ihnen. Frühjüdische Apokalypsen entstanden etwa zwischen 200 v. Chr. und 200 n. Chr. Das war die Zeit der griechischen und römischen Fremdherrschaft, der jüdischen Kriege und der Zerstörung des Tempels und Jerusalems. Für Israel war das eine dunkle Zeit der Unterdrückung und des Leidens. Apokalypsen sind ausnahmslos pseudonym; es war oft gefährlich, unter eigenem Namen zu schreiben. Als Verfasser werden Weise der alten Zeit ausgegeben (Henoch, Baruch, Daniel, Esra etc). Apokalypsen enthalten – oft merkwürdig anmutende – Visionen oder Träume, welche durch einen Engel gedeutet werden. Sie beziehen sich auf die gegenwärtige Geschichte und die nahe bevorstehende Endzeit: Zu dieser gehören die letzten Drangsale, das Ende der Welt, das Weltgericht und die neue Weltzeit, die oft durch das Kommen einer Messias-Gestalt eingeleitet wird. Apokalypsen können auch Himmelsreisen oder Darstellungen der himmlischen Welten enthalten, also – wenn man so will – astronomisches »Wissen«. Fast allen gemeinsam ist das Gefühl, dass Gott Israel verlassen und sich aus dieser bösen Welt zurückgezogen habe. Sie drücken die Hoffnung auf eine große Umkehr der Verhältnisse aus und darauf, dass Gott seine Herrschaft über die Welt erneut aufrichten werde.

Die älteste Apokalypse ist das *biblische Buch Daniel.* Es stammt nicht aus der Zeit des Weisen Daniel (7/6 Jh. v.Chr.), sondern aus der Zeit um 160 v. Chr. In seinem ersten Teil (Dan 1–6) erzählt es Legenden über den frommen Daniel. Der zweite Teil (Dan 7–12) enthält die Visionen Daniels, die vom Engel Gabriel gedeutet werden. Eine große Rolle spielen im Buch Daniel Rückbezüge auf prophetische Weissagungen der Bibel, die neu ausgelegt werden, damit sie auch für die gegenwärtige Leidenszeit gelten.

Eine andere wichtige jüdische Apokalypse ist das umfangreiche, nur äthiopisch vollständig erhaltene *Henochbuch.* Es besteht aus verschiedenen, voneinander meist unabhängigen Texten, die aus der Zeitperiode vom 2. Jh. v.Chr. bis zum 1. Jh. n.Chr. stammen. Beide, das Danielbuch und Teile des äthiopischen Henochbuchs, sind für die neutestamentliche Menschensohn-Vorstellung wichtig: Dan 7,13f ist der biblische Grundtext, auf den sich die Evangelien-Texte immer wieder zurückbeziehen (vgl. → Nr. 13).

Eine wichtige Apokalypse ist auch das sog. *4. Esrabuch* aus der Zeit nach der Zerstörung Jerusalems (Ende des 1. Jh. n.Chr.). In seinen sieben Visionen stellt der Verfasser grundlegende Fragen: Er fragt nach Gottes Gerechtigkeit, die in der Gegenwart kaum mehr sichtbar ist, nach dem Menschen, den Gott mit dem »bösen Trieb« geschaffen hat, nach der Übermacht der Sünde und des Bösen in der Welt und nach dem Schicksal Israels. Die bohrenden Fragen »Esras« berühren den Leser oft mehr als die Antworten des Deute-Engels Uriel, die traditionellem apokalyptischem Denken entsprechen. Aus etwas späterer Zeit stammt die *syrische Baruch-Apokalypse.* Baruch war der Schreiber des Propheten Jeremia, ein Zeitzeuge der ersten Zerstörung des Tempels im Jahr 586 v. Chr. In seinem Buch überlagern sich die erste und die zweite Tempelzerstörung um 70 n. Chr. Aus dieser Perspektive deutet er die gegenwärtige Situation.

Die neutestamentliche *Johannesoffenbarung* (= Off) unterscheidet sich in vielem von solchen frühjüdischen Apokalypsen: Sie ist nicht pseudonym: Ihr Verfasser ist den Gemeinden bekannt: Es ist der Prophet Johannes (→ Nr. 66). Er schreibt nicht an anonyme Leser, sondern an sieben Gemeinden im westlichen Kleinasien rund um Ephesus. An jede von ihnen schreibt er einen Brief, der ihre Probleme benennt. Diese sog. »Sendschreiben« sind in Kap. 2–3 gesammelt. Mit einem Briefgruss beginnt auch das ganze Buch (Off 1,4f) und mit einem Segen endet es (22,21) – wie die neutestamentlichen Briefe. Die Offenbarung trägt also Züge eines Briefs. Das ist im Vergleich mit jüdischen Apokalypsen einmalig. schließlich ist die Johannes-Offenbarung auch dadurch einzigartig, dass sie eine »Offenbarung *Jesu Christi*« (1,1) ist. Es ist kein Deute-Engel, der mit dem Propheten spricht, sondern Jesus Christus selbst. Er wird in 1,12–16 mit gottähnlichen Zügen beschrieben: Er ist einem Menschensohn ähnlich (Dan 7,13f) und hat weißes Haar, wie der »Hochbetagte« (= Gott) von Dan 7,9. Es sind überall die Farben aus der Bibel, vor allem des Daniel-Buchs und der Propheten, mit denen der Verfasser in seinem Buch seine Bilder malt. schließlich fällt auf, dass die meisten Visionen gar nicht gedeutet werden müssen. Die Adressaten verstehen sie ohne einen Deute-Engel, weil sie sich auf ihre eigenen Erfahrungen beziehen. – Die Abschnitte Nr. 66 und 67 werden zeigen, dass die Offenbarung sehr sorgfältig komponiert ist. Ein direkter Niederschlag von visionären Erfahrungen kann sie darum nicht sein.

66. Die Johannesoffenbarung I: Verfasser, Situation

Als *Verfasser* stellt sich in Off 1,1–3 der Prophet Johannes vor. Er gehört nach 22,9 zu einem Kreis von Propheten in den Gemeinden Kleinasiens. Er schreibt aus Patmos, einer Kleinasien vorgelagerten, heute griechischen Insel. Schon um 160 wurde er mit dem Verfasser des Joh-Ev und der joh Briefe identifiziert, vielleicht, weil man der Offenbarung den Rang eines apostolischen Textes geben wollte. Aber das *kann* nicht zutreffen: Sprache und Denkstil sind völlig anders als in den joh Schriften. Auch mit dem »Alten« von 2Joh und 3Joh kann der Prophet darum kaum identisch sein. Er nennt sich »Knecht« Jesu Christi (1,1) – irgendeine Amtsbezeichnung wie etwa Bischof oder Presbyter findet man im ganzen Buch nicht. Sein Griechisch ist voll von kleineren Sprachfehlern, die nur vom Hebräischen oder Aramäischen her erklärbar sind. Seine Bibel ist nicht die Septuaginta. Er ist im jüdischen Denken und in jüdischen Traditionen verwurzelt. Aus all diesen Gründen liegt die Hypothese nahe, dass er zu denjenigen Judenchristen gehörte, die durch den ersten jüdischen Krieg (→ Nr. 5) zur Auswanderung aus dem Land Israel gezwungen worden waren. Manche von ihnen haben sich dann in den paulinisch geprägten Gemeinden Kleinasiens niedergelassen. In dieser so ganz anderen hellenistisch-urbanen Welt blieb der judenchristliche Prophet Johannes wohl dauernd ein Fremder.

Er schreibt an sieben kleinasiatische Gemeinden in der weiteren Umgebung von Ephesus. An jede von ihnen richtet er ein sog. *»Sendschreiben«*. Sie sind in Off 2–3 gesammelt und richten sich an die »Engel«, welche die Gemeinden haben – vermutlich in Analogie zur biblischen Vorstellung, dass jedes Volk seinen Engel hat. Alle Sendschreiben sind gleich aufgebaut: Sie skizzieren die Situation der Gemeinde und enden mit einer Verheißung (»wer siegt ...«) und einem Weckruf (»wer Ohren hat ...«).

Abfassungszeit: Die Offenbarung wurde vermutlich in den letzten Regierungsjahren des Kaisers Domitian (81–96) geschrieben, also etwa zur selben Zeit und im selben Raum wie der 1. Petrusbrief (→ Nr. 61). Dafür könnte auch die geheime Zahl des »Tieres« aus dem Abgrund sprechen (13,18). Vielleicht entspricht die Zahl 666 dem Zahlenwert von »Kaiser Nero« in hebräischen Buchstaben. Domitian galt bei vielen seiner Feinde als der wieder auferstandene Nero.

Die äußere Situation der Gemeinden: Von Domitian wissen wir, dass er den Kaiserkult eher gefördert hat. Von den kleinasiatischen Städten wurde dieser – auch aus eigenem Interesse – intensiv betrieben. Wir wissen aber auch, dass es unter Domitian keine systematische Christenverfolgung gegeben hat. Aus dem Brief des Plinius an Trajan (→ Nr. 61) ist bekannt, dass Christsein um 110 als todeswürdiges Verbrechen galt. Nichts spricht dagegen, dass es 20 Jahre früher auch so war. Nach Off 2,10 sind einige Gemeindeglieder im Gefängnis, aber es hat – wenigstens in Pergamon – erst *einen* Märtyrer gegeben (2,13). 6,9–11 spricht allerdings von vielen Märtyrern. *Die innere Situation der Gemeinden* ist unterschiedlich: Manche Gemeinden sind nachlässig geworden (2,4f). Einige Christen sind vom Glauben abgefallen (vgl. 2,20f; 3,1f). Die Gemeinde von Laodizea wird als »lauwarm« gescholten. Mehrfach warnt Johannes vor den »Nikolaiten« (2,6.15); offenbar sind das Christen, die sich an die heidnische Umwelt anpassten. Zweimal taucht auch das Problem des »Götzenopferfleisches« auf (2,14.20). Schon Paulus hatte sich in 1Kor 8–10 mit derselben Frage beschäftigt (→ Nr. 46): Sein Rat hatte gelautet, Rücksicht auf das Gewissen des schwachen Bruders zu nehmen, der Angst vor den sog. »Götzen« hat, aber bei Einladungen zu Heiden nicht nach der Herkunft des Fleisches zu fragen. Anders als er verlangt der Prophet Johannes strikte Enthaltsamkeit – in diesem Sinn ist er ein Hardliner. Faktisch bedeutete das, dass Gemeindeglieder nicht an städtischen Festen teilnehmen und kaum auf dem Markt einkaufen konnten. Entsprechend fielen sie in ihrer heidnischen Umgebung auf – und das konnte lebensgefährlich sein.

Es ist schwierig, aus diesen unterschiedlichen Einzelinformationen ein »objektives« Gesamtbild über die äußere Lage der Gemeinden zu gewinnen. Sicher aber scheint mir, dass der Prophet mit seiner harten Haltung die Situation der Gemeinden verschlimmert hat. Darum mahnt er sie auch, durchzuhalten und Widerstand zu leisten. Darum malt er die Gegenwart und die Zukunft mit dunklen Schwarz-Weiss-Farben als eine Zeit von Leiden und von übergroßer Not, in der Gerichts-Engel den Zorn Gottes auf die Erde bringen. Am Tier aus dem Abgrund und an der Hure Babylon lässt er keinen guten Faden. Er hofft allein auf die Wiederkunft Christi und das Kommen des himmlischen Jerusalem.

Da Johannes an Gemeinden Kleinasiens schreibt, stellt sich die Frage nach seinem Verhältnis zu Paulus, dem »Gründervater« dieser Gemeinden. In der Frage des Götzenopferfleisches urteilt er ganz anders als Paulus. Gibt es darum auf den 12 Fundamentsteinen des himmlischen Jerusalem nur Platz für die Namen von 12 Aposteln (Off 21,14), nicht aber für Paulus?

67. Die Johannesoffenbarung II: Die Schrecken der Endzeit und die neue Erde

Die Schilderung der kommenden Ereignisse setzt ein mit einem *Blick nach oben in den himmlischen Thronsaal (Off 4,1–5,14)*. Dort sitzen der »Thronende«, die 24 Ältesten und vier Wesen, die einem Löwen, einem Jungstier, einem Menschen und einem Adler gleichen (daraus sind später die Symbole der vier Evangelisten geworden). Die ganze Vision ist biblisch durch Ez 1 inspiriert. Vor den »Thronenden« wird ein geschlachtetes Lamm mit sieben Hörnern und sieben Augen gebracht, ein Lamm, das zugleich der Löwe aus Juda ist. Es allein ist würdig, das Buch mit den sieben Siegeln zu öffnen, das den Gang der kommenden Geschichte auslöst. Die Botschaft dieser Kapitel lautet: Gott allein ist Herr der Geschichte; Christus selbst setzt sie in Gang. Er wird am Schluss der Sieger sein. Für die Gemeinden ist es ein großer Trost, dass sie noch vor dem Anfang der endzeitlichen Schrecken in den Himmel aufblicken dürfen. Dort ist die Zukunft bereits Gegenwart und der Sieg Gottes wird schon jetzt gefeiert. Auch später blicken die Leser immer wieder in den Himmel, hören die himmlischen Lobgesänge und schöpfen daraus Kraft.

In der *»Sieben-Siegel-Vision« (6,1–8,1)* bringen vier Reiter Krieg, Teuerung und Tod über die Welt. Die Mächtigen und alle Menschen fliehen in die Berge, um dem Zorngericht zu entgehen. Es fällt schwer, diese Bilder mit der relativ friedlichen Zeit Domitians zu verbinden. Die letzte Vision ist der Anfang einer neuen Abfolge von kosmischen Katastrophen. *Sieben Engel blasen mit ihren Posaunen (8,2–11,19)*, und die Welt wird noch grauenhafter verwüstet.

Die folgenden *Kapitel 12,1–19,10* sind geprägt durch eindrückliche Schilderungen der Macht des Bösen: Es wird durch die – von Dan 7 inspirierten – Tiere aus dem Abgrund verkörpert, den römischen Staat und seinen Sprecher, den falschen Propheten des Kaiserkults (13). Auch die Frau auf dem scharlachroten Tier mit sieben Köpfen und zehn Hörnern, die Hure Babylon, ist in Wirklichkeit Rom (17f). Über ihren Sturz freut sich der Prophet, aber die Mächtigen der Welt, vor allem die Kaufleute und die Reeder, weinen und klagen. Vorangestellt ist das von alten Mythen inspirierte Kap. 12. Es schildert das Schicksal einer schwangeren Himmelsfrau, die vom bösen Drachen auf die Erde geworfen und verfolgt wird. Sie gebiert ihren Sohn, Christus, und flieht in die Wüste. Der Drache aber führt Krieg mit ihren Nachkommen, den Gläubigen. Eingelagert zwischen Kap. 12–14 und Kap. 17f ist eine weitere Siebnerreihe: Sieben Engel giessen ihre *Zornschalen* auf die Erde; fürchterliche Plagen kommen über ihre Bewohner (16).

Mit 19,11 beginnt die große Weltenwende: Christus, gefolgt von den himmlischen Heerscharen, kommt auf einem weißen Pferd auf die Erde herab und besiegt das Tier aus dem Abgrund mit seinem Schwert. Auf der Erde errichtet er das Tausendjährige Reich, ein messianisches Zwischenreich (Kap. 20). In ihm werden nur die Märtyrer auferstehen. Nach 1000 Jahren wird der Satan für kurze Zeit wieder losgelassen. Erst dann finden die allgemeine Totenauferstehung und das Weltgericht statt. Das Tausendjährige Reich spielte kirchengeschichtlich eine große Rolle: Vor allem abseits der großen Kirchen wurde es immer wieder wörtlich ausgelegt, z. B. in der Zeit der Reformation von den Täufern in Münster.

Die *Schlusskapitel (21,1–22,5)* schildern das himmlische Jerusalem, das auf die neue Erde herabkommt: Inspiriert von Ez 40–48 beschreibt der Prophet seine Herrlichkeit. Einen Tempel gibt es nicht in dieser Stadt, denn Gott selbst wohnt in ihr. Von seinem Thron wird ein Strom von Lebenswasser ausgehen. Sonne und Mond braucht es nicht; das Licht Gottes wird die Stadt erleuchten. Der *Buchschluss 22,6–18* warnt davor, dem Buch etwas hinzuzufügen oder etwas von ihm wegzunehmen, denn Christus selbst hat darin seine Worte offenbart (22,16.18f).

Die Offenbarung und der 1. Petrusbrief sind in Kleinasien etwa um dieselbe Zeit entstanden. Die Offenbarung malt die Situation der Gemeinden in den dunkelsten Farben. Der 1. Petrusbrief dämonisiert das »Tier aus dem Abgrund« nicht und ermutigt die Gemeinden, das unvermeidliche Leiden auf sich zu nehmen und das Gute zu tun, soweit es möglich ist. Wie soll man diese so verschiedenen Texte bewerten?

In der Vergangenheit hat die Offenbarung immer wieder Menschen in extremen Leidenssituationen wirksam Trost gespendet, z. B. in den Kerkern und KZs der Nazis: Sie schenkte ihnen in hoffnungsloser Situation Blicke in den Himmel und Hoffnung auf eine neue Welt. – Für mich aber, der ich nicht in einer solchen Situation lebe, fließt in der Offenbarung zu viel Blut. Ihr Christus auf dem weißen Pferd im blutigen Kleid und mit dem Schwert, das aus seinem Munde ragt (19,11–16), hat mit Jesus, der zur Feindesliebe aufruft, kaum etwas gemeinsam, anders als der leidende Christus des 1. Petrusbriefs. Man soll über die Theologie von Leidenden zwar nicht urteilen, aber ohne ein kritisches Fragezeichen an das letzte Buch des NT möchte ich dieses Kapitel nicht schließen.

8. Kapitel: Entstehung und Bedeutung des Kanons

68. Der Kanon: Begriff, Umfang und Autorität

Das griechische Wort kanōn bedeutet ursprünglich »Rohr« oder »Stange«. Im übertragenen Sinn bedeutet es »Messlatte«, »Maßstab«, »Richtschnur«, manchmal auch »Norm«. Für die Sammlung der christlichen Schriften wurde es erst seit dem vierten Jahrhundert verwendet.

In welchem Sinn die *neutestamentlichen Schriften* »Norm« waren, blieb ebenso lange unklar wie die Reihenfolge der Schriften und der genaue Umfang des Neuen Testaments. Davon handeln die folgenden Abschnitte Nr. 69 und 70.

Noch komplexer verlief die Entwicklung des ersten Teils des christlichen Kanons, der von den Christen »Altes Testament« und von den Juden »Tanach« genannt wird. Das Wort *Tanach* ist eine Abkürzung der hebräischen Anfangsbuchstaben für die drei Hauptteile der Bibel: die Tora, die Propheten und die (übrigen) Schriften. Zur Zeit des frühen Christentums war die Kanonisierung insbesondere seines dritten Teils, der »Schriften«, noch im Gange; ihr Abschluss erfolgte nach der Überlieferung gegen Ende des 1. Jh. n.Chr.

Die meisten frühen Christen benutzten eine Vorform der Septuaginta (→ Nr. 4) als Bibel. Ihre gegenwärtige Gestalt, in der die Propheten am Schluss stehen, geht auf die Christen zurück: Sie lasen die Propheten als Weissagungen auf Jesus Christus und als Bindeglied zwischen den beiden Hauptteilen der Bibel. Die (lateinische) Bezeichnung »Altes Testament« für den ersten Teil der Bibel ist kurz vor 200 n. Chr. zum ersten Mal belegt. Erst seit jener Zeit war auch unbestritten, dass das »Alte Testament« Teil der christlichen Bibel war. Wie es im 2. Jh. dazu kam, berichtet der Abschnitt Nr. 71.

In den christlichen Kirchen werden heute unterschiedliche Fassungen des Alten Testaments benutzt. Für die *katholische Kirche* ist seit dem Konzil von Trient (16. Jh.) die lateinische Übersetzung maßgebend, nämlich die sog. »*Vulgata*« (wörtlich: die »verbreitete« [Bibel]). Sie geht auf den Kirchenvater Hieronymus zurück (um 400) und hat im Laufe der Jahrhunderte die älteren lateinischen Übersetzungen verdrängt. Hieronymus sagt, dass er sie aus dem Hebräischen übersetzt habe; aber es ist umstritten, ob und wie gut er Hebräisch konnte. Die Vulgata entspricht im Umfang und in der Reihenfolge der Septuaginta (→ Nr. 4) und enthält auch die ursprünglich griechisch-sprachigen, späten Schriften.

Die meisten *protestantischen Kirchen* griffen auf den *hebräischen Urtext* zurück. Die in der hebräischen Bibel nicht enthaltenen späten Schriften wurden als »Apokryphen« bezeichnet. Luther empfahl sie als »nützlich« zu lesen; sie sind in lutherischen Bibeln als Anhang abgedruckt. In vielen reformierten Bibeln hingegen fehlen sie, z. B. in der Zürcher Bibel.

Für die östlichen *orthodoxen Kirchen* ist die *Septuaginta* der maßgebliche Bibeltext, der in den Gottesdiensten gelesen wird. Der hebräische Urtext ist fast nur für die Wissenschaftler wichtig. Die *orientalischen Kirchen* benutzen den Kanon in ihrer Liturgiesprache, z. B. syrisch, koptisch (= Spätform des Ägyptischen) oder armenisch. Der Kanon der äthiopischen Kirche ist umfangreicher; er umfasst viel mehr »späte Schriften«.

Fazit: Nur im Großen und Ganzen kann man sagen, dass die Bibel das einigende Band ist, welches alle christlichen Konfessionen zusammenhält. Das gilt nur für das Neue Testament. Die jeweilige Gestalt des Alten Testaments hingegen widerspiegelt konfessionelle Unterschiede.

Ein anderer wichtiger Unterschied geht quer durch die westlichen Konfessionen: Er betrifft die Autorität der Bibel. In den meisten *protestantischen Konfessionen* gibt es liberalere und konservativere Verständnismöglichkeiten der Bibel. Viele Gläubige und einige Kirchen halten *alle* Bibeltexte für göttlich inspiriert. Alle Bibeltexte sind darum für sie gleich wichtig; zeitbedingte und darum heute nicht mehr gültige Bibeltexte gibt es für sie nicht. Innerhalb der Bibel kann es keine Spannungen oder gar Widersprüche geben. Viele dieser Gläubigen denken, dass ihre Bibelauslegung die einzig richtige sei. Man bezeichnet sie als *Fundamentalisten.* Die Bibel besitzt für sie eine absolute, nicht hinterfragbare Autorität.

Im *Katholizismus* hat die Bewegung des *Integralismus* mit dem protestantischen Fundamentalismus gewisse Ähnlichkeiten. Als »Integralisten« bezeichnet man Gläubige, welche die traditionelle katholische Lehre und Frömmigkeit vollumfänglich bewahren wollen. Sie wenden sich gegen die Moderne; einige lehnen sogar durch das 2. Vatikanische Konzil angestoßene Reformen ab, z. B. neue Interpretationen der Glaubenslehre und den ökumenischen und interreligiösen Dialog. – Insgesamt ist aber heute die Bibelauslegung in der katholischen Kirche recht frei. Das römische Lehramt äußert sich nur in Grenzfällen zu Fragen der Bibelauslegung, nämlich dann, wenn es gelte, die Gläubigen vor Irrtümern zu bewahren.

In den *orthodoxen Ostkirchen* ist die Bibel ganz in das Leben der Kirche eingebettet, insbesondere in ihr liturgisches Leben. Sie ist Teil der Liturgie und wird gebetet, gelesen, rezitiert, gesungen und gemalt. Die Frage nach ihrer Autorität stellt sich kaum als selbständige Frage.

69. Der neutestamentliche Kanon I: Die Anfänge

Der neutestamentliche Kanon ist das Ergebnis eines langen Wachstumsprozesses. Sein prägendes *Vorbild* war die Bibel Israels. Seine *Wurzeln* hat der Kanon im Neuen Testament selbst: Das verdeutlichen zwei Beispiele aus den Evangelien: Das Matthäusevangelium versteht sich als ein neues Buch Genesis (1,1), beansprucht also gleichsam biblische Autorität (→ Nr. 26). Das Lukasevangelium erzählt in seinen Vorgeschichten (Lk 1,5–2,40) die Geburt des Täufers und Jesu in den Farben der biblischen Geschichte Israels; zugleich überhöht es sie, denn Johannes und Jesus sind für Lukas unendlich viel mehr als ihre biblischen Vorläufer. Die Beispiele zeigen, dass die Kanonisierung der neutestamentlichen Texte nicht zufällig war. Sie war in den Texten selbst angelegt und hatte in der überragenden Bedeutung des Christus-Geschehens ihren Sachgrund. Mit Christus hat etwas Neues begonnen. Das zeigt sich auch daran, dass die Christuszeugen neue Sprachformen suchten: Briefe oder Evangelien gibt es im AT nicht.

Der Sammlungsprozess der Paulusbriefe beginnt bei Paulus selbst: Paulus setzt voraus, dass seine Briefe in den Gemeindeversammlungen vorgelesen werden und bittet darum, sie mit anderen Gemeinden auszutauschen (vgl. 1Thess 5,27; Kol 4,16). Auffällig sind die *»ökumenischen« Adressierungen* in beiden Korintherbriefen: Der 1. Korintherbrief richtet sich nicht nur an die korinthische Gemeinde, sondern an »alle, die den Namen unseres Herrn Jesus Christus anrufen, an jedem Ort« (1Kor 1,2). Der 2. Korintherbrief richtet sich an die Korinther und an »die Heiligen, die in ganz Achäa sind« (2Kor 1,1), d.h. in der ganzen Provinz, deren Hauptstadt Korinth war. Solche Adressierungen entsprechen dem Autoritätsanspruch des Paulus, der sich als Apostel für die ganze nichtjüdische Welt verstand. Nachpaulinische Briefe setzen diese *ökumenische Tendenz* der Paulusbriefe fort: Viele von ihnen, z.B. der Epheserbrief, die Pastoralbriefe oder der 1. Petrusbrief, wenden sich an grössere Kirchengebiete, der Jakobusbrief sogar an die ganze Kirche (→ Nr. 64). Von da her gesehen ist es auch konsequent, dass die Briefe des Paulus später nicht als Gelegenheitsbriefe betrachtet, sondern gesammelt und weiterhin gelesen wurden. Schon der Verfasser der Pastoralbriefe kennt mehrere Paulusbriefe (→ Nr. 56). Der zweite Petrusbrief erwähnt eine Sammlung der paulinischen Briefe, in der manches schwer verständlich sei (→ Nr. 62).

Der Sammlungs- und Kanonisierungsprozess der Evangelien ist schwieriger zu erfassen. Auch hier steht am Anfang eine »ökumenische« Tendenz: Das römische Markusevangelium wurde schon sehr rasch in Syrien bekannt, wo es der Judenchrist Matthäus als Hauptquelle benutzte. Das wohl um 100 in Kleinasien entstandene Johannesevangelium ist durch einen Papyrusfetzen bezeugt, der um das Jahr 125 in Ägypten geschrieben wurde (→ Nr. 30). Alle Evangelien wurden also in andere Gemeinden gebracht und schnell in der ganzen Kirche bekannt. Allerdings haben wir keine direkten frühen Zeugnisse dafür, dass sie in den Gottesdiensten vorgelesen wurden. Es ist auch schwer zu sagen, von wem sie im frühen 2. Jh. benutzt worden sind, weil es neben schriftlichen Evangelien immer noch die mündliche Tradition gab. Erst der christliche Philosoph Justin bezeugt kurz nach 150 in Rom, dass die Christen bei ihren sonntäglichen Zusammenkünften »die Erinnerungen der Apostel und die Schriften der Propheten« lasen (Apologie I 67,3). – *Fazit: Für die erste Phase des Kanonisierungsprozesses sind die Sammlung aller Traditionen und der Austausch zwischen den Gemeinden, kurz, eine »ökumenische« Tendenz grundlegend:.* Die einzelnen Evangelien und Briefe gehörten der *ganzen Kirche,* nicht nur einzelnen Gemeinden.

Justins syrischer Schüler *Tatian* ging einen wichtigen Schritt in eine neue Richtung: Er fügte die vier Evangelien zu einer *Harmonie* (griech. Diatessaron) zusammen, wobei er das Johannesevangelium als Rahmen benutzte, in den er Texte aus den synoptischen Evangelien einfügte. Diese Evangelienharmonie hielt sich in weiten Teilen der syrischen Kirche bis ins 5. Jh. Dann verbannten sie die Bischöfe so radikal aus der Kirche, dass ihr syrischer Urtext heute nicht mehr erhalten ist.

In der Kirche aber setzte sich der Vier-Evangelien-Kanon durch. Der Kirchenvater und Bischof Irenäus von Lyon (um 180) betont, dass es nicht mehr und nicht weniger als vier Evangelien geben könne. Sie entsprächen den vier Himmelsrichtungen, den vier Gesichtern der Cheruben, also der »Thron-Engel« (die später zu den Evangelistensymbolen wurden), den vier Bundesschlüssen Gottes mit den Menschen (→ Nr. 71) und der universalen Kirche, die über die ganze Erde ausgesät sei (Irenäus, Gegen die Häresien III 11,8). Zugleich aber seien die vier Evangelien ein Bollwerk gegen diejenigen, welche das Evangelium eigenmächtig verfälschten. Allen voran denkt er an den Erzketzer Markion (→ Nr. 71). *Die Fülle des vierfältigen Evangeliums wirkt also bei Irenäus zum ersten Mal auch ausschließend.* Damit markiert Irenäus einen Wendepunkt in der Kanonisierungsgeschichte.

70. Der neutestamentliche Kanon II: Die Zeit der Abgrenzungen

Die zweite Phase der Entstehungsgeschichte des neutestamentlichen Kanons von der zweiten Hälfte des 2. Jh. an war vor allem durch Abgrenzungen bestimmt. Abgrenzen musste sich die Kirche gegen *Markion* (→ Nr. 71) und ebenso gegen die *Gnosis*: Die »Gnosis« war eine diffuse, das Christentum übergreifende religiöse Bewegung, die im 2. Jh. n.Chr. ihren Höhepunkt erreichte. Kennzeichnend für »Gnostiker« war das Gefühl, in der materiellen Welt heimatlos zu sein. Das führte sie zur Ablehnung des Schöpfungsgedankens und zur Hoffnung auf eine Erlösung durch die »Erkenntnis« des göttlichen Urgrunds der menschlichen Seele (das griech. Wort *gnōsis* bedeutet »Erkenntnis«). Für diese Erkenntnis benötigten sie einen aus dem Jenseits kommenden Offenbarer. Er konnte verschiedene Namen haben, z. B. Hermes, Zarathustra oder Jesus Christus. Die Bezeichnung dieser Bewegung als »Gnosis« ist eine christliche Fremdbezeichnung. Sie hat wohl ihren Ursprung im Ausdruck »die fälschlich sogenannte Gnosis« von 1Tim 6,20. In Wirklichkeit hatten die Gnostiker unter sich keinen gemeinsamen Nenner. Sie bestanden aus sehr vielen verschiedenen kleinen Grüppchen, Hauskreisen, Lesezirkeln, Kultvereinen oder Schulen. Manche gehörten zur christlichen Kirche, als deren geistige Elite sie sich verstanden. Soziologisch ist die Gnosis in manchem mit der modernen New-Age-Bewegung vergleichbar. – Abgrenzen musste sich die Kirche auch gegen den *Montanismus*, eine um 160 n. Chr. entstandene prophetische christliche Bewegung aus Kleinasien, die sich selbst »Neue Prophetie« nannte. Die Montanisten verzichteten auf alle »Schriften«. – Abgrenzen musste sie sich schließlich gegen das *Judentum*. Mit Juden hatten Christen vielerorts noch enge Kontakte.

Das Bedürfnis nach Abgrenzung hatten natürlich in erster Linie die Leiter der Kirche, die Bischöfe, die oft auch gebildete Theologen waren, nicht unbedingt aber die »gewöhnlichen« Gläubigen. Deshalb kümmerten sich nun die Bischöfe darum, welche Schriften in den Gottesdiensten ihrer Gemeinden gelesen werden durften und welche nicht. *Eine Schrift musste in ihren Augen apostolisch sein*, d. h. sie musste entweder von einem Apostel verfasst sein – das nahm man für die Schriften an, welche den Namen des Paulus, des Petrus, des Johannes oder des Jakobus trugen. Oder sie musste wenigstens indirekt apostolisch sein – das galt etwa für das Markusevangelium (→ vgl. o. Nr. 24) oder für die lukanischen Schriften (→ vgl. o. Nr. 28). »Apostolisch« bedeutete nicht nur, dass diese Schriften älter sein mussten als später aufgetauchte Evangelien oder Briefe, sondern auch, dass sie inhaltlich im Sinne der Apostel waren, d. h. rechtgläubig.

Was blieb in diesem »Filter« hängen? Euseb, der »Vater der Kirchengeschichte«, schrieb um 330 n. Chr. eine Kirchengeschichte von den Anfängen bis zu seiner Gegenwart. In seinem dritten Buch zählt er die damals zum Neuen Testament gehörenden Bücher auf (Kirchengeschichte III 25). Er unterscheidet unter den Schriften, die in der Kirche Ansehen genossen, drei Gruppen:

1. »*Unbestrittene Bücher*«: Dazu gehörten die vier Evangelien, die Apostelgeschichte, die Briefe des Paulus, der 1. Petrusbrief und der 1. Johannesbrief. Den Hebräerbrief rechnete er vermutlich zu den Paulusbriefen (→ Nr. 59).
2. »*Umstrittene Bücher*«, welche aber bei den meisten Kirchenleuten in Ansehen stünden. Zu ihnen rechnete er den Jakobusbrief, ferner den Judasbrief, den 2. Petrusbrief und den 2. und 3. Johannesbrief. Auch die Offenbarung war umstritten; in den östlichen Kirchen wurde sie von vielen abgelehnt.
3. »*Unechte Schriften*« sind für Euseb nicht nur Schriften mit falschem Verfassernamen, sondern auch diejenigen christlichen Schriften aus dem frühen 2. Jh., die heute »Apostolische Väter« genannt werden. Zu ihnen gehören z. B. der erste Clemensbrief (→ Nr. 42), die Briefe des Ignatius von Antiochia (→ Nr. 63) oder die »Didache der zwölf Apostel« (→ Nr. 20).

Als *Fazit* ergibt sich: *In der ersten Hälfte des 4. Jh.s stand der NT-Kanon in seinem Kern fest; manche Schriften an seinem Rand aber blieben umstritten.* Aus der zweiten Hälfte des 4. Jh.s gibt es dann mehrere von Bischöfen verfasste Verzeichnisse des NT-Kanon mit den 27 Schriften heutiger Bibeln.

Das heißt aber nicht, dass damals schon überall dieser Kanon feststand. Eine der wichtigsten fast vollständigen Handschriften der Bibel aus dem 4. Jh., der im Katharinenkloster auf dem Sinai gefundene *Codex Sinaiticus* (→ Abb. 3 und 4) enthält nicht nur biblische Texte, sondern auch den »Hirten des Hermas« und den »Barnabasbrief«, also von Euseb als »unecht« klassifizierte Schriften, die zu den »Apostolischen Vätern« gehören. Noch im 5. Jh. sind im *Codex Alexandrinus* neben dem NT auch die beiden Briefe des Clemens enthalten, die ebenfalls zu den »Apostolischen Vätern« gerechnet werden. Viele andere Texte gehörten zwar nicht zu den Texten, die in den Gottesdiensten gelesen werden durften, spielten aber für die Frömmigkeit trotzdem eine herausragende Rolle, z. B. das Protevangelium des Jakobus (→ Nr. 34).

71. Das Alte Testament als Teil des christlichen Kanons

Ohne die Bibel, unser heutiges »Altes Testament«, hätten die Jesusjünger nicht verstehen können, was das Leben, der Tod und die Auferstehung Jesu bedeutet. Aus ihrer Bibel deuteten sie alles, was sie erfahren hatten. Kein neutestamentlicher Text bezeugt das deutlicher als das uralte Christusbekenntnis 1Kor 15,3–5 mit seinem zweimaligen »nach den Schriften« (Text → Nr. 18).

Wie die hebräische Bibel bestand ihre Bibel bestand aus drei Teilen, der Tora, den Propheten und den übrigen »Schriften«, nach Lk 24,44 mit den Psalmen als wichtigstem Buch. Für die meisten Verfasser der neutestamentlichen Bücher war der griechische Text der Bibel am wichtigsten; hebräische oder aramäische Textformen wirkten nur indirekt ein. Aber ihre »Septuaginta« (→ Nr. 4) war noch nicht identisch mit unserer heutigen Septuaginta. Das zeigt z. B. Mt 23,35: Die Formulierung »von Abel bis Sacharja ... » lässt ahnen, wie die Bibel der matthäischen Gemeinden ausgesehen haben könnte: Mit »Sacharja« ist der am Schluss des letzten Buchs der hebräischen Bibel, dem 2. Chronikbuch, erwähnte Sacharja gemeint, der im Tempel gesteinigt wurde (2Chron 24,20f). Die matthäischen Gemeinden benutzten also wohl eine griechisch-sprachige Bibel, aber mit einer Reihenfolge der Bücher wie in der hebräischen Bibel.

Fazit: Von Anfang an war die Bibel für die Jesusjünger grundlegend wichtig. Sie öffnete ihnen die Augen, damit sie Christus verstehen und deuten konnten. Darum spielt sie auch in fast allen NT-Schriften, in Gestalt von Zitaten, Anspielungen, Bildern oder Motiven eine wichtige Rolle.

Im Jahre 144 zog ein reicher christlicher Reeder namens *Markion* aus Sinope, einer Hafenstadt an der türkischen Schwarzmeerküste (heute: Sinop; → Karte 2), nach Rom. Er wirkte als christlicher Lehrer in Rom, überwarf sich aber rasch mit der römischen Gemeinde und gründete eine eigene Kirche. Markion interpretierte nämlich die Briefe des Paulus neu und entdeckte darin einen radikalen Gegensatz zwischen »Gesetz« und »Evangelium«. Er weitete ihn aus zu einem Gegensatz zwischen dem Gott der Schöpfung und des Gesetzes, den er für böse hielt, und dem Gott Jesu Christi, den Paulus verkündete. Ihn hielt er für einen anderen Gott, den wahren Gott der unendlichen Gnade. Durch seine Ablehnung der Schöpfung kommt Markion gnostischen Strömungen nahe (→ Nr. 70); aber man sollte ihn nicht als Gnostiker deuten. Markion wurde für die Geschichte des kirchlichen Kanons sehr wichtig, denn er schuf für seine Kirche einen eigenen Kanon. Dieser bestand aus zehn Paulusbriefen (ohne die Pastoralbriefe) und dem Lukas-Evangelium. Die Paulusbriefe hat Markion bearbeitet und von AT-Zitaten befreit; das Evangelium des Lukas, den er wohl für einen Paulusbegleiter hielt, musste er *sehr* stark »reinigen«. *Markions Kanon hat die Bildung des aus zwei Teilen, den vier Evangelien und den Apostelbriefen, bestehen-*

den kirchlichen Gegen-Kanons entscheidend gefördert, vielleicht sogar überhaupt erst angestoßen.

Irenäus von Lyon (→ Nr. 69) wurde sein großer theologischer Gegenspieler. Er wurde nicht müde, die Einheit des Schöpfer- und des Erlösergottes und damit die Zusammengehörigkeit beider Testamente zu betonen. Die Schöpfung, die im Alten Testament erzählte Geschichte Gottes mit dem Volk Israel und die Erlösung durch Christus gehören für Irenäus zusammen. Der Schöpfer- und Erlösergott hat seinem Bundesvolk Israel und der ganzen Menschheit vier »Bünde« geschenkt: den Noachbund, den Abrahambund, den Mosebund und den neuen Bund durch Christus. Das bezeugen das Alte und das Neue Testament. Damit hat Irenäus für die christliche Kirche eine Grundlage geschaffen, die unverrückbar geblieben ist. Sie entspricht Jesus selbst: Seine Bibel war der Tanach, unser Altes Testament. Sie entspricht auch dem Zeugnis fast aller neutestamentlichen Schriften, deren Grundlage die Bibel war. Die Kirche hat seither an dieser Grundlage festgehalten. Allerdings hat sie jahrhundertelang das Alte Testament zu ihrem Alleinbesitz erklärt und dem Volk Israel, von dessen Erwählung und Geschichte es erzählt, seine Bibel weggenommen. So geschah es ansatzweise bereits im Hebräerbrief (→ Nr. 59).

In der Neuzeit und bis in die Gegenwart versuchten Theologen mehrfach, das Alte Testament als zweitrangigen Teil des Kanons abzuwerten und die Geschichte Israels zu einer bloßen »Vorgeschichte« des Christentums herabzustufen. In der Bewegung der »Deutschen Christen« zur Zeit des Nationalsozialismus haben die Versuche der Abwertung des Alten Testaments und der »Entjudung« Jesu einen unrühmlichen und in seinen Folgen schrecklichen Höhepunkt gefunden.

Meine Hoffnung ist, dass die Kirchen zur Einsicht gekommen sind, dass es ohne Altes Testament keine christliche Kirche geben kann. Dabei ist ihr Altes Testament immer auch – und sogar in erster Linie – die Bibel Israels. Der jüdisch-christliche Dialog ist meines Erachtens für jede Kirche grundlegend, die sich auf den Juden Jesus als ihren Herrn beruft.

72. Soll man den Kanon verändern?

Die Bibel ist das stärkste Band, welches die christlichen Konfessionskirchen zusammenhält. Diese Feststellung gilt, obwohl die in den verschiedenen Kirchen geltenden Fassungen des Alten Testaments nicht identisch sind (→ Nr. 68). Rufe nach Veränderung des Kanons werden selten laut. Einige Amerikaner sähen zwar gern das Thomasevangelium als »fünftes Evangelium« im Kanon; aber keine Kirche hat diesen Vorschlag aufgenommen.

Für mich als Protestanten viel wichtiger sind die Versuche Luthers, den Kanon von innen her umzugestalten. Luther interpretierte in den »Vorreden« zu seiner im September 1522 erschienen Übersetzung des Neuen Testaments das altkirchliche Prinzip des »Apostolischen« (→ Nr. 70) inhaltlich neu. Seine Grundfrage war, ob eine Schrift »Christum treibe« oder nicht. Diese Frage sei der Prüfstein dafür, ob eine Schrift apostolisch sei. Was Christus nicht lehrt, ist nach Luther nicht apostolisch, auch wenn es Petrus oder Paulus sagen. Umgekehrt: Was Christus predigt, ist apostolisch, auch wenn es von Judas, Herodes oder Pilatus gesagt wird (so in der Vorrede zum Jakobusbrief). Von diesem inhaltlichen Kriterium her unterschied Luther zwischen Hauptschriften im Neuen Testament und andern Schriften, die er nicht als solche ansah. Sie hat er in seiner Bibelübersetzung an den Schluss gestellt und auf ihre Nummerierung verzichtet. Solche »Nebenschriften« sind für ihn – aus unterschiedlichen Gründen – der Hebräerbrief, der Jakobusbrief, der Judasbrief und die Offenbarung. Sie stehen bis heute in allen Lutherbibeln am Schluss, *leider* auch in der neuen Lutherbibel von 2016.

Luther bewertete also die einzelnen Schriften des NT von seiner persönlichen »Mitte« her. Unter Berufung auf Luther versuchen auch heute manche evangelische Theologen, einen inhaltlichen »*Kanon im Kanon*« festzulegen und die Schrift am »Evangelium« zu messen.

Dagegen wandte sich schon 1960 *Hans Küng* in einem grundlegenden Aufsatz. Seine These lautet: *Man muss versuchen, das g a n z e Neue Testament als Evangelium zu verstehen.* Wenn man eine wie auch immer geartete persönliche inhaltliche »Mitte« an die Stelle der ganzen Schrift setze, wie es evangelische Christen oft machten, lasse man faktisch nur einen Teil gelten, nicht das Ganze. Dann habe man aus dem Neuen Testament eine »Wahl« getroffen. »Wahl« ist, so sagt Küng spitz, Häresie (= Irrlehre). Er spielt damit auf die Grundbedeutung des griechischen Wortes *hairesis* = Wahl an, mit dem die Kirchen später »Irrlehren« bezeichnet haben. Gegen Luthers inhaltliche Einengung des »Evangeliums« setzt also Küng *das Ganze* des Neuen Testaments. Die katholische Kirche ist nach ihm neutestamentlich ausgerichtet, weil sie versuche, das *ganze* Neue Testament als Evangelium zu verstehen.

Ich möchte Küng Recht geben, aber seine Gedanken noch etwas weiterführen. Grundlage einer *Kirche* kann nur das *ganze* Neue Testament sein. Aber die einzelnen Christinnen und Christen *müssen* ihre persönliche »Mitte« formulieren, d. h. das, was ihnen am Neuen Testament besonders wichtig ist. Diese persönliche »Mitte« müssen sie mit dem Ganzen des Neuen Testaments vergleichen und so ihre persönlichen »Mitten« selbstkritisch hinterfragen. Auf diese Weise funktioniert auch das Gespräch über die Bibel in der Kirche und das ökumenische Gespräch zwischen den Kirchen. – Und noch etwas möchte ich hinzufügen. Manchmal gelingt es beim besten Willen nicht, in einer einzelnen Schrift »Evangelium« zu finden. So ging es mir z. B. bei der Wehe-Rede gegen die Pharisäer und Schriftgelehrten (Mt 23), beim Judasbrief oder zum Teil bei der Johannesoffenbarung. Einen solchen Text solle man, so fordert Küng, zuerst ausreden lassen und anhören, und erst nachher »Nein« sagen (vgl. → Nr. 63). Ein allenfalls notwendiges »Nein« kann immer nur ein persönliches »Nein« in der Ich-Form sein. Es ist nie definitiv, denn man soll immer wieder neu auf die *ganze* Schrift hören.

Soll man den Kanon verändern? Ich denke: Nein! Das würde bloß zum Subjektivismus und im schlimmeren Fall zu Kirchenspaltungen führen. Die Geschichte der innerprotestantischen Kirchenspaltungen liefert genügend Beispiele dafür, welche Folgen es hatte, wenn jemand seine persönliche »Mitte der Schrift« zum »Kanon im Kanon« für eine Kirche zu machen versuchte. Vielmehr soll jede und jeder das, was ihr oder ihm persönlich am NT besonders wichtig ist, ins Gespräch mit der *ganzen* Schrift bringen. Nur so kann man eigene Subjektivismen selbstkritisch hinterfragen und mit anderen Christinnen und Christen oder mit anderen Kirchen in ein fruchtbares Gespräch eintreten. *Die Voraussetzung dafür ist der ganze Kanon, so wie er in den Kirchen überliefert ist.* Ihn soll man weder verändern noch von innen her umgestalten.

Auch ich habe in diesem Büchlein manchmal deutlich gewertet und »ich« gesagt. Mein »Ich« verstand ich nie als ein absolutes »ich«, sondern immer als ein »Dialog-Ich«. Ich möchte in einem selbstkritischen Gespräch mit der *ganzen* Schrift und mit anderen Bibelleserinnen und -lesern aus allen Kirchen und Konfessionen bleiben. Dazu möchte auch dieses Büchlein verhelfen.

73. Persönlicher Epilog: Die Bibel als Gotteswort und als Menschenwort

Im 2. Korintherbrief spricht Paulus vom Licht, »das Gott in unseren Herzen hat erstrahlen lassen, sodass die Erkenntnis aufleuchtet, die Erkenntnis der Herrlichkeit Gottes auf dem Angesicht Jesu Christi« (4,6). In 2Kor 4,7 fährt er weiter: »Wir haben diesen Schatz aber in irdenen Gefässen«. Bei den »irdenen Gefässen« denkt er an seine körperliche Existenz, seine Bedrängnisse, seine Schwächen, daran, dass »wir allezeit das Sterben Jesu an unserem Leib tragen« (4,10). Man könnte aber diesen Satz ausweiten: Auch die Briefe, die Paulus hinterlassen hat, oder das ganze Neue Testament sind Schätze »in irdenen Gefässen«. Ein Beispiel für ein »irdenes Gefäss« ist eine Öllampe. In ihr leuchtet das Licht im Dunkeln. Wenn man aber dieses »irdene Gefäss« wegwirft, dann fließt das Öl aus, und die Lampe erlischt. *Der Schatz des Evangeliums und seine menschlichen oder sprachlichen Gefässe sind untrennbar miteinander verbunden.*

Das Licht des Evangeliums gibt es nur so, dass Menschen mit ihren eigenen Worten das auslegen und bezeugen, wovon die biblischen Zeugen mit ihren ebenfalls menschlichen Worten sprechen. »Gott« gibt es nur in menschlichen Worten, Vorstellungen, Begriffen und Ahnungen. Diese sind immer unzureichend. »Niemand hat Gott je gesehen«, heißt es 1Joh 4,12. *Der wahre Gott ist immer etwas ganz Anderes als menschliches Reden über »ihn«* – genau so, wie das Licht, das aus dem Docht der Öllampe aufleuchtet, etwas anderes ist als die Öllampe, die Menschen aus Lehm geformt haben.

Die ganze Bibel ist nach meinem Verständnis Menschenwort und keine direkte Offenbarung Gottes. Dadurch unterscheiden sich offene Bibelleser von einigen Evangelikalen und von Fundamentalisten, welche den Bibeltext für inspiriert und unfehlbar halten. Dadurch unterscheidet sich die Bibel auch vom Koran: Nach muslimischem Glauben ist der ganze Koran in direktem Sinn Wort Gottes (→ Nr. 21). In der Bibel ist es meines Erachtens anders: Gott spricht zu menschlichen Zeugen. Wort Gottes gibt es nur als menschliches Zeugnis, d. h. als Licht in irdenen Gefässen. Die meisten Autoren des Neuen Testaments verstehen ihre Schriften nicht als von Gott oder vom Heiligen Geist direkt inspiriert. Das gilt z. B. für alle Evangelien, für die Apostelgeschichte, für alle Paulusbriefe und die meisten nachpaulinischen Briefe. Nur wenige Schriften im NT verstehen es anders: Zu ihnen gehört der 2. Petrusbrief, für den »jede Schrift von Gott inspiriert« ist (2Petr 3,16). Dasselbe gilt auch für die Offenbarung: Sie versteht sich in direktem Sinn als »Offenbarung Jesu Christi« (Off 1,1). Darum darf man zu ihren Worten weder etwas hinzufügen noch etwas von ihnen wegnehmen (Off 22,18f).

Kann man überhaupt von der Bibel als »Gotteswort« sprechen, wenn sie doch ganz Menschenwort ist? Können wir überhaupt von »Gott« etwas Wahres sagen, wenn wir immer nur über unsere menschlichen Gottesvorstellungen und -begriffe reden und mit unserer menschlichen Sprache nie Gott selbst direkt erfassen können?

Martin Luther unterschied zwischen dem »verborgenen Gott« und dem »geoffenbarten Gott«. Schon Jesaja hatte die Erfahrung formuliert, dass der Gott Israels »verborgen« ist (Jes 45,15), denn er habe sein Volk Israel immer wieder im Stich gelassen. Israel musste während Jahrhunderten unter fremden Herren leben, unter den Babyloniern, den Persern, den Griechen und den Römern. Wo blieb da Gott? Auch heute erfahren wir die Verborgenheit Gottes: Gottes Welt ist voll von Leiden, von Kriegen, von sozialen Ungerechtigkeiten, von Krankheiten und Tod. Vieles, was in der Welt geschieht, verschlägt uns die Sprache. Man kann es nicht theologisch »erklären«. Gott greift nicht in das Unrecht ein und bleibt verborgen. Menschen erfahren so immer wieder das Scheitern ihrer Gottesvorstellungen: Gott bleibt ein unerklärbares Geheimnis. Nun spricht das Neue Testament aber nicht von diesem »verborgenen Gott«. Es spricht – so Luther – vom »geoffenbarten Gott«. Es spricht vom Menschen Jesus von Nazaret. Es spricht von einem »kleinen Gott«, der in grösster Armut geboren wurde. Es spricht von einem Juden, dem die Menschen besonders wichtig waren, die in Israel am Rande der Gesellschaft standen: Dazu gehörten die Armen, die Unreinen, die Frauen und die Kinder. Jesus starb einen schrecklichen, unmenschlichen Tod. Er starb voll Vertrauen auf Gott, ohne das Dunkel durchdringen zu können, das Gott verhüllt (vgl. Mt 27,46). Nach dem Matthäusevangelium ist dieser Mensch »Immanuel«, d.h. *»Gott mit uns«* (Mt 1,23). Er begleitet seine Gemeinde bis ans Ende der Geschichte (Mt 28,20). In *ihm* zeigt sich Gott in seiner Liebe, nicht in unseren menschlichen Worten oder Gottesvorstellungen, die immer unangemessen bleiben.

Hier liegt für mich die »Mitte« des Neuen Testaments. Aber das ist meine sehr persönliche Formulierung der Mitte, die ich niemandem aufdrängen möchte.

Abkürzungsverzeichnis biblischer Bücher

Altes Testament

Gen	Genesis (1. Mose)
Ex	Exodus (2. Mose)
Lev	Leviticus (3. Mose)
Num	Numeri (4. Mose)
Dtn	Deutonomium (5. Mose)
Jos	Josua
Ri	Richter
Rut	Rut
1Sam	1. Samuel
2Sam	2. Samuel
1Kön	1. Könige
2Kön	2. Könige
1Chr	1. Chronik
2Chr	2. Chronik
Esra	Esra
Neh	Nehemia
Est	Ester
Hiob	Hiob
Ps	Psalmen
Spr	Sprüche
Koh	Kohelet (Prediger)
Hld	Hohes Lied
Jes	Jesaja
Jer	Jeremia
Klgl	Klagelieder
Ez	Ezechiel (Hesekiel)
Dan	Daniel
Hos	Hosea
Joel	Joel
Am	Amos
Obd	Obadja
Jona	Jona
Mi	Micha
Nah	Nahum
Hab	Habakuk
Zef	Zefanja
Hag	Haggai
Sach	Sacharja
Mal	Maleachi

Apokryphen (nach Lutherbibel 2016)

Jdt	Judit
Weish	Weisheit Salomos
Tob	Tobit (Tobias)
Sir	Jesus Sirach
Bar	Baruch
1Makk	1. Makkabäerbuch
2Makk	2. Makkabäerbuch
Est Zusätze	Zusätze zum Buch Ester
Dan Zusätze	Zusätze zum Buch Daniel
Geb Man	Gebet Manasses

Neues Testament

Mt	Matthäusevangelium
Mk	Markusevangelium
Lk	Lukasevangelium
Joh	Johannesevangelium
Apg	Apostelgeschichte
Röm	Römerbrief
1Kor	1. Korintherbrief
2Kor	2. Korintherbrief
Gal	Galaterbrief
Eph	Epheserbrief
Phil	Philipperbrief
Kol	Kolosserbrief
1Thess	1. Thessalonicherbrief
2Thess	2. Thessalonicherbrief
1Tim	1. Timotheusbrief
2Tim	2. Timotheusbrief
Tit	Titusbrief
Phm	Philemonbrief
Hebr	Hebräerbrief
Jak	Jakobusbrief
1 Petr	1. Petrusbrief
2 Petr	2. Petrusbrief
1 Joh	1. Johannesbrief
2 Joh	2. Johannesbrief
3 Joh	3. Johannesbrief
Jud	Judasbrief
Off	Offenbarung des Johannes